财经类专业“十四五”规划新形态教材

财务大数据分析与可视化

（基于Power BI）

黄 祺 卢 洁◎主 编
罗 勇 朱 玮 陈思娴 何耀华 陈 成◎副主编
陈东升◎主 审

立信会计出版社

图书在版编目(CIP)数据

财务大数据分析与可视化：基于 Power BI / 黄祺，卢洁主编. —上海：立信会计出版社，2024.1

ISBN 978-7-5429-7484-6

Ⅰ. ①财… Ⅱ. ①黄… ②卢… Ⅲ. ①会计分析—可视化软件—高等学校—教材 Ⅳ. ①F231.2-39

中国国家版本馆 CIP 数据核字(2023)第 230616 号

策划编辑　王斯龙
责任编辑　王斯龙
助理编辑　汤　晏
美术编辑　吴博闻

财务大数据分析与可视化(基于 Power BI)
CAIWU DASHUJU FENXI YU KESHIHUA

出版发行	立信会计出版社		
地　　址	上海市中山西路 2230 号	邮政编码	200235
电　　话	(021)64411389	传　　真	(021)64411325
网　　址	www.lixinaph.com	电子邮箱	lixinaph2019@126.com
网上书店	http://lixin.jd.com		http://lxkjcbs.tmall.com
经　　销	各地新华书店		

印　　刷	浙江天地海印刷有限公司	
开　　本	787 毫米×1092 毫米	1/16
印　　张	14.25	
字　　数	346 千字	
版　　次	2024 年 1 月第 1 版	
印　　次	2024 年 1 月第 1 次	
书　　号	ISBN 978-7-5429-7484-6/F	
定　　价	49.80 元	

序　言

教材是教学工作的中心，是课程的记录，是连接教师和学生的纽带。教材作为一种教育媒介，比其他媒介在系统传授知识、提升技能以及培养学生学习能力上有着无可比拟的优越性。2021 年教育部发布的《"十四五"职业教育规划教材建设实施方案》提出要"加快建设新形态教材"。因此，专业课程要以真实生产项目、典型工作任务、案例等为载体组织教学单元。通过结合本专业教学实际，开发深入浅出、图文并茂、形式多样的活页式、工作手册式等新形态教材。活页式教材融合"岗课赛证"，结合岗位标准、订单培养、1＋X 证书制度等，将岗位技能要求、职业技能竞赛、职业技能等级证书标准等有关内容融入教材，从而推动教材配套资源和数字教材建设，形成更多可听、可视、可练、可互动的数字化教材。教材在立德树人的过程中扮演着重要的角色，这也可以从教育部开展的国家规划教材遴选、国家"双高"建设成果验收、国家在线精品课程建设等方面得到验证。

湖南交通职业技术学院的大数据与会计专业是该校建校以来的老品牌专业，经过多年的建设与成果积累，大数据与会计专业取得了长远的发展和丰硕的专业成果，该专业立足区域经济发展，突出行业办学特色，重视对教师、教材、教法"三教"改革的不断探索。本次开发新形态活页式教材，是对接新专业目录、适应数字化转型、深化产教融合的多元体现，也是省级"数智财税专业群教学资源库"建设成果之一。

本书具有以下特色。

1. 价值导向鲜明

本书紧跟数字转型时代步伐，服务数字经济和"交通强国"的国家战略，落实立德树人根本任务。本书结合课程特点，有机融入习近平新时代中国特色社会主义思想，将社会主义核心价值观等思政元素融入知识点和案例，引导"数据为民、数据利民、经世济民"的价值导向，弘扬爱岗敬业、精益求精、开拓创新的职业精神。

2. 产教合作多元

企业导师引入实践案例，帮助学生及时获取最新的行业动态和实践经验，提高学生实践能力和创新思维能力。本书通过提供实际业务场景和数据支持，破解实践教学难题；通过融入校企合作研究项目，落实实习实训和人才培养计划，有助于为企业输送更多的数智财经人才。

3. 编写团队互补

本书编写团队实力雄厚,名师引领,教授支撑。本书由具有高级职称的专业带头人及资深专家领衔编写,跨校中青年骨干教师参与,"双高"职业院校、会计师事务所、国内龙头企业联合开发。教材编写和审核专家具备教师竞赛和学生竞赛指导经验,专业技能精湛,信息化水平高。

4. 教学资源丰富

本书配套丰富、优质的教学资源。本书编写团队精准设计"专精特新"特色资源库,以省级教学资源库为依托,自主开发"八要素"学习包,课赛衔接,对重难点知识进行精炼和总结,对技能点进行示范和提示,并辅以实战演练帮助学习者巩固和消化,打造多样化、碎片化、颗粒化教学资源。

经济越发展,会计越重要。作为会计学领域的一名"老兵",我研读了《财务大数据分析与可视化(基于 Power BI)》这本书。从教材建设规划、形式设计、内容选取、资源制作、团队合作等方面,让我看到了这是一本新专业背景下的新形态活页式教材,一本有生命力的教材,且行业特色鲜明。我真诚地希望由立信会计出版社出版的这本书能够成为新形态教材方面的示范样本,期待得到财经商贸同行、计算机专家学者和广大师生们的支持。让我们立足新时代,面向新征程,助力中国式职业教育现代化发展。

教授,全国财务管理领军人才,省级专业带头人

舒文存

2023 年 10 月

前言

随着云计算、大数据、物联网、人工智能、区块链等新一代信息技术的快速发展，数字化转型成为新一轮科技革命和产业变革的必然趋势。数据成为企业的核心资产，激发数据要素创新驱动潜能，不仅能为企业提供洞察力和决策支持，还能为业务增长和竞争优势提供巨大价值，实现数据赋能企业价值增值。高等教育作为数字化专业人才培养的主要阵地，也要满足数字化专业人才培养的需求，助力企业价值增值。编者对接教育部《职业教育专业目录(2021年)》要求，紧跟信息技术、行业发展步伐，契合大数据技术快速发展和商业智能在数字化财务中的应用，精准设计、特色打造基于Power BI工具支持的《财务大数据分析与可视化(基于Power BI)》新形态活页式教材。

本书主要特色如下。

1. 数字转型，业财融合

本书对接《职业教育专业目录(2021年)》，以业财融合为背景，基于Power BI工具，适应教育数字化转型，设计八个项目，开展线上线下混合教学。项目一为初识数据分析——商业智能基础；项目二为数据分析利器——Power BI；项目三为Power BI初体验——快速实践数据分析与可视化制作；项目四为整理“脏数据”——Power BI数据预处理；项目五为认识DAX语言——Power BI数据建模；项目六为一图胜千言——Power BI数据可视化；项目七为报告的发布与协作——Power BI在线服务；项目八为业财融合——Power BI数据分析实战。

2. 跨校合作，产教融合

本书通过校校联合、校企合作，协同国家数智财经行业产教融合共同体建设课程资源，开发八要素“学习包”。“学习包”主要包括课程标准、教学课件、课程教案、教学视频、操作视频、课程成果、任务测验和试题库。

3. 精准思政，课赛衔接

本书精准设计以“德技并修”为理念，以交通运输行业龙头企业为案例背景，打造“专精特新”特色资源。本书以省级教学资源库为平台，建设优质课程资源和课程思政资源，内容新颖，原创性强。编者自主开发“红色会计大讲堂”第二课堂，设计交通行业特色案例，打造名师示范微课，引入AI数字教师，自创动画和PK游戏等。同时，编者通过校企合作开展课赛衔接，关联商务数据分析、会计实务等技能竞赛技能点。

4. 名师引领,骨干支撑

本书编写团队具有"名师引领、教授支撑、专兼结合、校企协同、校校合作"的特点。本书由国家级精品在线开放课程主持人、省级资源库主持人、省级课程思政教学名师黄祺总体设计并规划教材建设思路和方向,编写团队由省级青年骨干教师、企业导师、校企财会专家、计算机专家组成。编写团队融合教师竞赛成果和学生竞赛成果,为本书的教学资源建设提供了高质量保证。

本书由湖南交通职业技术学院黄祺、卢洁担任主编,由湖南交通职业技术学院罗勇、朱玮,常德职业技术学院陈思娴、郴州职业技术学院何耀华、长沙南方职业学院陈成担任副主编,由湖南信息职业技术学院陈东升担任主审。黄祺负责教材及资源的总体设计与建设规划。本书具体编写分工为:陈成编写项目一,朱玮编写项目二,罗勇编写项目三,卢洁编写项目四,曹旖旎编写项目五,黄祺编写项目六,何耀华编写项目七,陈思娴编写项目八,罗姣负责典型案例与国家数智财经行业产教融合共同体校企合作。青海建筑职业技术学院王玉涵、钟山职业技术学院张志花负责本书的数据复核与信息反馈。

感谢 Power BI 教材编写领域专家汪刚老师对本书涉及的软件使用技巧提供的专业指导。

感谢立信会计出版社的编辑对本书出版给予的支持。

感谢新道科技股份有限公司提供大力支持,本书系国家数智财经行业产教融合共同体成果之一。

感谢湖南中汇创诚税务师事务所有限公司张晓项目经理在案例数据及财务分析方面给予的经验指导。

感谢湖南世纪超星信息技术有限公司对活页式教材课程资源建设与平台的大力支持。

在编写过程中,我们参阅了大量文献资料,在此对这些资料的作者表示衷心的感谢!由于 Power BI 技术发展迅速,同时编写时间及编者水平有限,本书如存在疏漏和不妥之处,恳请广大读者批评指正,编者将及时修订,以使本书日臻完善。

本书配套教学平台(学习通),欢迎老师们交流和指导,教师 QQ 群:637909283(财务大数据分析教学与研究)。

编 者

2024 年 1 月

目录

项目一 初识数据分析——商业智能基础

学习目标

知识目标

- 了解商业智能的概念、发展历程、架构、价值和常见工具。
- 掌握数据分析的概念及分析流程。
- 掌握财务大数据的界定。

技能目标

- 能够区分传统数据和大数据。
- 能够辨别财务大数据。

素养目标

- 及时关注行业动态,培养学生的大数据素养和财务大数据思维。
- 培养学生使用大数据技术解决财务问题的意识。
- 培养学生合法使用财务大数据的基本法律常识和自觉维护财务大数据的安全意识。

德技并修

尘封的瑰宝:中国的数据可视化先驱

地理学家陈正祥是中国在数据可视化方面的先驱人物。陈正祥在国际地理学界享有崇高的声誉,但由于种种原因,墙里开花墙外香,他的作品和贡献,尤其是在数据可视化方面的贡献,并不为中国大众所知。陈正祥一生致力于绘图,他主张用地图说话、用地图反映历史,利用地图对政治、经济、文化、生态、环境等现象进行描绘和阐述。陈正祥认为,有些长篇大论说不清楚的现象,用地图来表示却可以一目了然。这些思想,正是数据可视化的目的和精髓。直到今天,他的不少作品还被世界各国的专家视为精品,被称为数据可视化的经典之作。

——资料来源:节选自涂子沛 2019 年 1 月出版的数据内容《数据之巅:大数据革命,历史、现实与未来》。

项目导读

本项目旨在引导学生深入了解商业智能的发展历程、定义、系统架构以及在财务领域的应用价值,同时探讨数据分析的基本流程和财务大数据的特点,为学生奠定扎实的知识基础,让我们能够利用 Power BI 等工具进行财务大数据分析,为未来的职业发展做好充分准备。

学习导图

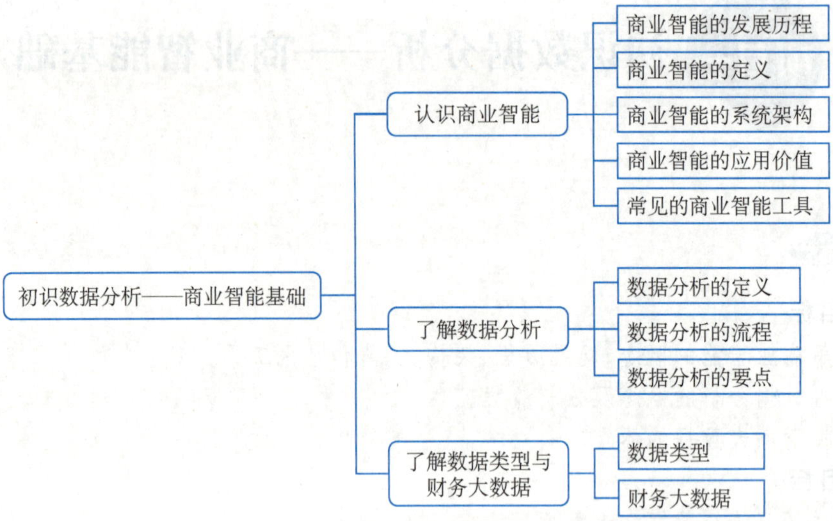

任务一　认识商业智能

在飞速发展的信息化时代，企业内外部的信息系统汇聚了海量的数据，这些数据被认为是企业最重要的资产之一，蕴含着极为宝贵的信息。如何充分开发这些数据中的价值，以提升决策水平并满足不同行业、不同部门应用的需求，已经成为各类组织关注的核心问题。商业智能(business intelligence，BI)的作用在于将各种数据迅速转化为有实际价值的信息，从而协助决策者做出明智的决策。接下来，我们将深入探讨商业智能的重要性以及它是如何实现这一使命的。

子任务一　商业智能的发展历程

商业智能的发展历程可以追溯到20世纪50年代，以下是商业智能的主要发展阶段。

(1) 电子计算机的出现(20世纪50年代)：商业智能的雏形可以追溯到电子计算机的出现。企业开始使用计算机来处理和存储数据，但主要集中在数据的记录和管理方面。这个时期的商业智能主要侧重于数据存储和检索。

(2) 决策支持系统(decision support system，DSS)的出现(20世纪70年代)：在这一时期，DSS开始崭露头角。DSS是一种计算机化程序，用于帮助管理层做出决策。它结合了数据分析和模型建立，使管理层能够更好地理解数据，支持决策制定。

(3) 报表工具的兴起(20世纪80年代)：随着计算机技术的进步，报表生成工具开始兴起。这些工具允许用户从数据库中提取数据，并以报表的形式呈现。这是商业智能的一个重要进展，因为它使企业能够更好地理解其业务数据。

(4) 数据仓库(data warehouse，DW)的出现(20世纪90年代)：数据仓库技术的发展是商业智能的一个重要里程碑。数据仓库允许企业将各种来源的数据集成到一个集中的存储库中，以支持分析和报表生成。这为企业提供了更全面、更清晰的数据视图。

(5) 在线分析处理(on-line transaction processing, OLTP)技术的兴起(2000 年)：OLTP 技术使用户能够以多维方式分析数据。这使得数据分析更加灵活，企业能够更深入地探索数据价值。

(6) 自助式商业智能工具的崛起(2010 年)：进入 21 世纪，自助式商业智能工具如 Tableau、Power BI、QlikView 等崭露头角。这些工具使非技术用户能够自主进行报表制作和数据分析，不再依赖 IT 部门。这一趋势为商业智能带来了革命性的变化。

(7) 云端商业智能和大数据(2020 年)：云计算技术的普及使得云端商业智能变得更加可行。此外，大数据技术的兴起为商业智能提供了更多的数据资源和分析机会，使企业能够应对更复杂的问题。

商业智能的发展历程表明，从数据的收集和存储到自助式分析工具的兴起，商业智能不断演进，为企业提供了更多的数据洞察和决策支持。随着技术的不断发展，商业智能的未来将继续充满挑战和机遇。

子任务二 商业智能的定义

自 20 世纪 90 年代以来，商业智能受到众多企业的广泛关注。商业智能的概念最早于 1996 年由高德纳咨询公司(Gartner)的分析师霍华德・德雷思纳(Howard Dresner)提出。他将商业智能定义为一系列概念和方法的集合，可应用于基于数据的分析系统，以支持商业决策制定。商业智能技术提供了一种快速收集、分析数据的方式，将这些数据转化为有用的信息，从而提高了企业决策的质量。

商业智能从产生以来发展迅速，目前对商业智能的认知，业界存在不同的理解，以下列举了一些具有代表性的公司对商业智能的定义。

(1) 微软公司：商业智能是为获取和分析企业数据的过程，以更清晰地了解市场和客户，改进业务流程，并更有效地竞争。它是一组包括终端客户查询和报告工具、在线分析处理工具、数据挖掘软件、数据集市、数据仓库产品和主管信息系统在内的软件工具的综合体。

(2) 甲骨文公司：商业智能是一种商务战略，能够不断重塑企业的经营理念、组织结构和业务流程，实现以客户为中心的自动化管理战略。

(3) SAP 公司：商业智能是指收集、存储、分析和访问数据的过程，以帮助企业更好地制定决策的技术。

(4) IBM 公司：商业智能是一系列技术支持的策略，简化了信息收集和分析的过程。

(5) 帆软公司：商业智能利用数据仓库、数据可视化和分析技术，将指定的数据转化为信息和分析结果，满足了不同人群对数据查询、分析和探索的需求，从而支持企业管理决策和提高业务运营效率。

上述定义体现了各家公司的产品定位。同时，复旦大学赵卫东教授将商业智能视为融合了先进信息技术和创新管理理念的结合体，它整合了企业内外的数据，对数据进行加工处理，并从中提取能够创造商业价值的信息和知识。商业智能的目标是服务于企业战略，为管理层和业务层提供指导，以支持企业经营决策并提高竞争力。

子任务三　商业智能的系统架构

商业智能旨在将企业庞大的数据积累转化为有意义的信息，随后进一步转变为知识。这个过程的最终目标是通过可视化方式将信息和知识呈现给企业相关人员，以便于进行有效的商务决策。完整的商业智能架构体系通常包括数据获取层、数据管理层、数据分析层和数据展现层，各层协同工作，构建了一个有机整体，以支持企业在竞争激烈的商业环境中做出明智的战略决策，如图 1-1 所示。

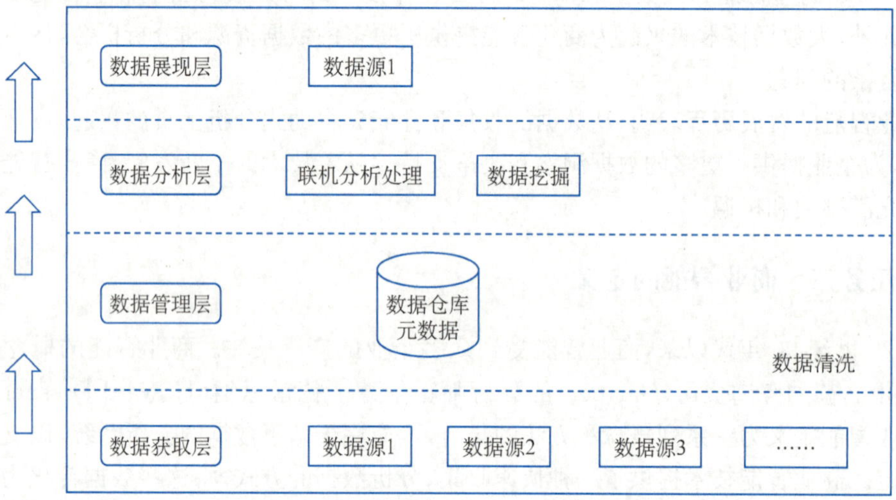

图 1-1　完整的商业智能架构体系

一、数据获取层

(一) 数据类型和来源

商业智能的核心基础是数据，而数据获取层则负责确定获取什么样的数据以及如何获取这些数据。数据主要分为企业内部数据和企业外部数据。

企业内部数据包括财务、采购、销售、生产等各个部门的数据，以及办公自动化系统(office automation，OA)生成的数据。

企业外部数据包括政策信息、市场趋势、行业数据、竞争对手的信息以及各类统计数据等。

(二) 数据存储结构

数据获取层中的数据分为两种主要类型：结构化数据和非结构化数据。

结构化数据以二维表格形式存储，通常来自不同系统的数据库。

非结构化数据包括办公文档、文本、图片、音频和视频文件等，具有多样的格式。

(三) 数据存储形式

数据获取层中的数据以不同形式存在，包括 xlsx 文件、txt 文件、csx 文件以及各类数据库文件。现代商业智能系统能够直接读取并连接各种类型的结构化数据。

(四) 数据清洗操作

商业智能系统在获取数据后，需要经过数据清洗(extract tansform load，ETL)操作。

数据清洗，即抽取、转换、加载，是将业务系统的数据进行整合并加载到数据仓库的过程。其目的在于将企业中分散、零乱、标准不统一的数据整合，为企业决策提供更准确的分析依据。数据清洗在商业智能分析过程中扮演着重要的角色。

二、数据管理层

（一）数据仓库和元数据管理

数据管理层通过数据仓库和元数据的管理方式，实现对数据的有效管理。经过数据清理后的数据被加载到数据仓库中，该仓库是面向主题的，按照特定的主题域组织数据。主题是指在决策时企业关心的重要方面，通常涉及多个操作型信息系统。

数据仓库的集成性体现在它从分散的操作型数据中提取、清理、加工和集成数据。数据仓库中的信息是在对原始分散数据进行抽取和清理的基础上，经过系统的加工、汇总和整理得到的。为保证数据仓库内信息的一致性，数据分析人员需要处理元数据中不一致的信息。

（二）数据仓库的特性

数据仓库中的数据主要用于企业分析和决策。数据操作主要包括数据查询，进入数据仓库的数据，一般会被长期保留。因此，数据仓库中的查询操作使用较多，而修改和删除操作使用较少，通常只需定期加载和刷新。

数据仓库中的数据包含历史信息，记录了企业从过去某一时点（如应用数据仓库的时点）到当前各个阶段的信息。通过这些信息，管理人员可以进行定量分析和预测，了解企业的发展历程和未来趋势。

（三）元数据的引入

为了更好地管理数据仓库中的数据，引入了元数据的概念。元数据是在数据仓库建设过程中产生的与数据源定义、目标定义和转换规则等相关的关键数据。同时，元数据还包含有关数据含义的商业信息。这些信息需要被妥善保存和管理，以便为数据仓库的发展和使用提供便利。

三、数据分析层

数据分析层主要涵盖两种关键分析工具：联机分析处理（online analytical processing，OLAP）和数据挖掘（data mining，DM）。这两者是相辅相成的，是进行决策分析不可或缺的工具。

联机分析处理是基于海量数据的复杂分析技术。它支持各级管理决策人员，从多个角度迅速、灵活地对数据仓库中的数据进行复杂查询和多维分析处理。联机分析处理利用多维数据模型，以直观易懂的方式呈现查询和分析结果，为决策人员提供决策支持。

数据挖掘则是从海量数据中提取潜在的、人们事先不知道但可能有用的信息和知识的过程。数据挖掘的来源多样，包括数据仓库、数据库以及其他数据源。

从以上定义中可以看出，联机分析处理是一种验证型分析工具，而数据挖掘则属于预测型分析工具。这两者在数据分析层的应用，共同为组织提供了全面而深入的数据洞察，支持有效的决策制定。

四、数据展现层

(一) 可视化技术与数据展示

数据展现层的主要任务是通过可视化技术将分析内容以各种图表形式展示,以满足企业决策人员、管理层、分析人员和业务人员等相关人员的需求,促使深入洞察和有效决策。

可视化技术以图像处理为基础,将数据转换为图形或图像形式,并通过屏幕展示进行交互处理。这是一种涉及计算机视觉图像处理、计算机辅助设计、计算机图形学等多领域知识的理论方法和技术。逐渐演化成为研究数据展示、数据综合处理以及决策分析等一系列问题的综合技术。

(二) 企业数据分析内容

企业数据分析的内容涵盖多个方面,包括利润分析、收入分析、成本分析、资产分析、运营分析、投融资分析等。在数据展现层,展示的内容与企业的战略、经营管理需求密切相关。

数据展现层通过图表、图形等可视化手段,使复杂的数据更易于理解和解释。这有助于各级人员更迅速、直观地理解企业状况,为制定战略和决策提供直观支持。因此,数据展现层在企业智能系统中扮演着关键的角色。

子任务四　商业智能的应用价值

商业智能在现代企业中具有广泛的应用价值,它可以对业务运营和决策制定产生积极影响。以下是商业智能的主要应用价值。

1）提升决策质量

商业智能提供实时数据和洞察,帮助管理者和决策者做出更明智的决策。基于数据驱动的决策更可靠,减少了依赖主观判断的风险。

2）优化业务流程

通过分析业务流程和性能指标,商业智能可以识别发展瓶颈和改进机会,从而提高生产效率和资源利用率。

3）客户洞察

商业智能帮助企业更好地了解客户需求,以提供个性化的产品和服务。这有助于提高客户满意度和忠诚度。

4）市场分析

商业智能可以分析市场趋势、竞争对手和消费者反馈,支持市场营销决策和市场战略规划。

5）成本控制

通过监测和分析成本数据,商业智能可以帮助企业识别成本节省的机会,从而提高盈利能力。

这些应用价值使商业智能成为现代企业不可或缺的工具,它能够加速决策过程,提高效率,增加竞争力,并为企业创造更多的价值。

子任务五　常见的商业智能工具

商业智能分析工具是一类设计用于非技术用户的应用程序,允许他们从各种数据源中提取、分析和可视化数据,而不必深入了解编程或复杂的数据分析技巧。以下是一些常用的自助式商业智能分析工具。

1）Power BI

Power BI 是微软的自助式商业智能工具，可以轻松地将数据可视化，旨在帮助用户从多个数据源中创建、分享和可视化数据仪表板和报表。Power BI 的特点在于提供直观的用户界面，用户可以轻松地将数据导入、清理和可视化，不需要编程技能；支持与各种数据源的连接，包括 Excel、SQL Server、云服务（如 Azure、Google BigQuery）等；提供丰富的图表和可视化选项，用户可以创建交互式仪表板。其用途主要有数据分析、业务报表、预测分析、仪表板构建等。

2）Tableau

Tableau 是一款广受欢迎的自助式商业智能工具，具有直观的可视化界面，以其强大的数据可视化和分析功能而著称，有助于用户更好地理解数据。Tableau 的特点在于提供多种图表和可视化选项，用户可以轻松创建各种交互式仪表板；支持多种数据源的连接，包括数据库、云服务、Web 数据等；用户可以进行自助式数据探索，发现趋势、关联和模式；支持在团队内分享和协作，促进数据驱动的决策。Tableau 广泛应用于数据分析、数据可视化、报表制作、探索性数据分析和数据洞察。

3）FineBI

FineBI 是帆软软件有限公司推出的一款商业智能产品，旨在为企业提供自主分析信息化数据的能力，帮助它们发现和解决问题，支持策略调整，以便更好地决策和提升可持续竞争力。FineBI 被定位为自助式大数据分析工具，专为业务人员和数据分析师提供以问题为导向的探索性分析功能。

FineBI 的主要特点在于业务人员和数据分析师能够自主创建仪表板和进行探索性分析。这个工具将数据源自业务，再应用于业务，从而让需要分析数据的人能够独立处理和分析数据。

任务二　了解数据分析

子任务一　数据分析的定义

数据分析是一项复杂而关键的过程，它依赖于适用的数据分析工具，并借助统计学理论的支持。数据需先经过适度的预处理，再结合具体业务需求，协助相关业务部门进行监控、定位、分析、问题解决等任务。通过这一过程，企业能够高效决策、提高经营效率、发现潜在的业务机会，从而保持持续竞争力。数据分析应包含统计分析和数据挖掘两个重要方面。

1）统计分析

统计分析采用适当的统计方法和工具，对收集的数据进行处理和分析，以提取有用的信息，帮助了解当前状况、问题原因等。

2）数据挖掘

数据挖掘是从大量的、多样的、含噪声的、模糊的、目标不明确的实际应用数据中，运用数理推理和多种统计分析技术，如聚类分析、预测模型、回归分析和模拟分析等，来分析数据，揭示客观规律，并挖掘出潜在的价值，为企业提供更深层次的洞察。

综合而言，数据分析是在数据的驱动下，通过统计学理论和数据挖掘技术，为企业提供了一种强大的工具,帮助企业更好地理解、解决问题,并取得竞争优势。

子任务二　数据分析的流程

数据分析是一个系统性的过程,旨在从数据中提取有价值的见解和信息。其流程包括需求分析、数据获取、数据预处理、数据建模等步骤。通过这些步骤,数据分析能够帮助企业更好地理解其数据、发现趋势、模式和异常,以便做出更明智的决策。图 1-2 展示了数据分析每个步骤的关联和内容。

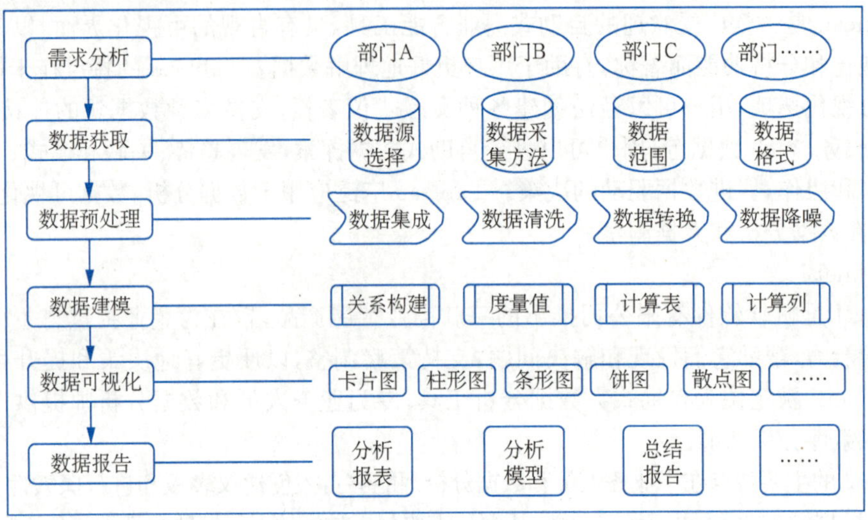

图 1-2　数据分析的流程图

1) 需求分析

需求分析是数据分析的第一步,也最为关键。它主要是理解企业及其项目的需求和目标。在这个阶段,分析师需要与利益相关者合作,明确他们希望通过数据分析实现什么目标,包括确定问题陈述、制定具体的研究问题、明确数据收集的目的和范围,以及识别可用数据资源。需求分析的质量将直接影响后续的数据收集、处理和分析过程,因此它是确保数据分析项目成功的关键一步。

2) 数据获取

数据获取是数据分析工作的基础。在这一阶段中需明确数据源的选择、数据采集方法、数据的范围和数据的格式。首先,选择适当的数据源至关重要,包括内部数据库、外部数据提供商、API 接口或日志文件等;其次,确定好数据源后,需要选择合适的数据采集方法,确保能够有效地获取所需数据;再次,采集数据时,需要明确数据的范围,包括时间范围、地理范围等;最后,要考虑数据的格式,包括数据的结构、数据类型、数据质量等方面的问题。这个阶段的目标是确保从多样的数据源中有效地采集到高质量、适宜分析的数据,为后续的数据处理和建模阶段奠定坚实的基础。

3) 数据预处理

数据预处理是数据分析流程中的重要步骤。它包括数据集成(整合不同来源的数据)、数据清洗(处理错误、缺失或重复的数据)、数据转换(标准化或创建新特征的数据)以及数据降噪(减少噪声和不必要信息)。数据预处理确保我们使用高质量的数据进行分析和建模,从而提高结果的准确性和可靠性。

4) 数据建模

在数据分析的流程中,数据建模是一项重要的任务。它涉及构建关系、定义度量值、创建计算表和计算列。构建关系有助于建立不同数据表之间的连接,从而支持复杂的数据分析。度量值通常是我们希望观察的数据指标,如总销售额或平均销售额。计算表是通过对现有数据表进行计算而创建的,以便更好地理解数据。计算列允许我们根据需要添加新的计算字段。这些步骤在数据建模过程中起着关键作用,以确保我们可以有效地分析数据并生成有用的见解。

5) 数据可视化

数据可视化有助于将数据转化为可理解的图形和图表,以便更好地理解数据和发现潜在的见解。在数据可视化阶段,我们可以使用各种图表类型,如卡片图、条形图、饼图、散点图、折线图、气泡图等,来呈现不同方面的数据。通过选择合适的数据可视化工具和图表类型,我们可以更清晰地传达数据的信息,有助于做出更明智的决策。

6) 数据报告

数据报告是将分析结果以可理解的方式传达给利益相关者的重要步骤。这个阶段涵盖了多种报告类型,包括分析报告、分析模型和总结报告。分析报告通常包含有关数据分析的详细信息,包括使用的方法、数据发现、趋势分析和见解。分析模型是基于数据分析的建模工作,用于预测未来趋势或制定决策支持模型。总结报告则是对整个数据分析过程的高层次总结,重点突出了关键发现和建议。这些数据报告有助于企业更好地理解分析结果,做出明智的决策,并采取适当的行动。

子任务三　数据分析的要点

数据分析的成功依赖于三个关键要点,它们构成了数据分析过程的基础。这些要点是:看趋势、看分布和看对比。通过细致观察数据的趋势、分析数据的分布以及比较不同数据集之间的关系,我们能够深入挖掘数据所蕴含的信息,做出更明智的决策。

1) 看趋势

观察趋势的主要目标是识别目标数据的时间走势以及波动的特征。通过分析数据的时间变化,我们可以判断数据是呈现剧烈波动还是相对稳定状态,以及在哪些时间段内变化最显著。此外,我们也可以发现异常点或离群值出现在时间轴的哪个部分,从而更好地理解数据的整体走向。为了实现这一目标,常用的工具之一是时间序列图,它可以有效帮助我们可视化和分析数据的时间变化趋势。

2) 看分布

观察数据的分布有助于我们了解目标数据的整体分布特征。我们需要确定数据是呈现分散分布还是集中分布,以及在集中分布的情况下,分布的频率区间是什么。此外,我们还会研究中位数的位置和数据集中的范围,以深入了解数据的集中程度。这一分布分析的目标是评估业务数据的稳定性和集中度,以更好地理解数据的性质。为了实现这一目标,可以使用多种图形工具,包括直方图、箱线图、正态分布曲线图、点图和柏拉图等。

3) 看对比

进行对比分析是数据分析过程中的关键步骤之一。在某些情况下,环比和同比分析可能无法揭示数据中的潜在问题,特别是当它们的结果相差不大时。在这种情况下,我们可以考虑与上个月数据进行对比,以更好地评估数据的稳定性、集中度以及不同变量之间的关系。并采用堆积柱形图等分析工具以及方差分析、相关分析和回归分析等分析方法,以帮助我们深入研究数据之间的差异和关联。

任务三 了解数据类型与财务大数据

大数据是一个相对抽象的术语,通常用来描述庞大的数据规模。大数据的定义和理解多种多样,但可以总结为一个共同特点:这是一种数据量巨大到难以人工处理、管理和整理成可解释信息的现象。维基百科对大数据的描述指出,它包含了如此庞大的数据,以至于在合理时间内难以捕捉、存储、处理和分析。

维克托·迈尔·舍恩伯格和肯尼斯·克耶在他们的著作《大数据时代》中提出了“4V 特征”,即规模性(volume)、高速性(velocity)、多样性(variety)和价值性(value)。这四个方面强调了大数据的规模之巨、流速之快、数据类型之多以及潜在的信息价值。

根据国际数据公司(International Data Corporation, IDC)发布的《数字化世界:从边缘到核心》白皮书,预测全球数据总量将从 2018 年的 33 ZB(1 ZB=1 073 741 824 TB)增长到 2025 年的 175 ZB。这突显了大数据现象的持续增长,给全球各行业和领域都带来了挑战和机遇。

子任务一 数据类型

数据类型是数据分析和管理中的一个重要概念,它决定了数据的结构和意义。在数据分析过程中,不同类型的数据需要不同的处理和分析方法。下面我们将介绍几种常见的数据类型,以便更好地理解和处理不同类型的数据。

以下是按照数据的性质、用途和结构进行的分类。

1) 按照数据的性质分类

(1) 数值型数据:这类数据是用数字表示的,通常用于测量或计数,可以分为连续型数据和离散型数据。连续型数据可以在一定范围内取任何值,如温度、身高;离散型数据只能取有限的、分散的数值,如家庭人口数量、学生人数。

(2) 分类型数据:也称为分类数据,表示数据的类别或标签,通常以文本形式存在,无数值含义,包括性别、颜色、城市等。

(3) 时间序列数据:按照时间顺序采集的数据,通常是等间隔的数据点,用于分析趋势、季节性和周期性变化,如股票价格、气温等。

(4) 文本数据:包括文档、文章、评论等以自然语言编写的数据,需要进行文本分析和自然语言处理。

2) 按照数据的用途分类

(1) 原始数据:未经处理的数据,直接从数据源获取的数据。

(2) 中间数据:经过清洗、处理和转换的数据,用于后续分析。

(3) 派生数据:通过对原始数据或中间数据进行计算或加工得到的数据,如计算指标、生成新特征。

(4) 汇总数据:将原始数据汇总或聚合而成的数据,通常用于生成报告和可视化。

3) 按照数据的结构分类

(1) 结构化数据:以表格或数据库形式存储的数据,具有明确定义的数据模式,如 SQL 数据库中的表格数据。

(2) 半结构化数据:数据具有某种结构,但不符合传统的关系型数据库表格,如 XML、JSON 格式数据。

(3) 非结构化数据:没有明确结构的数据,如文本、图像、音频和视频文件。

这些分类方式有助于数据分析人员更好地理解和处理不同类型的数据,以便选择适当的分析方法和工具。

子任务二 财务大数据

财务大数据是指在财务管理领域产生的大规模、多样化、高速度的数据。这些数据包括财务报表、交易记录、成本数据、税务信息、薪酬数据等,涵盖了企业财务运营的方方面面。财务大数据的规模庞大,数据来源和格式多样化,通常需要先进的数据分析技术和工具进行处理和分析。

财务大数据的主要目标是帮助企业更好地管理财务风险、优化财务绩效、支持财务决策。通过分析大规模的财务数据,企业可以识别潜在的问题和机会,优化财务策略,提高财务运营效率,确保合规性,并更好地满足市场需求。

财务大数据分析通常包括数据的收集、清洗、整合、分析和可视化等步骤,提取有用的见解和信息。这些信息可用于财务报告、风险管理、预测和决策支持等方面,有助于企业在竞争激烈的商业环境中取得竞争优势。

1) 财务大数据的特点

(1) 大规模性:财务数据通常以庞大的规模存在,涵盖多个财务领域,包括会计、财务、投资、税务等,需要处理和分析大量的数据点。

(2) 多样性:财务大数据包括不同来源、不同格式和不同性质的数据,具有多样性和复杂性。

(3) 高速度:财务数据的产生速度通常很快,需要及时收集、处理和分析,以支持实时决策和监控。

(4) 价值密度:财务数据中蕴含着企业的财务健康、绩效和潜在风险等关键信息,对企业的价值密度极高。

2) 财务大数据的应用场景

(1) 财务风险管理:通过分析财务大数据,可以识别潜在的财务风险,如欺诈行为、不当的会计活动,从而采取预防和控制措施。

(2) 财务绩效优化:财务大数据分析有助于识别成本降低和效益提高的机会,优化资本结构和经营模式,提高企业的财务绩效。

(3) 投资决策:投资机构可以利用财务大数据来评估潜在的投资机会,预测市场趋势,制定投资策略。

(4) 税务管理:企业可以通过分析财务数据来优化税务筹划,降低税务负担,并确保遵守税法法规。

(5) 财务报告和合规性:财务大数据分析有助于及时生成准确的财务报告,确保企业合规性和透明度。

财务大数据的充分利用需要先进的数据分析工具和技术,以及对财务业务的深刻理解。通过财务大数据分析,企业可以更好地应对市场竞争、提高盈利能力,获得可持续的商业优势。

☆ **拓展阅读**

商业智能的未来趋势

项目测试

第一部分：职业能力测试

一、单项选择题

1. 商业智能的主要目标是（　　）。

A. 增加公司的营业额　　B. 提高数据安全性

C. 改进业务决策和绩效管理　　D. 扩大市场份额

2. 在商业智能中，数据可视化的主要作用是（　　）。

A. 提供娱乐价值　　B. 使数据更难理解

C. 帮助用户更容易理解和分析数据　　D. 增加数据存储成本

3. 数据挖掘是商业智能的一部分，它的主要目标是（　　）。

A. 验证数据的真实性　　B. 识别有意义的模式和趋势

C. 增加数据的数量　　D. 加速数据检索速度

4. 在商业智能项目中，为了保护用户隐私，公司应该（　　）。

A. 收集尽可能多的个人信息

B. 不需要用户许可就可以使用其个人信息

C. 明确规定数据收集的目的，获得用户明确的许可，并采取安全措施来保护数据

D. 将所有数据公开，不用许可

5. 商业智能的发展对于公司的业务决策的影响是（　　）。

A. 没有影响

B. 可能导致更多决策错误

C. 可以提供数据支持和见解，帮助做出更明智的业务决策

D. 只适用于大型企业

6. 商业智能中的数据仓库的作用是（　　）。

A. 存储原始数据　　B. 存储已分析的数据　　C. 存储计算机程序　　D. 存储网络文件

7. 商业智能项目中的可视化工具通常用于（　　）。

A. 创建数据仓库

B. 分析原始数据

C. 将数据转换为图形和图表，以便更容易理解和解释

D. 管理数据库安全性

8. 在商业智能中，联机分析处理的主要用途是（　　）。

A. 存储原始数据　　B. 实时监控网络性能

C. 支持多维数据分析和复杂查询　　D. 控制数据访问权限

9. 商业智能报告中的数据可视化通常包括的元素是（　　）。

A. 文字和表格　　B. 音频和视频　　C. 数据表和图表　　D. 电子邮件附件

10. 商业智能中的关键性能指标（KPI）通常用于（　　）等目的。

A. 评估员工的工作效率　　B. 验证软件安全性

C. 衡量组织的目标和绩效　　D. 生成报告

二、多项选择题

1. 以下属于国产自助式商业智能工具的有(　　)。

A. FineBI　　B. Power BI　　C. Tableau　　D. SmartBI

2. 商业智能中常用的可视化工具有(　　)。

A. Microsoft Word　　B. Tableau　　C. Excel　　D. PowerPoint

3. 财务大数据分析的主要目标包括(　　)。

A. 提高财务报告的可读性　　B. 识别欺诈行为

C. 改进预算和计划　　D. 优化投资组合

4. 财务大数据分析在企业中的应用领域通常包括(　　)。

A. 财务报告和分析　　B. 风险管理

C. 员工培训　　D. 市场营销和销售预测

5. 一个完整的商业智能系统的构架包括(　　)。

A. 数据获取层　　B. 数据管理层　　C. 数据分析层　　D. 数据展示层

三、判断题

1. 商业智能主要关注如何提高数据的安全性和保密性。(　　)
2. 数据仓库是商业智能项目中的一个主要组件,用于存储已分析的数据。(　　)
3. 数据挖掘是商业智能项目中的一种数据收集方法。(　　)
4. 商业智能项目中的数据挖掘是指从地下挖掘出宝藏数据。(　　)
5. 数据可视化工具通常用于将数据转换为图形和图表,以便更容易理解和解释。(　　)

四、思考题

1. 商业智能的应用价值有哪些?
2. 常见的商业智能工具有哪些?
3. 阐述商业智能构架体系的组成。
4. 什么是财务大数据?如何界定财务大数据?
5. 商业智能的发展历程是怎样的?

五、实训题

1. 进入Power BI官网,设置属于自己的学习路径。
2. 进入Power BI官网,查找关于商业智能应用的典型案例。

第二部分:职业素养测试

☆思考题

1. 在学习商业智能的过程中,你认为数据隐私的保护有多重要?你认为公司应该如何平衡数据收集和用户隐私之间的关系?
2. 商业智能需要透明度和可追溯性,以确保决策的公正性。你认为这两个因素对商业智能项目的成功有何重要影响?
3. 商业智能技术的迅速发展对社会产生了深远影响。你认为技术专业人士在这个过程中应该如何维护职业操守和社会责任?

项目一评价表

项目二 数据分析利器——Power BI

学习目标

知识目标

- 了解 Power BI 及其业界地位。
- 熟悉 Power BI 应用模式及系列组件。

技能目标

- 能够自主安装 Power BI Desktop 以及完成账号注册。
- 能够熟悉 Power BI Desktop 界面各部分构成。

素养目标

- 提高学生对 Power BI 等工具的认知,培养数据驱动决策的商业智能素养。
- 提升学生的信息素养,树立专技融合的理念,鼓励学生培养终身学习的意识。

德技并修

科大讯飞:大学生阵营走出的创业团队

相比人工智能界大多数创业者的成长路径"国内学霸—出国深造—就职跨国顶尖公司—加盟中国公司或自主创业",刘庆峰是个异类。

1990 年,17 岁的刘庆峰被推荐到清华大学汽车工程专业,但他毅然决然选择了中国科技大学电子工程系。因为他本以为"学了无线电电子学,以后就知道怎么修彩电了",结果那一年,进入这个专业的有 13 个省的高考状元。

在中科大,刘庆峰也是一路学霸到底,求学期间,他几乎拿到了所有数理学科考试的第一名。读研究生时,导师王仁华让刘庆峰牵头做一个语音合成系统。1998 年,刘庆峰带队参加国家 863 计划的一个比赛,他们设计的语音合成系统是当时唯一一个达到可实用门槛的作品。因为看到语音合成系统的实用前景,创业之路开始在刘庆峰面前延展开来。

1999 年,26 岁的刘庆峰正式创立科大讯飞。他召集了同一实验室的师弟们以及科大 BBS 中最优秀的版主,搭建起了科大讯飞最早的班底。多年以后,有人让刘庆峰给大学生创业提些建言时,他无比感慨地说:"学生创业以后就不要把自己当成学生了,要对股东负责,对社会负责。市场不相信眼泪,不要把自己定位成学生,希望各方面给你特殊待遇。"

——资料来源:节选自中国财经网 2019 年 11 月 23 日发表的文章《商汤、量化派与科大讯飞:"商业智能之王"背后的创业故事》。

项目导读

本项目旨在帮助学生深入了解和掌握 Power BI 及其核心组件 Power BI Desktop。Power BI 是一款强大的商业智能工具,用于数据可视化、分析和报告。通过本项目,学生将有机会探索 Power BI 的功能和应用,从而提升数据分析和可视化的技能。

学习导图

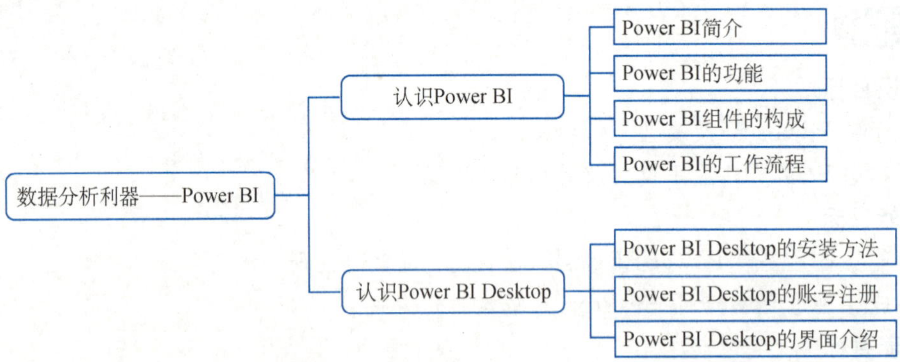

任务一　认识 Power BI

子任务一　Power BI 简介

Power BI 是一款由微软开发的商业智能工具,旨在帮助用户将数据转化为有意义的见解,并支持数据驱动的决策制定。它具有强大的数据分析、可视化和报表功能,适用于各种行业和职业领域。以下是 Power BI 的核心特点。

1) 多样化的数据源

Power BI 允许用户从多个数据源中导入数据,包括 Excel、数据库、在线服务、云存储等。这些数据可以轻松整合和转换,以便进行分析。

2) 丰富的可视化

Power BI 提供了多种图表、图形和可视化工具,可帮助用户将数据呈现为易于理解的视觉形式。用户可以创建交互式仪表板,以更深入地探索数据。

3) 自动化数据更新

用户可以设置自动数据更新,确保报表和仪表板中的信息始终保持最新。这对于需要定期监视数据的业务至关重要。

4) 支持数据分析和建模

Power BI 支持高级数据分析和建模,用户可以使用数据分析表达式(data analysis expressions, DAX)来创建计算字段和度量值,以进行复杂的计算和分析。

5）云服务支持

Power BI 提供了 Power BI 服务，用户可以将其报表和仪表板发布到云端，实现在线共享和协作，也可以在移动设备上访问数据。

6）安全性和合规性

Power BI 是一款具有严格的数据安全性和合规性的产品，能够保护敏感数据免受未经授权的访问，且符合各种法规和标准。

7）第三方整合

用户可以通过 Power BI 的应用市场集成各种第三方应用程序和服务，扩展其功能和数据来源。

子任务二 Power BI 的功能

当我们谈论 Power BI 的功能时，我们实际上是在探讨一款强大的数据分析和可视化工具所能提供的可能性。Power BI 不仅仅是一个图表和图形的生成器，它是一种全面的解决方案，为用户提供了一系列功能，使他们能够更深入地理解数据、发现洞察力，并有效地传达信息。

Power BI 作为一款领先的商业智能工具，提供了丰富的功能，使用户能够充分发挥数据的潜力。以下是 Power BI 的四个主要功能。

1）数据清洗

Power BI 允许用户轻松地连接各种数据源，包括数据库、Excel 表格、在线服务等。在数据导入后，它提供了强大的数据清洗和预处理功能，使用户能够解决数据质量问题，如去除重复项、填补缺失值以及进行数据变换，确保数据的准确性和一致性。

2）数据建模

Power BI 提供了强大的数据建模工具，用户可以通过创建数据模型来定义数据之间的关系。这包括创建表格、建立关联、定义度量值和计算列等。数据建模使用户能够更深入地分析数据，从而得出有关业务绩效、趋势和模式的见解。

3）数据可视化

Power BI 提供了丰富多样的数据可视化选项，包括图表、图形、地图和表格等。用户可以轻松地将数据转化为易于理解和交互式的可视化报告。这些视觉元素有助于用户快速识别数据中的模式、趋势和异常，帮助业务决策。

4）报表分享

Power BI 允许用户创建交互式报表和仪表板，并将其分享给其他人。这可以通过在线共享链接、嵌入网站或导出为 PDF 或 PowerPoint 文件来实现。这种功能使用户能够与团队和利益相关者共享数据见解，并促进合作和决策制定。

子任务三 Power BI 组件的构成

Power BI 由三个部分组成，分别是：桌面应用程序（Power BI Desktop）、云端在线应用程序（Power BI Service）和移动端应用（Power BI Mobile）。其中，Power BI Desktop 用于创建报表、仪表板和数据模型，它提供了丰富的数据连接和转换功能，以及多种可视化选项，使用户能够在单个工作区中进行数据处理和报表设计;Power BI Service 是基于云的平台,用于在 Web 上发布、共享和管理 Power BI 报表和仪表板,用户可以将创建的报表上传到 Power BI Service,与团队和合作伙伴共享,并进行协作编辑;Power BI Mobile 使用户能够随时随地访问其 Power BI 报表和仪表板,并与数据互动。Power BI 的应用端,如图 2-1 所示。

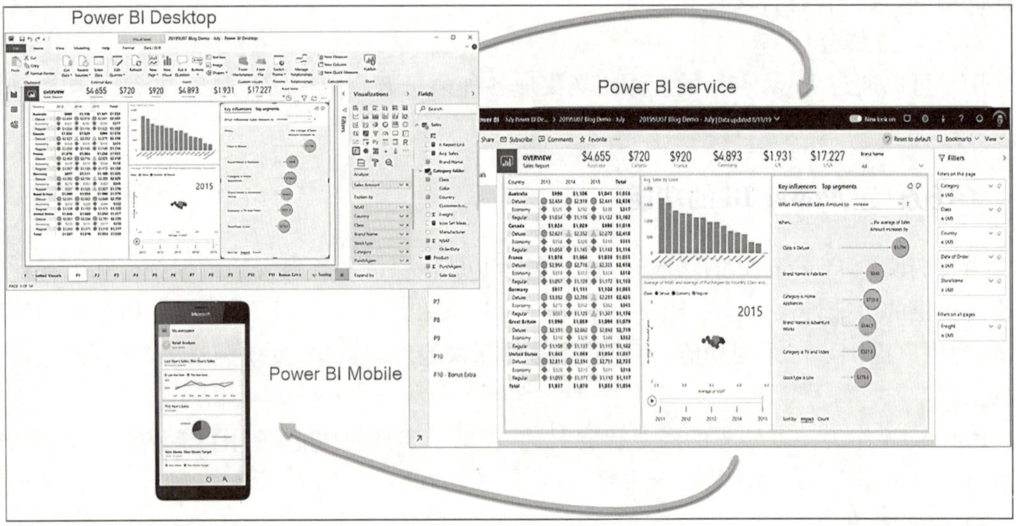

图片来源:Power BI 官网。

图 2-1 Power BI 的应用端

Power BI 是一个多功能的商业智能工具,为了满足不同用户和企业的需求,提供了四种主要版本,每个版本都具有不同的功能和许可证限制。

1) Power BI Desktop

Power BI Desktop 是免费的桌面应用程序,适用于个人用户和分析师。它提供了创建、编辑和发布报表、仪表板和数据模型的功能。用户可以连接到多种数据源,进行数据转换和可视化,然后将报表导出为 PBIX 文件。Power BI Desktop 适用于个人使用,也可以与 Power BI Service 配合使用,以实现更广泛的数据共享和协作。

2) Power BI Pro

Power BI Pro 是针对个人用户和小型团队的付费版本。它提供了高级功能,如将报表和仪表板发布到 Power BI Service、与他人共享报表、在移动设备上访问报表以及使用 Power BI App 打开报表。每个 Power BI Pro 许可证适用于一个具体的用户,要求每个用户都需要拥有许可证才能访问和编辑报表。

3) Power BI Premium

Power BI Premium 针对大型企业和需要大规模共享报表的企业提供了解决方案。它不仅包括了 Power BI Pro 的所有功能,还提供了额外的性能和扩展性。使用 Power BI Premium,企业可以购买更多的计算和存储资源,以提高报表的性能和处理大量数据。此外,Power BI Premium 还支持自动数据刷新和嵌入式分析,允许开发人员将报表集成到自定义应用程序中。

4) Power BI Embedded

Power BI Embedded 是为开发人员和独立软件供应商(independent software vendors, ISV)设计的解决方案。它允许开发人员将 Power BI 报表和仪表板嵌入自己的应用程序中,以提供数据分析功能。与 Power BI Premium 不同,Power BI Embedded 的价格根据使用情况进行计费,而不是按用户许可证计费。这使得开发人员能够根据实际需求支付费用。

Power BI 的不同版本适用于各种不同的使用情景,从个人用户和小型团队到大型企业和开发人员。用户可以根据其需求和预算选择适合他们的 Power BI 版本,以获得最佳的数据分析和可视化体验。

子任务四　Power BI 的工作流程

Power BI 中,常规的工作流程如下:

(1) 将收集的数据导入 Power BI Desktop,通过单击"转换数据"按钮,进入 Power Query 界面进行数据整理,并根据实际需求对数据进行合并、转换、逆透视等操作。

(2) 数据整理后,进入 Power BI Desktop 的数据建模层面,根据实际需求构建数据表之间的关系、新建计算列、计算表以及创建度量值等。

(3) 建模之后,进入报表视图,创建可视化图表。同时,可以将制作完成的报表发布到 Power BI 服务,在服务中也可以创建新的可视化效果或构建仪表板,与他人分享。

(4) 通过 Web 网页或移动端(手机或 PAD)进行报表数据的浏览与查阅。

任务二　认识 Power BI Desktop

子任务一　Power BI Desktop 的安装方法

Power BI Desktop 的安装方法

安装 Power BI Desktop 有以下两种方式。

1) 官方网站下载安装包

这是最常见的安装方式。通过访问 Power BI 官方网站(https://powerbi.microsoft.com/)下载安装包,然后导航到"下载"部分。根据计算机的操作系统选择适用于用户的版本(通常有 Windows64 位和 Windows32 位版本可用)。点击"下载"按钮,然后按照安装向导的步骤进行安装。采用这种安装方式是不能进行自动更新的,如果需要最新版本的 Power BI Desktop,必须按照上述步骤重新下载安装。详细步骤如下。

【任务实施】

【步骤一】 百度搜索 Power BI 官网,进入首页后将页面拉至最后,在"下载"列表选择"Power BI Desktop",如图 2-2 所示。

【步骤二】 在打开的页面,单击"查看下载或语言选项"按钮,进入"选择语言"界面,选择"中文(简体)"选项,再单击"下载"按钮(不建议直接点击"免费下载"按钮),如图 2-3 所示。

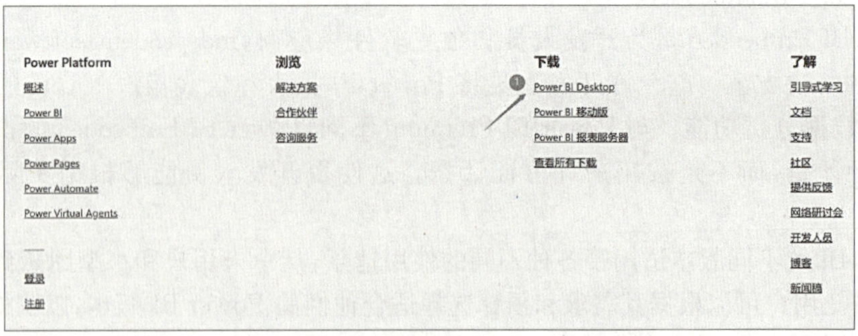

图 2-2　Power BI Desktop 下载界面

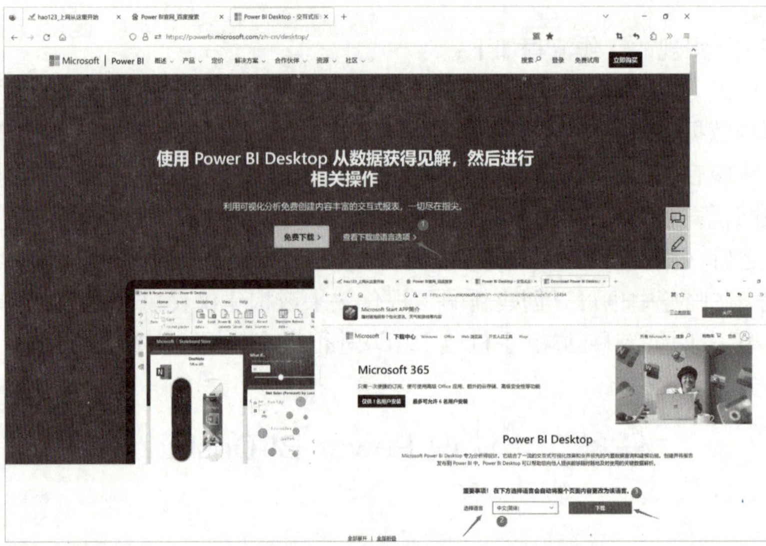

图 2-3　中文(简体)选项

【步骤三】 在弹出的“选择您要下载的程序”窗口中，根据个人计算机的操作系统选择 32 位或者 64 位安装包，如图 2-4 所示。

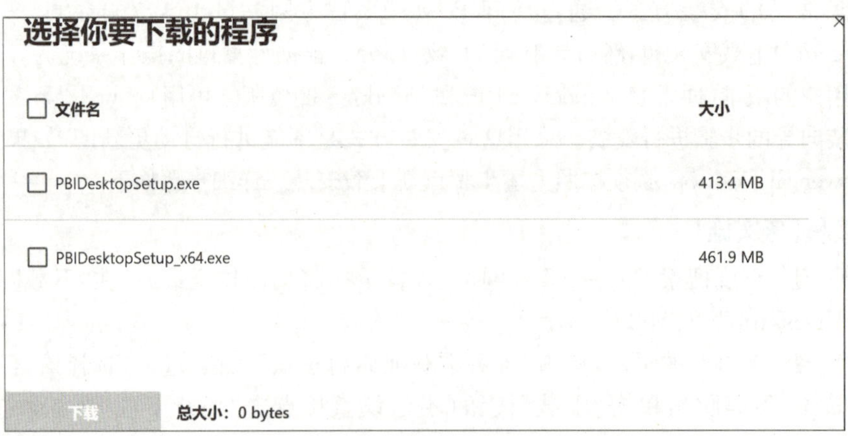

图 2-4　选择需要下载的程序

【步骤四】 以选择 64 位安装包为例，下载完成后，双击安装文件，在弹出的“Microsoft Power BI Desktop(安装程序)”窗口中单击“下一步”按钮，如图 2-5 所示。

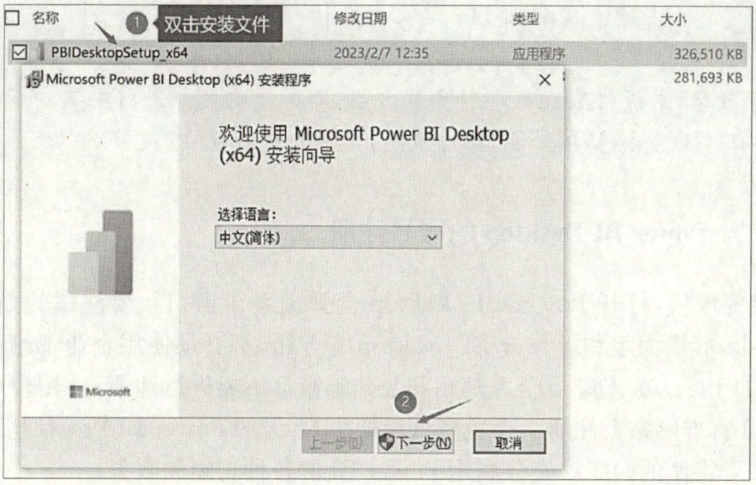

图 2-5 安装 Power BI Desktop

【步骤五】 根据系统提示进行安装即可。安装完毕，桌面会生成“”图标，双击该图标，即可启动 Power BI Desktop 应用程序。

2) Microsoft Store 安装

如果您使用的是 Windows 10 操作系统，还可以通过 Microsoft Store 安装 Power BI Desktop。在 Microsoft Store 中搜索“Power BI Desktop”，然后点击“获取”按钮进行安装。这种方式的安装更加便捷，可以自动更新应用程序。Power BI 的优势之一就是更新迭代迅速，基本上每个月都会有更新。具体操作如图 2-6 所示。

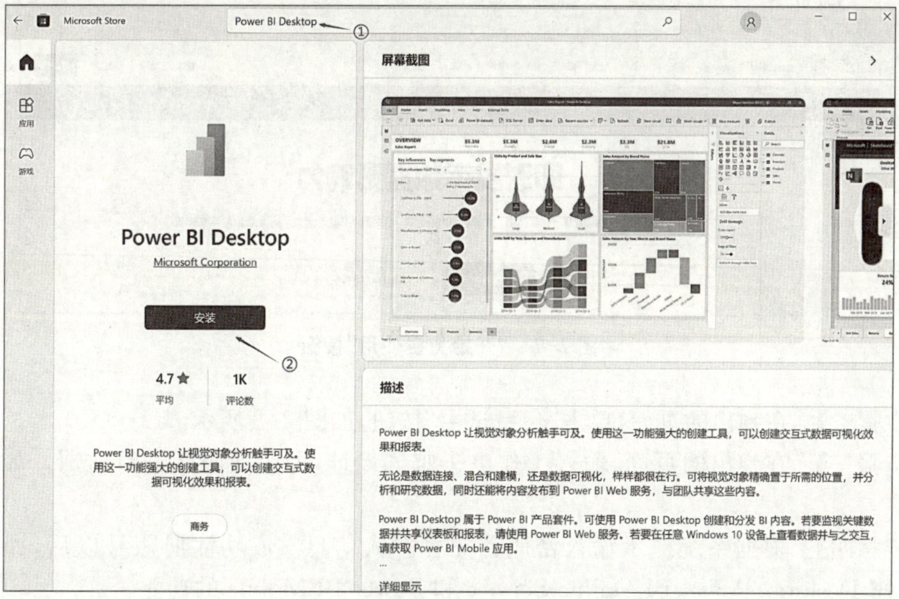

图 2-6 通过 Microsoft Store 进行安装

不论您选择哪种方式，安装完成后，您就可以开始使用 Power BI Desktop 进行数据分析和报表创建。

操作锦囊

为了便于教学，本教材采用第一种安装方法，即下载安装包进行安装。同时，Power BI Desktop 官方版本仅支持 Windows 操作系统，而不支持 macOS 或 iOS。

子任务二　Power BI Desktop 的账号注册

Power BI Desktop 的账号注册

首次安装完成后，打开 Power BI Desktop 会弹出登录窗口。要注意的是，Power BI Desktop 桌面版和 Power BI Desktop 专业版，都必须使用企业邮箱进行账号注册(如 126、163、QQ 等个人邮箱和公共邮箱都不能进行注册)。用户可以在 Power BI 官方网站上注册一个免费试用期为 60 天的 Power BI Pro 专业版账号。这个账号将使他们能够充分利用 Power BI 的各种功能和服务。

当用户希望在 Power BI Desktop 中创建可视化报表并将其在线发布、查看以及进行编辑时，需要启用 Power BI Online Service 功能。在线的可视化报表可以通过 Power BI Mobile 功能在移动设备上查看。如果用户只想使用 Power BI Desktop，那么无须注册 Power BI 账号。如果用户希望使用 Power BI Online Service 和 Power BI Mobile，那么必须注册 Power BI 账号。

在 Power BI 官网进行账号注册的具体步骤如下。

【任务实施】

【步骤一】　进入 Power BI 官网，单击“开始免费使用”按钮，如图 2-7 所示。

图 2-7　“开始免费使用”按钮

【步骤二】　在弹出的页面，单击“免费试用”按钮，如图 2-8 所示。

【步骤三】　在弹出的页面，输入工作电子邮件地址，即企业邮箱进行注册。如图 2-9 所示。

【步骤四】　根据系统提示输入密码并完善个人信息。成功注册账号以后，即可使用 Power BI Desktop、Power BI Online-Service 和 Power BI Mobile 的功能。

图 2-8　“免费试用”按钮

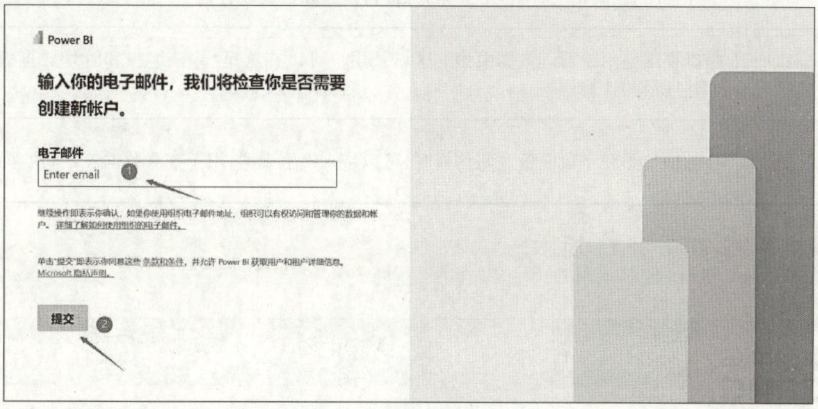

图 2-9　企业邮箱注册账号

子任务三　Power BI Desktop 的界面介绍

Power BI Desktop 的界面主要是由菜单栏、视图和报表编辑器三个部分组成，如图 2-10 所示。

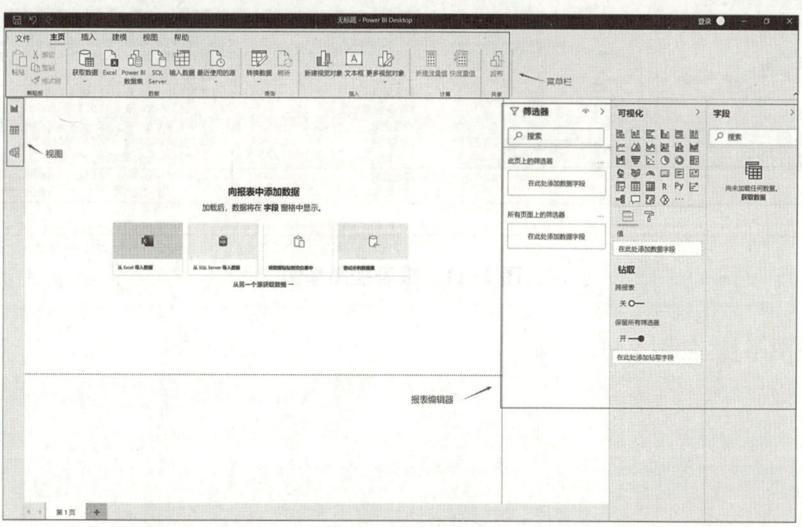

图 2-10　Power BI Desktop 界面

1）菜单栏

菜单栏位于顶部，包含“文件”“主页”“插入”“建模”“视图”“帮助”等菜单选项，用于执行各种操作和设置。例如，单击“主页”选项，通过“获取数据”进行数据连接。

2）视图

Power BI Desktop 界面最左侧，自上而下分别排列报表视图、数据视图和模型视图三种按钮。在不同的视图下，可以进行不同的操作，三种视图的功能，如表 2-1 所示。

表 2-1　三种视图的功能

视图名称	视图功能
报表视图	报表视图占据 Power BI Desktop 主界面的大部分区域，用于创建和编辑报表。用户可以在这里添加图表、表格、文本框等元素，并进行样式和格式设置
数据视图	数据视图是用于管理数据模型的区域。用户可以在这里导入、编辑和管理数据表，定义关系、创建度量和计算列等
模型视图	在数据视图和字段面板之间切换时，可以进入模型视图，用于查看数据表之间的关系图

报表视图举例，如图 2-11 所示。

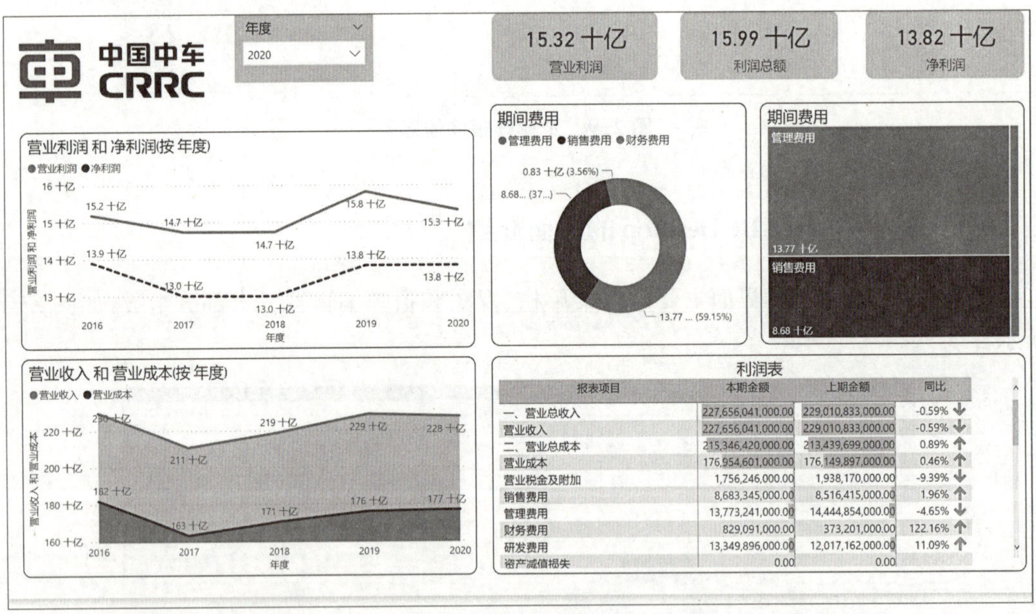

图 2-11　报表视图举例

数据视图举例，如图 2-12 所示。

图 2-12 数据视图举例

模型视图举例，如图 2-13 所示。

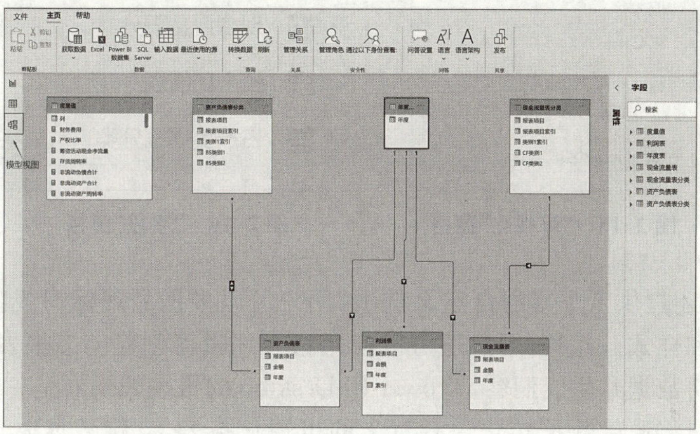

图 2-13 模型视图举例

3）报表编辑器

Power BI Desktop 的报表编辑器是一个强大的工具，用于创建、设计和自定义报表。它位于界面的右侧，并由以下三个主要窗格组成。

（1）“筛选器”窗格：筛选器窗格用于创建数据筛选器，使用户可以根据需要动态过滤和分析数据。用户可以在报表中添加交互式筛选器，以便最终用户能够自定义数据视图。如图 2-14 所示。

（2）“可视化”窗格：可视化窗格包含了各种可视化元素，如柱状图、折线图、饼图等。用户可以从可视化窗格中选择适当的图表类型，并将其拖放到报表页面上，然后将字段与图表中的数据系列关联起来，以创建具体的数据可视化。如图 2-15 所示。

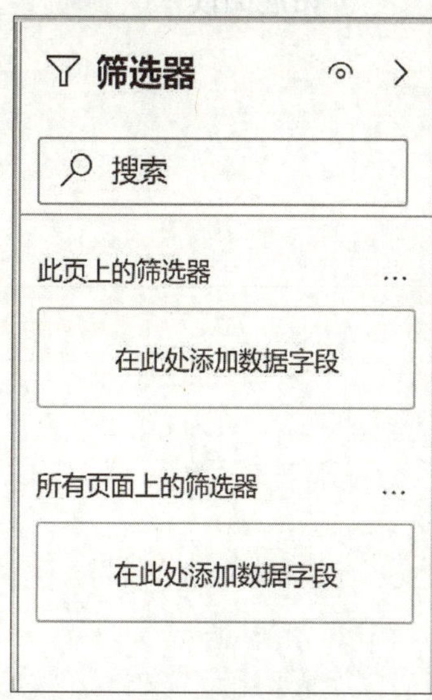

图 2-14 “筛选器”窗格

（3）“字段”窗格：字段窗格显示了已导入数据源的所有

字段和表。用户可以从字段窗格中拖放字段到报表页面上的可视化元素中，以建立数据关联和创建图表。这是报表的数据源管理中心，如图 2-16 所示。

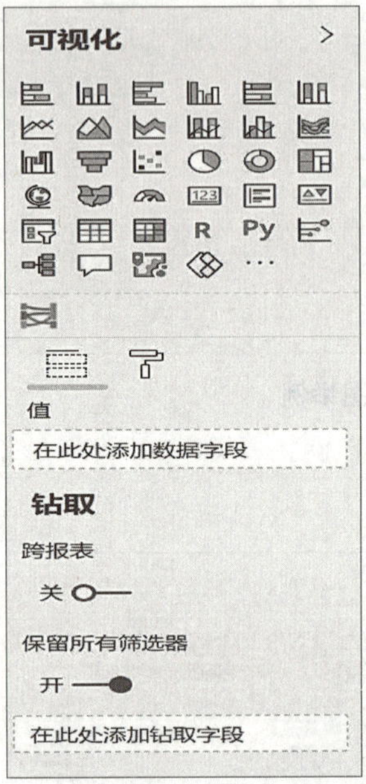

图 2-15 “可视化”窗格

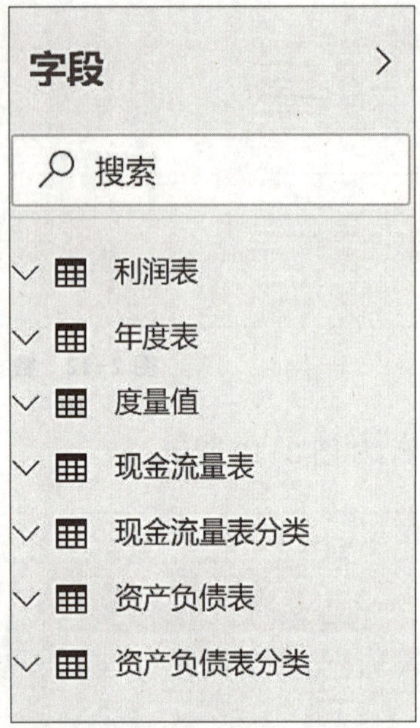

图 2-16 “字段”窗格

报表编辑器还提供了丰富的自定义选项，用户可以根据品牌标识或特定需求调整报表的格式、颜色和样式。此外，用户还可以使用报表编辑器创建动态报表、计算字段和度量值，以深入分析数据并生成洞察。Power BI Desktop 的报表编辑器是一个直观而灵活的工具，可帮助用户将原始数据转化为有意义的可视化报表，支持数据驱动的决策和业务分析。

☆ 拓展阅读

Power BI 帮助
文档的使用

项目测试

第一部分:职业能力测试

一、单选题

1. Power BI 是一种用于(　　)的工具。
A. 数据清洗和转换　　B. 图表和报表创建
C. 3D 建模和动画设计　　D. 网站开发和应用程序编程

2. Power BI Desktop 可用于(　　)。
A. 在线电影流媒体　　B. 数据分析和可视化
C. 社交媒体管理　　D. 车辆导航和地图绘制

3. Power BI 的(　　)版本适用于个人用户。
A. Power BI Pro　　B. Power BI Premium
C. Power BI Free　　D. Power BI Enterprise

4. Power BI 的主要功能包括(　　)。
A. 数据收集和邮件发送　　B. 数据处理和音频编辑
C. 数据清洗、建模、可视化和报表分享　　D. 文字处理和电子表格计算

5. Power BI Desktop 的报表编辑器包括(　　)主要窗格。
A. 过滤器、音频和视频　　B. 可视化、模型和字段
C. 图像、动画和样式　　D. 地图、数据集和维度

6. Power BI 是一款用于(　　)的工具。
A. 文字处理　　B. 数据分析和可视化
C. 图像编辑　　D. 社交媒体管理

7. Power BI Pro 是(　　)版本的一部分。
A. Power BI Free　　B. Power BI Desktop
C. Power BI Premium　　D. Power BI Mobile

8. Power BI 的核心功能包括(　　)。
A. 数据收集、数据清洗和数据分享　　B. 数据可视化、模型和字段
C. 数据清洗、建模、可视化和报表分享　　D. 数据导出和打印

9. 在 Power BI Desktop 中,您可以使用(　　)窗格来构建报表。
A. 可视化和字段　　B. 可视化、模型和字段
C. 字段和筛选器　　D. 字段和报表编辑器

10. Power BI 的 Windows 桌面端应用程序是(　　)。
A. Power BI Desktop　　B. Power BI Online-Service
C. Power BI Mobile　　D. Power BI App

二、多选题

1. Power BI Desktop 的主要功能包括(　　)。
A. 数据收集　　B. 数据清洗　　C. 数据建模　　D. 数据报表

2. Power BI 的核心组件包括(　　)。

A. Power BI Desktop　　B. Power BI Pro

C. Power BI Mobile　　D. Power BI Service

3. Power BI 可以连接到(　　)等数据源。

A. Excel 文件　　B. SQL Server 数据库

C. Twitter 数据流　　D. Google 地图

4. Power BI Desktop 的可视化选项包括(　　)。

A. 柱状图　　B. 饼图　　C. 3D 渲染　　D. 散点图

5. Power BI 报表编辑器中的窗格包括(　　)。

A. 可视化　　B. 模型　　C. 字段　　D. 筛选器

三、判断题

1. Power BI Desktop 是一款免费的数据可视化工具。(　　)
2. Power BI Service 是一种用于创建和编辑报表的本地桌面应用程序。(　　)
3. Power BI Premium 是一种用于创建报表的免费版本,无需付费订阅。(　　)
4. Power BI 只能生成静态图表,不支持交互式数据探索。(　　)
5. Power BI 支持多种数据源,但不能连接到云存储服务。(　　)

四、思考题

1. 什么是 Power BI？请简要描述其作用和用途。
2. Power BI Desktop 和 Power BI Online 之间有什么区别？它们如何协同工作？
3. Power BI 中的报表编辑器包括哪些主要窗格？它们分别用于什么任务？
4. Power BI 的应用模式有哪几种？它们之间有什么区别？
5. Power BI Desktop 的视图包括哪几种？它们分别有什么作用？

五、实训题

1. 自行下载并安装桌面端应用程序——Power BI Desktop。
2. 尝试注册个人的 Power BI Desktop 账号。

第二部分:职业素养测试

☆思考题

1. Power BI 和 Power BI Desktop 这两个工具在哪些领域或行业中可以应用,它们对这些领域或行业有何贡献？
2. 学习 Power BI 对个人和企业有什么益处？它如何影响个人的职业发展和企业的业务成功？
3. 在使用 Power BI 过程中,如何保护数据隐私和信息安全？为什么这一点很重要？
4. 在学习和使用 Power BI 的过程中,您认为应该遵循哪些伦理原则？为什么伦理在数据分析中如此重要？

项目二评价表

项目三 Power BI 初体验——快速实践数据分析与可视化制作

学习目标

知识目标

- 了解 Power BI 常规的工作流程。
- 熟悉可视化元素，如卡片图、条形图等。

技能目标

- 能够根据具体的企业运营数据，掌握 Power BI 常规的工作流程。
- 能够定义简单的数据分析与可视化操作。

素养目标

- 激发学生对数据分析和可视化领域的兴趣，鼓励自主学习和个性化学习，引导学生数据为民、数据利民的职业素养。

德技并修

谁掌握数据资源，谁就掌握了主动权

高水平科技自立自强离不开原始创新，真正的原始创新来自基础研究，而可靠的数据资源是基础研究和原始创新的重要支撑。谁掌握数据资源，谁就掌握了原始创新的主动权和科技创新的战略先机。

“谁能把握大数据、人工智能等新经济发展机遇，谁就把准了时代脉搏”，习近平总书记一直高度重视信息化发展和大数据建设。在食品安全领域，如何牢牢把握信息革命的“时”与“势”，在风险监管方面，如何做好自主数据库构建和数据资源的挖掘、共享和利用，成为提升食品安全监管水平、保障食品产业可持续发展的重大需求。为此，我们应优先开展农药色谱-质谱标准参考数据库、农药化学污染物残留数据库，以及全国性基础研究数据资源库等基础数据建设工作。

标准参考数据(relative standard deviation, RSD)是重要的战略性数据要素，已被美国、俄罗斯、韩国等国列为战略资源。获取与食品安全密切相关的农药色谱-质谱标准参考数据，我国当前主要依赖美国 NIST 数据库、Wiley 数据库等，尚未自主构建权威性的 RSD 数据库。因此，需要建立我国自主权威的农药色谱-质谱标准参考数据库，研制标准参考数据的评估标准和管理办法，实现数据的融通共建、开放共享、高效应用，为食品安全监管技术、方法和标准的开发奠定基础。

谁掌握了数据资源，谁就掌握了主动权。为更好筑牢食品安全领域科技自立自强的根基，我们需要加强数据资源的开放共享。同时，建立全国性基础研究数据资源库，如食品微

生物安全科学大数据库、基于组学的食源性致病微生物数据库、经济利益驱动型食品掺假数据库、食物基础营养素及功能活性物质数据库等，对提升我国食品安全治理能力和推进治理体系现代化具有重要意义。从技术角度来讲，对现有的食品安全领域的数据库，应统一标准、软件、接口，做到动态更新，保障数据的时效性，实现数据库信息的共享、升级和改造。在数据共享立法、权益分配机制方面，更需要顶层设计、长远规划。

——资料来源：节选自庞国芳发表于光明日报 2023 年 8 月 31 日的文章《谁掌握了数据资源，谁就掌握了主动权》。

项目导读

本项目旨在通过一个简单的模拟案例，快速带领学生了解使用 Power BI 进行数据分析与可视化的全过程，包括数据获取、整理、建模、可视化，以及报表发布。无论学生是否有数据分析经验，这个项目都将为学生提供宝贵的实践机会，让学生能够迅速掌握 Power BI 的基本操作和数据处理技能。

学习导图

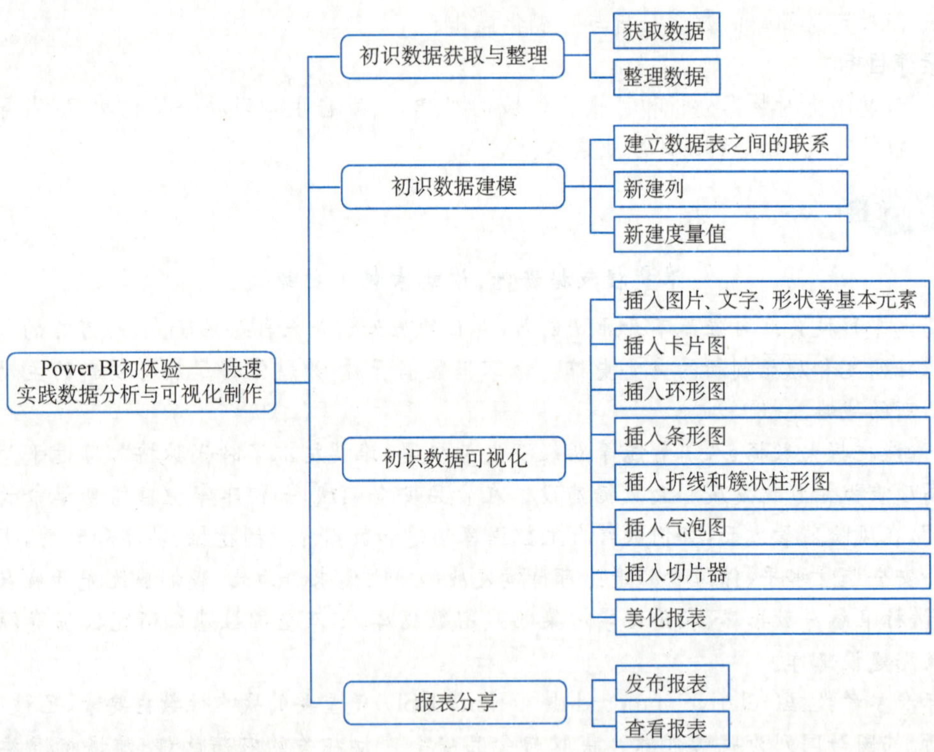

项目案例概述

甜甜蛋糕连锁店是一个比较大的蛋糕品牌，分布在全国各地。该蛋糕店主要制作并销售各种蛋糕、面包与饼干，同时还有各种饮料。甜甜蛋糕连锁店给出了 2020—2021 年所有店铺的全年销售数据，并希望通过 Power BI 进行数据分析与可视化，从而多维度比较，以便更好地了解其销售业绩，并根据数据制定未来的销售策略。

任务一 初识数据获取与整理

在数据获取之前，让我们先来了解一下源数据的具体结构。本项目源数据“项目三案例数据. xlsx”是一个 Excel 工作簿，在这个工作簿中共包括日期表、产品表、门店表和销售表 4 张工作表，分别如图 3-1 至图 3-4 所示。

	A	B	C	D
1	日期	年	月	季度
2	2020/1/1	2020年	1月	第1季度
3	2020/1/2	2020年	1月	第1季度
4	2020/1/3	2020年	1月	第1季度
5	2020/1/4	2020年	1月	第1季度
6	2020/1/5	2020年	1月	第1季度
7	2020/1/6	2020年	1月	第1季度
8	2020/1/7	2020年	1月	第1季度
9	2020/1/8	2020年	1月	第1季度
10	2020/1/9	2020年	1月	第1季度
11	2020/1/10	2020年	1月	第1季度
12	2020/1/11	2020年	1月	第1季度

图 3-1 日期表

	A	B	C	D	E
1	产品分类ID	产品分类名称	产品ID	产品名称	单价
2	101	面包	1001	吐司面包	25
3	101	面包	1002	粗粮面包	20
4	101	面包	1003	全麦面包	14
5	102	饼干	2001	曲奇饼干	10
6	102	饼干	2002	苏打饼干	8
7	103	饮料	3001	牛奶	4
8	103	饮料	3002	果汁	6

图 3-2 产品表

	A	B	C
1	店铺ID	店铺名称	省份名称
2	101	哈尔滨市	黑龙江省
3	102	长春市	吉林省
4	103	吉林市	吉林省
5	104	沈阳市	辽宁省
6	105	大连市	辽宁省
7	106	北京市	北京市
8	107	天津市	天津市
9	108	石家庄市	河北省
10	109	济南市	山东省
11	110	太原市	陕西省
12	111	郑州市	河南省
13	112	杭州市	浙江省
14	113	南京市	江苏省
15	114	合肥市	安徽省
16	115	武汉市	湖北省
17	116	福州市	福建省
18	117	南昌市	江西省
19	118	西安市	陕西省
20	119	南宁市	广西省
21	120	上海市	上海市
22	121	广州市	广东省
23	122	贵阳市	贵州省

图 3-3 门店表

	A	B	C	D	E	F
1	订单号	订单日期	店铺ID	产品ID	会员ID	数量
2	D2000001	2020/1/1	111	3002	1515	8
3	D2000002	2020/1/1	104	3002	8789	7
4	D2000003	2020/1/1	110	3002	3633	10
5	D2000004	2020/1/1	110	1001	5880	13
6	D2000005	2020/1/1	104	2002	4704	11
7	D2000006	2020/1/1	102	3002	9376	10
8	D2000007	2020/1/1	102	2001	3475	10
9	D2000008	2020/1/1	106	2001	8515	16
10	D2000009	2020/1/1	111	1003	2161	8
11	D2000010	2020/1/1	111	1002	3670	16
12	D2000011	2020/1/1	109	2001	1745	11
13	D2000012	2020/1/1	105	2002	9542	10
14	D2000013	2020/1/1	104	2001	2642	15
15	D2000014	2020/1/1	106	2002	9474	9

图 3-4 销售表

子任务一 获取数据

Power BI 可以轻松地连接到多种数据源，包括文件、数据库、Web 页面等多种来源。其中，从 Excel 工作簿中获取数据是一种常见且方便的方式（注意：因 Power BI 版本不断更新，后缀为. xls 的 Excel 文件不能导入 Power BI 中，需转换为. xlsx 的文件格式）。本任务将从“案例数据\项目三\甜甜蛋糕连锁店-案例数据. xlsx”文件中进行数据获取。

获取数据

【任务实施】

【步骤一】 启动 Power BI Desktop，在“主页”选项卡的“数据”组中选中“Excel”按钮，或者在报表视图中单击“从 Excel 导入数据”链接，如图 3-5 所示。

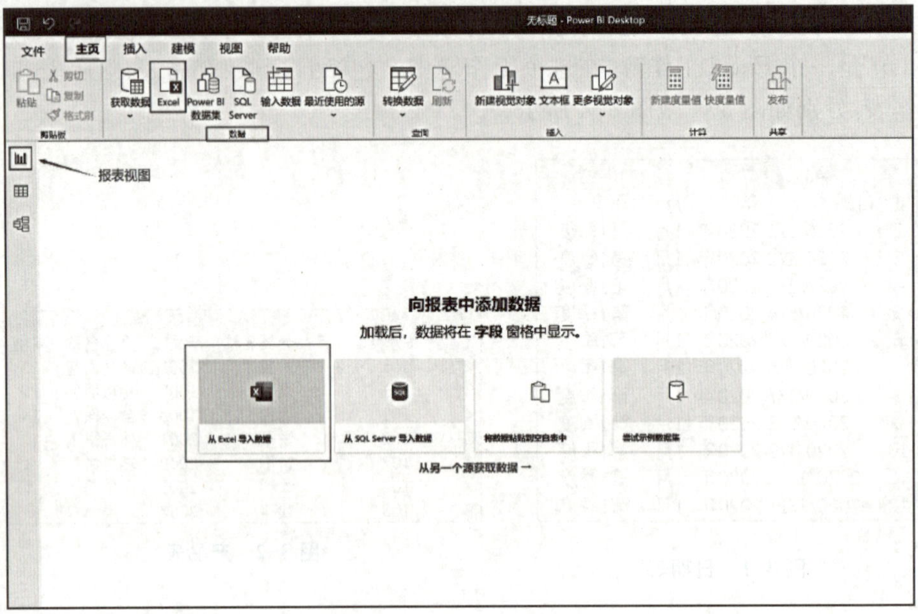

图 3-5　获取数据

【步骤二】 打开“案例数据\项目三\甜甜蛋糕连锁店-案例数据. xlsx”文件后，单击“打开”按钮，如图 3-6 所示。

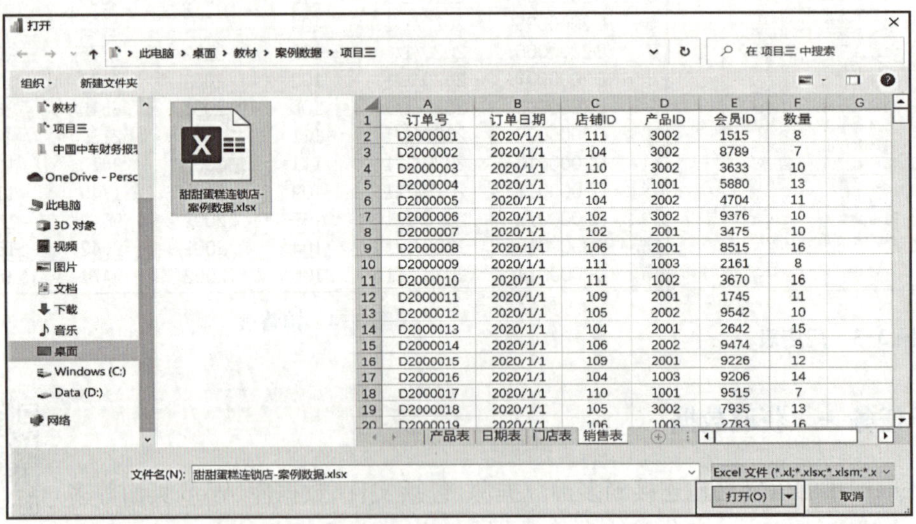

图 3-6　选择数据

【步骤三】 同时选中“产品表”“门店表”“日期表”和“销售表”这 4 张表，再单击“加载”按钮，如图 3-7 所示。

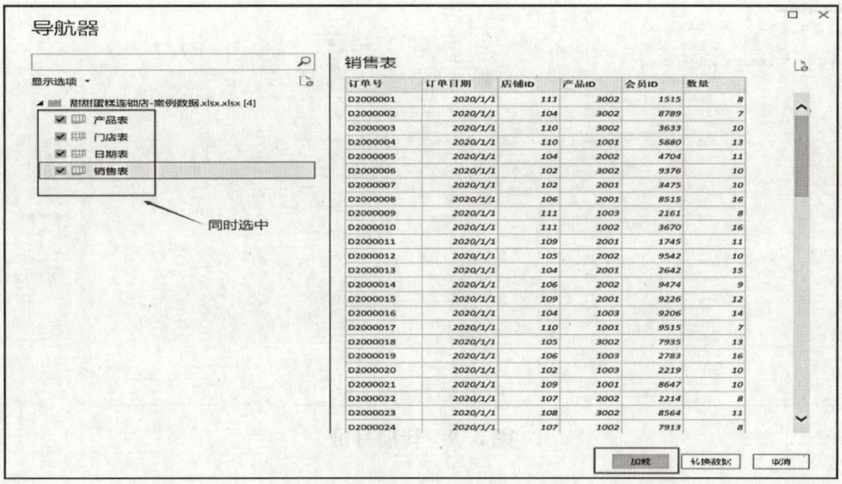

图 3-7 加载数据

子任务二 整理数据

整理数据

数据整理(data wrangling)也称为数据清洗或数据预处理,是数据分析过程中的关键步骤之一,是指对收集到的原始数据进行清理、转换、修复等过程,用于进一步的数据分析与可视化。数据整理,需要检查数据类型是否正确,去除重复记录、处理缺失数据、修复错误值和异常值,对数据进行计算、合并、拆分等操作,这些整理方法都需要在 Power Query 中进行。Power Query,也叫查询编辑器,是进行数据整理的重要工具。单击“转换数据”进入 Power Query 界面(注意:Power BI 2020 年之前的版本,需要单击“编辑查询”进入,“编辑查询”和“转换数据”名称不一样,但是实质是一样的),如图 3-8 所示。

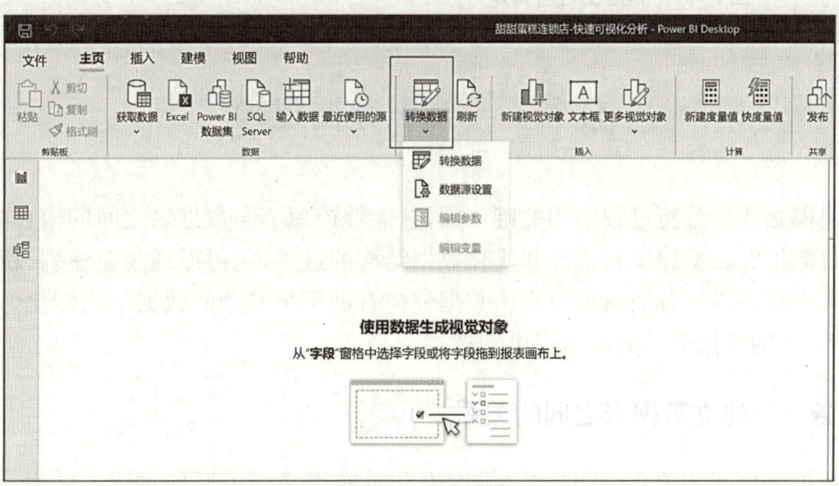

图 3-8 进入 Power Query

检查各表中的数据,大部分数据相对完整。只有日期表当中的月份是按年月日显示的,需要转化成按月显示,具体的转化过程如图 3-9 所示。

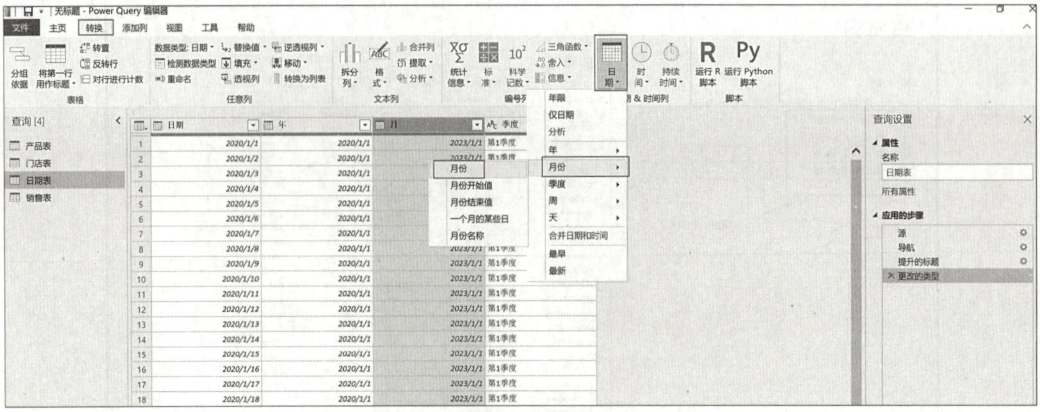

图 3-9　转换月份

检查销售表。因为该表行数较多,无法人工逐行进行检查,可以通过 Power Query 进行整理。具体操作方法:选中“销售表”,在“主页”选项卡中找到“删除行”,执行“删除空行”与“删除错误”命令,如图 3-10 所示。再选中“文件”选项卡,点击“关闭并应用”按钮,如图 3-11 所示。

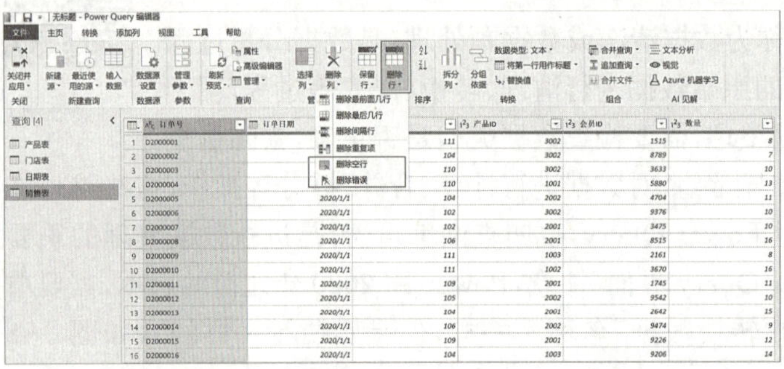

图 3-10　删除空行与错误

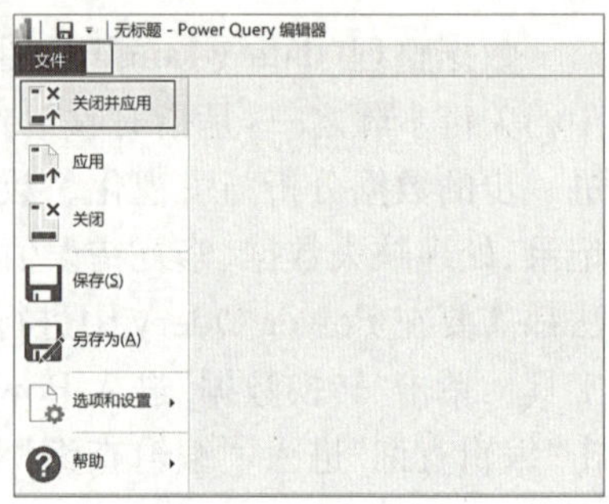

图 3-11　关闭并应用

任务二　初识数据建模

数据建模是数据分析过程中的关键步骤,它能够梳理不同数据表之间的内在联系,以便更好地理解数据。数据建模是整理和优化数据结构的过程,它可以通过新建列、新建表和新建度量值等方式来进行各类数据分析。数据建模有助于将复杂的数据结构转化为易于理解和利用的形式,为数据驱动的决策提供支持。

子任务一　建立数据表之间的关系

建立数据表之间的关系

建立数据表之间的关系,就是建立维度表和事实表之间关联的过程。维度表包含了关于业务对象的描述性信息,而事实表包含了与这些业务对象相关的度量值或数据。通过将维度表中的关键字段与事实表中的字段关联起来,我们可以轻松地实现数据的连接和聚合。这有助于回答各种复杂的业务问题,例如销售趋势分析、客户行为分析以及性能评估等。

单击 Power BI Desktop 右侧的模型视图按钮"⧉",通过观察图 3-2 和图 3-4,我们可以看出,产品表通过"产品 ID"这个关键字段与销售表建立了自动关联。但是,有时候软件并不会非常智能地建立所有关联。例如,日期表当中的"日期"与销售表中的"订单日期"是存在对应关系的,却并未自动关联,这时则需要手动关联。操作方法是用鼠标按住日期表中的"日期"选项不放,拖拽到销售表中的"订单日期",如图 3-12 所示。

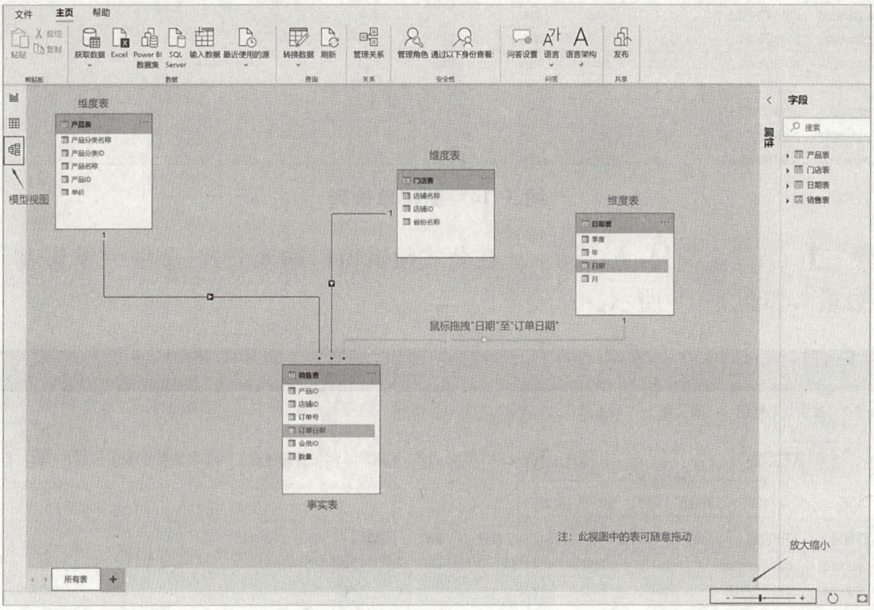

图 3-12　手动关联

子任务二　新建列

新建列

通过观察销售表中只有数量列,没有单价列,为了计算出销售金额,还需要将产品表中的单价列引入到销售表中,通过新建销售金额列(新建列需要用到 DAX 函数,DAX 函数将在项目五详细说明),可以求得每一行每一笔订单的销售金额。具体操作方法如下。

【任务实施】

【步骤一】　单击窗口左侧的数据视图按钮"▦",选择窗口右侧的"销售表"选项,选中"订单号"列,点击右键,选择"以升序排列"(或者,直接点击"订单号"右侧的三角图标"▾",带出排序选项),如图 3-13 所示。

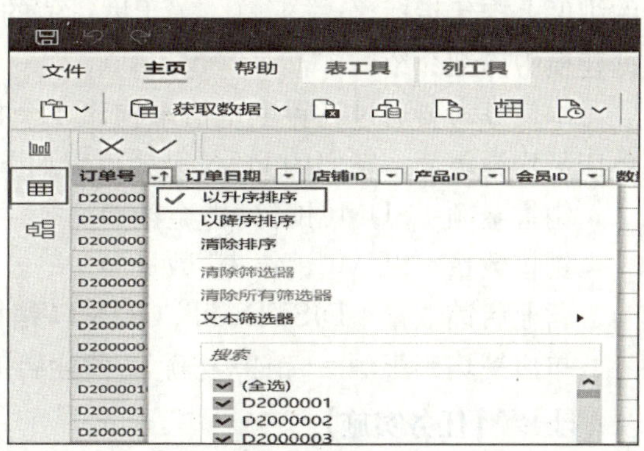

图 3-13　字段升序排序

【步骤二】　单击"主页"选项,选择"新建列"。在公式编辑窗口,将列名改成"单价"。等号后面输入公式"RELATED('产品表'[单价表])",单击<Enter>键确认,如图 3-14

所示(注意:输入公式需要切换成英文状态)。

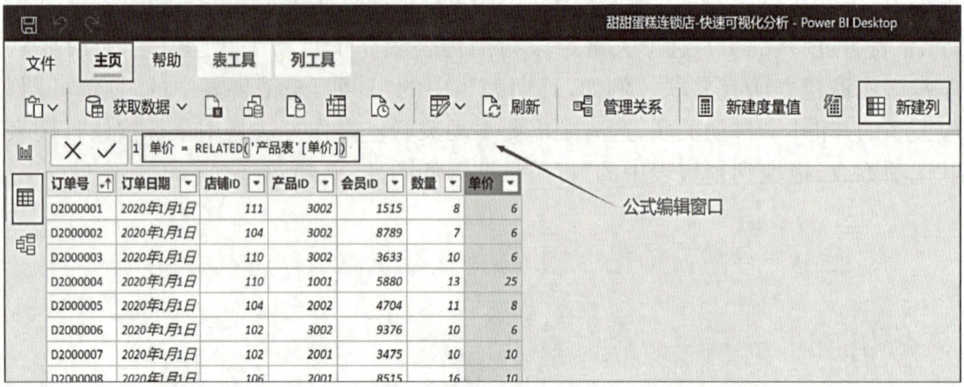

图 3-14 新建单价列

【步骤三】 新建金额列,方法同上。在公式编辑窗口输入公式:金额='销售表'[单价]*'销售表'[数量],如图 3-15 所示。

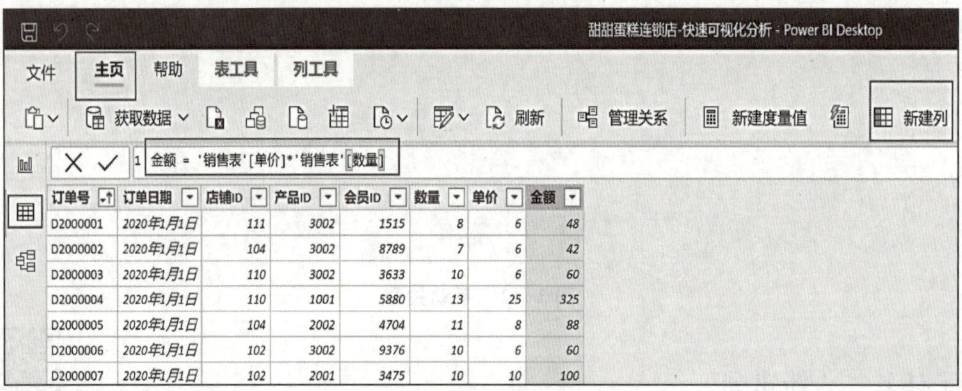

图 3-15 新建金额列

子任务三 新建度量值

新建度量值

度量值在 Power BI 数据建模中扮演着核心角色,通过度量值,可以在不同的维度上构建指标、分类汇总。关于度量值的含义以及具体用法,将在项目五数据建模中详细介绍。

本任务需要通过设置度量值来构建 4 个指标,即销售金额、销售数量、营业店铺数量和单店平均销售额。它们的 DAX 公式设置如下:

销售金额=SUM('销售表'[金额])

销售数量=SUM('销售表'[数量])

营业店铺数量=DISTINCTCOUNT('销售表'[店铺 ID])

单店平均销售额=[销售金额]/[营业店铺数量]

【任务实施】

【步骤一】 选择销售表,单击“主页”选项卡,选择“新建度量值”(或者,单击表工具选项也可以选择“新建度量值”)。在公式编辑窗口，输入公式：销售金额＝SUM('销售表'[金额])，完成后可以从右侧字段栏下查看到“销售金额”这一新建度量值，如图 3-16 所示。

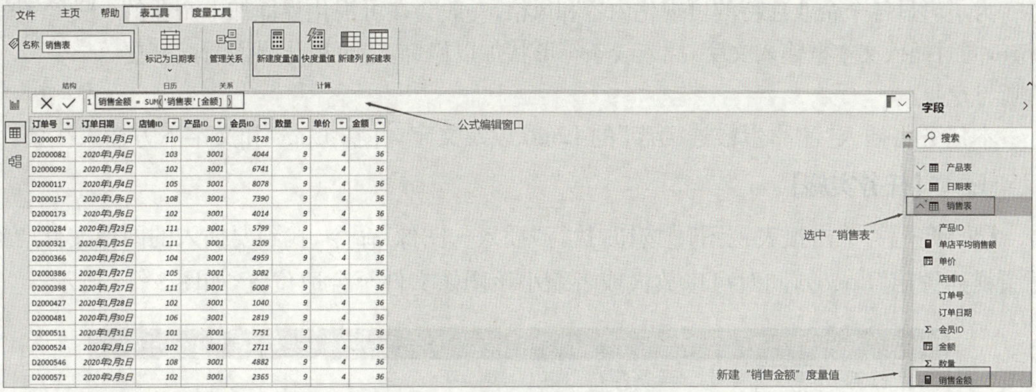

图 3-16　新建“销售金额”度量值

【步骤二】　用同样的方法，在公式编辑窗口设置销售数量、营业店铺数量、单店平均销售额这三个公式，最终结果如图 3-17 所示。

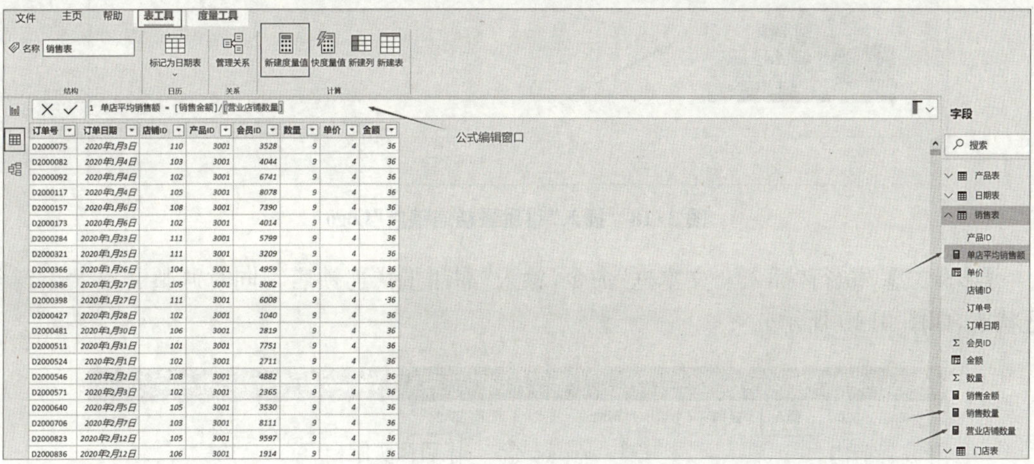

图 3-17　新建“销售数量”“营业店铺数量”和“单店平均销售额”度量值

任务三　初识数据可视化

数据可视化是将数据以图形、图表、图像等形式呈现出来，即在 Power BI 报表页面插入各种图表等可视化元素来展示数据。Power BI 自带的图表元素有卡片图、条形图、柱形图、散点图、环形图、切片器等，还有第三方网站上下载的个性化图标元素(需要有账号才能下载)，可以进行多样化的数据可视化展示。

子任务一　插入图片、文字、形状等基本元素

插入图片、文字、形状等基本元素

为了彰显各个企业独特的可视化内容和风格，一般会在可视化界面加上企业的 Logo，同时插入文本框输入文字，插入线条等形状加以修饰，让可视化界面看起来更清晰与专业。

本任务将插入“甜甜蛋糕连锁店”的 Logo 以及文字，并在 Logo 和文字下方插入线条。

【任务实施】

【步骤一】　单击报表视图按钮，执行“插入—图像”命令，找到要插入的图像文件(“甜甜蛋糕连锁店”Logo)，同时可以放大或者缩小该图像文件至合适位置，如图 3-18 所示。

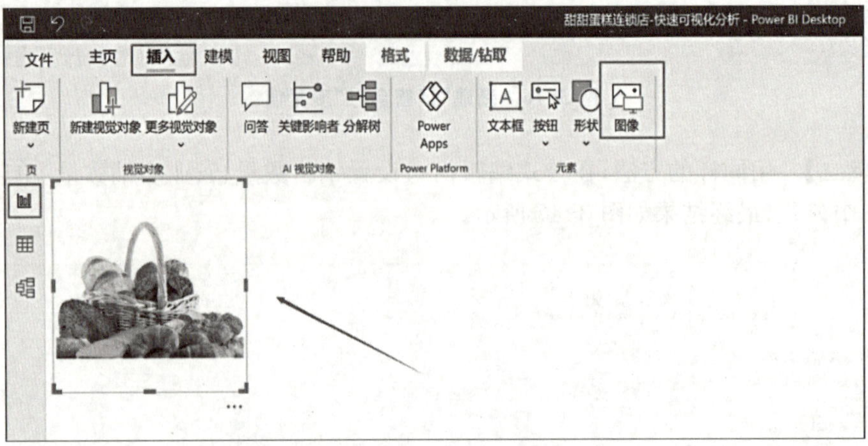

图 3-18　插入“甜甜蛋糕连锁店”Logo

【步骤二】　执行“插入—文本框”命令，输入“甜甜蛋糕连锁店”，同时调整文字大小到合适状态，如图 3-19 所示。

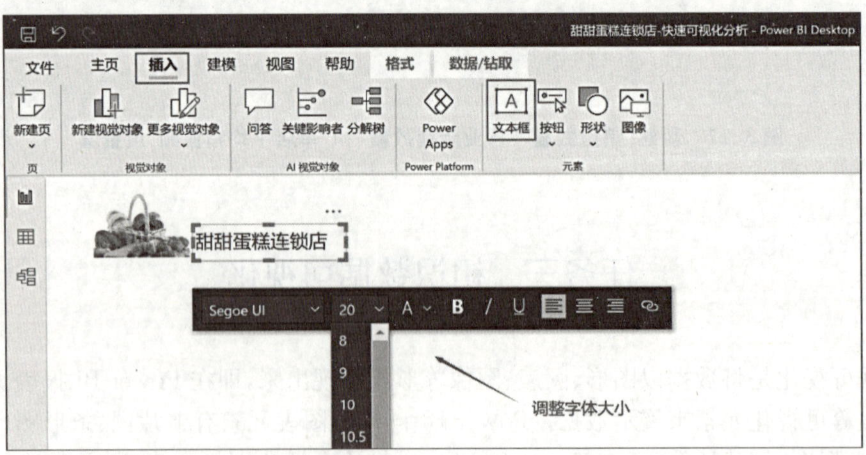

图 3-19　插入文本

【步骤三】　执行“插入—形状—线条”命令，在右侧格式设置栏设置线条的颜色以及旋转 90°，同时将线条位置调整至合适位置，如图 3-20 所示。

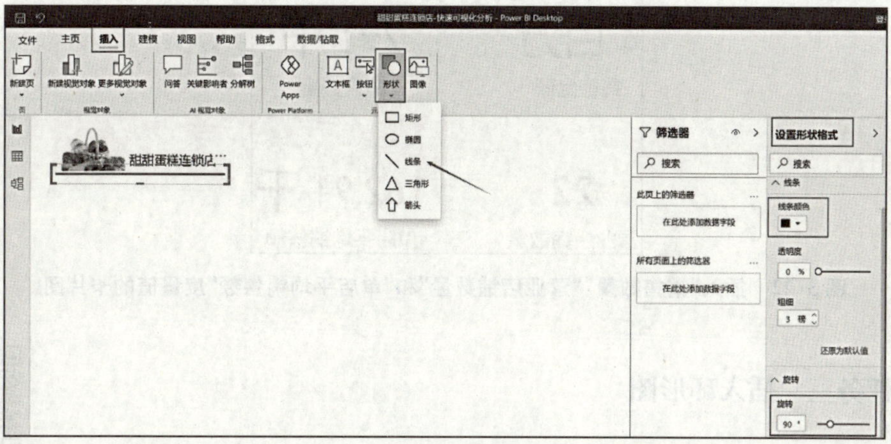

图 3-20　插入线条

子任务二　插入卡片图

插入卡片图

卡片图通常位于可视化界面的顶部，主要展示关键性指标数据，如收入、成本、利润、销售量、销售额等关键绩效指标（key performance indicator，KPI）指标，以强调其重要性。本任务将用卡片图展示销售金额、销售数量、营业店铺数量、单店平均销售额这四个度量值。

【任务实施】

【步骤一】　在报表视图界面，单击右侧可视化窗口下面的卡片图图标“▣”，将字段窗口销售表中的“销售金额”度量值拖拽到卡片图中，再单击字段窗口下格式图标“🖌”，设置卡片图的字体、颜色、位置等（注意：必须选中销售金额度量值的卡片图才能进行格式的操作）。最终结果如图 3-21 所示。

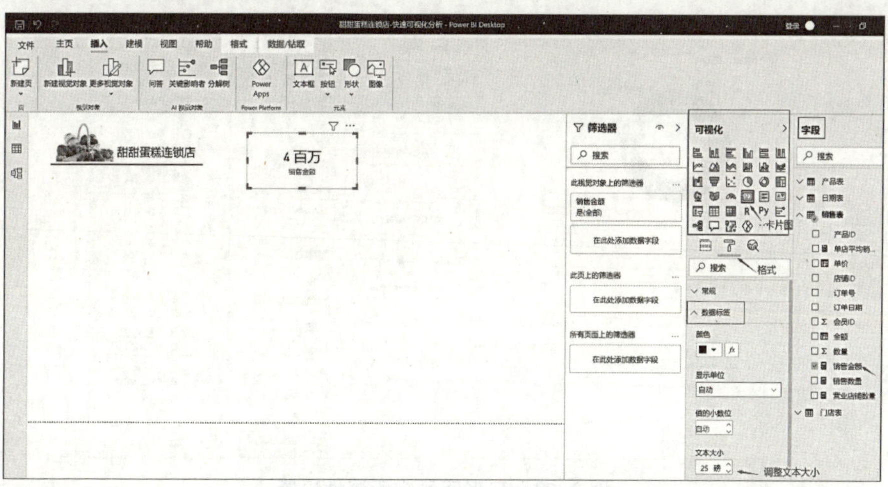

图 3-21　插入“销售金额”度量值的卡片图

【步骤二】　同样的方法，可以设置销售数量、营业店铺数量和单店平均销售额 3 个度量值的卡片图，同时，调整其大小及位置。结果如图 3-22 所示。

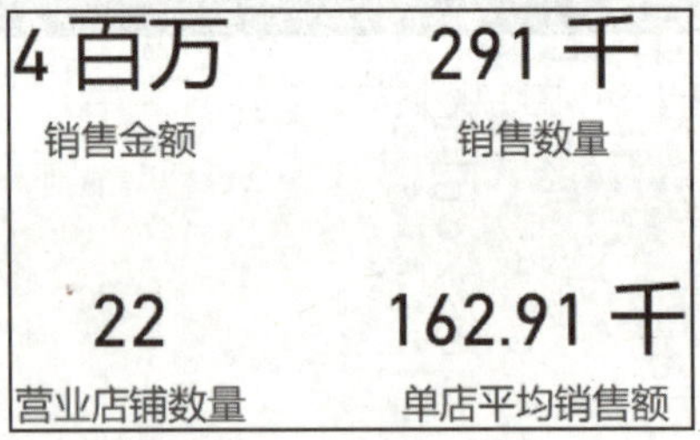

图 3-22　插入“销售数量”“营业店铺数量”和“单店平均销售额”度量值的卡片图

子任务三　插入环形图

插入环形图

环形图是一种常用于可视化数据的图表类型，通常用于展示部分与整体之间的比例关系。它类似于饼图，但多了一个内圆，使得用户可以更清晰地看到每个部分的相对比例，尤其适用于呈现数据的层次结构或分类。本任务将使用环形图展示不同产品的销售情况。其中，环形图所涉及的可视化参数设置如表 3-1 所示。

表 3-1　环形图可视化参数设置

参数名称	图例	值
属性值	产品名称	销售金额

【任务实施】

【步骤一】 先点击空白处，然后单击可视化窗口中的环形图图标“”，根据表 3-1 中的可视化参数设置将“字段”窗口中的“产品名称”拖动到“图例”处，“销售金额”拖动到“值”处。如图 3-23 所示。

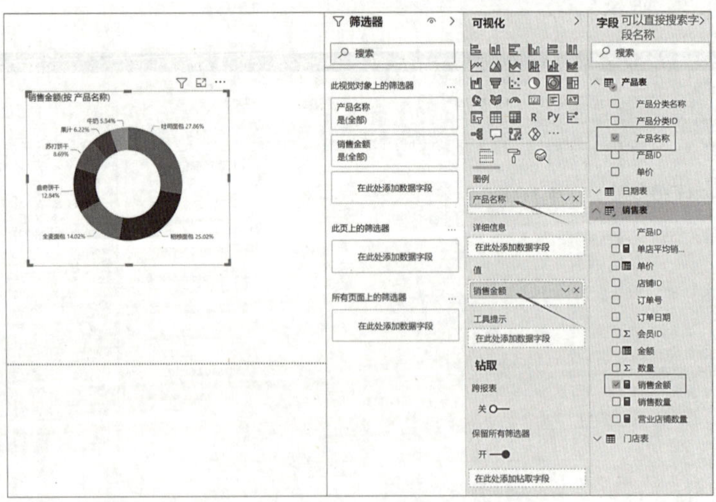

图 3-23　环形图的字段属性设置

【步骤二】 选中展示销售金额的环形图，点击右侧格式按钮“”，进行可视化效果的设置，最终结果展示如图 3-24 所示。

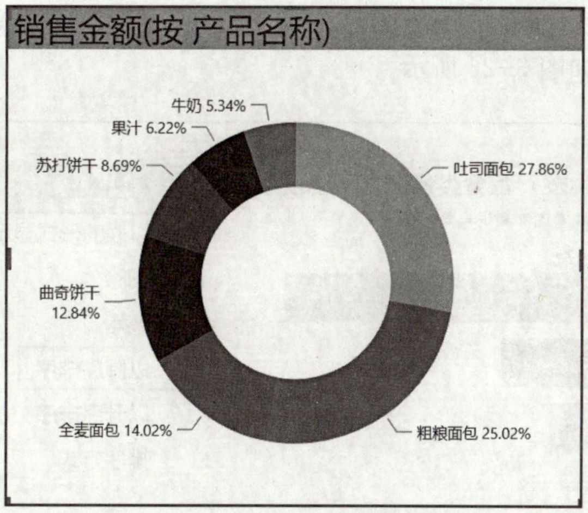

图 3-24 环形图的可视化效果

子任务四 插入条形图

插入条形图

条形图是一种用垂直或水平的条形来表示数据的图表类型，它主要用于展示不同类别或组之间的数据比较。本任务将用条形图展示不同产品分类下的销售额，同时按照销售额的大小来进行排序。条形图的可视化参数设置如表 3-2 所示。

表 3-2 条形图可视化参数设置

参数名称	轴	图例	值
属性值	产品分类名称	产品分类名称	销售金额

【任务实施】

【步骤一】 先点击空白处，然后单击可视化窗口中的条形图图标“≡”，根据表 3-2 中的可视化参数设置将“字段”窗口的“产品分类名称”分别拖动到“轴”和“图例”、“销售金额”拖动到“值”，具体如图 3-25 所示。

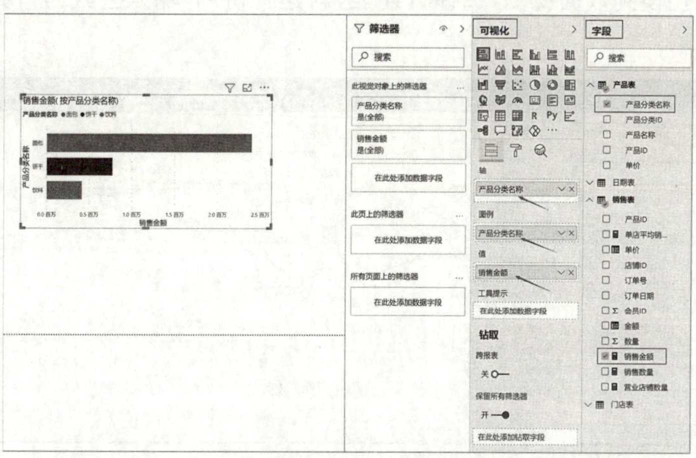

图 3-25 条形图的字段属性设置

【步骤二】 选中上一步骤的条形图,点击右上角的更多选项按钮"…",从弹出的菜单中选择"以降序排序",如图 3-26 所示。

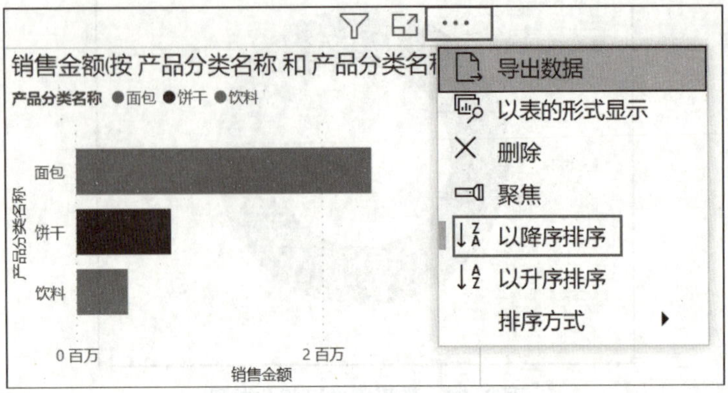

图 3-26 条形图的可视化效果

子任务五 插入折线和簇状柱形图

插入折线和簇状柱形图

折线图主要用于显示随时间变化的数据趋势。它特别适用于呈现连续性数据,帮助用户分析数据的趋势、周期性和季节性。簇状柱形图是一种柱形图,用于比较不同类别或组的数据,通常垂直排列。本任务将用折线和簇状柱形图来展示不同月份的销售金额和销售数量。折线和簇状柱形图的可视化参数设置如表 3-3 所示。

表 3-3 折线和簇状柱形图的可视化参数设置

参数名称	共享轴	列值	行值
属性值	月份	销售金额	销售数量

【任务实施】

【步骤一】 切换到数据视图,选择日期表,新建月份列,输入公式:月份=[月]&"月",如图 3-27 所示。

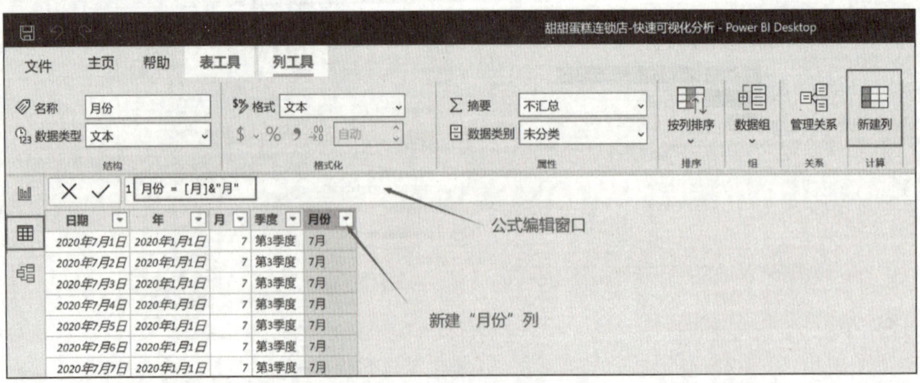

图 3-27 新建"月份"列

【步骤二】 切换到报表视图，单击可视化窗口中的折线和簇状柱形图图标“”，根据表 3-3 中的参数设置将“字段”窗口中的“月份”拖动到“共享轴”，“销售金额”拖动到“列值”，“销售数量”拖动到“行值”。如图 3-28 所示。

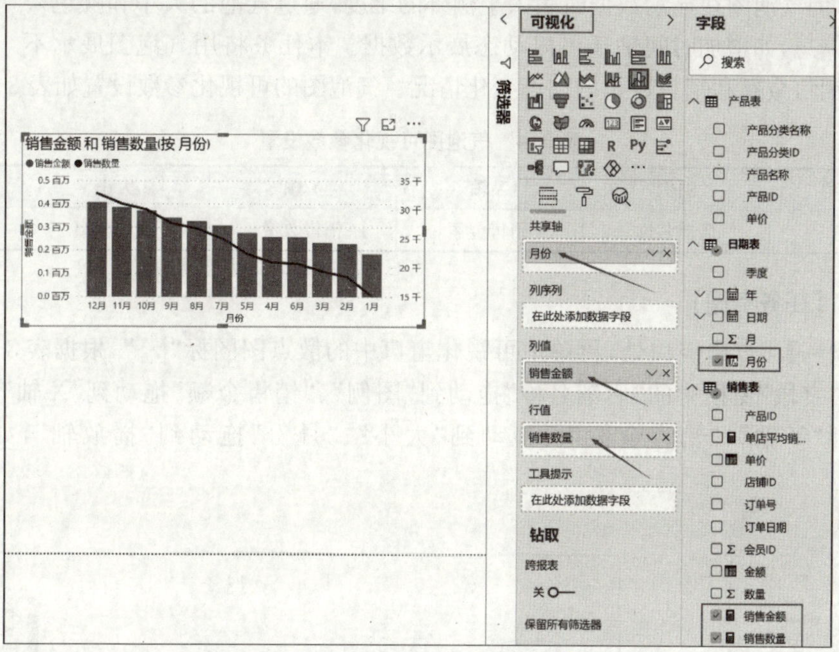

图 3-28 折线和簇状柱形图的字段属性设置

【步骤三】 我们发现上图中月份不是按照“1 月，2 月……12 月”的日常习惯顺序进行排列的，需要重新排序。首先选中该折线和簇状柱形图，然后在“字段”窗格中选中“月份”，再点击上方菜单栏的“列工具”，执行“列工具→按列排序→月”，最后再次选中该折线和簇状柱形图，点击右上角更多选项按钮“···”，选择“以升序排序”，此时会发现折线和簇状柱形图中的月份已按升序进行排列。设置后的折线和簇状柱形图最终的可视化效果如图 3-29 所示。

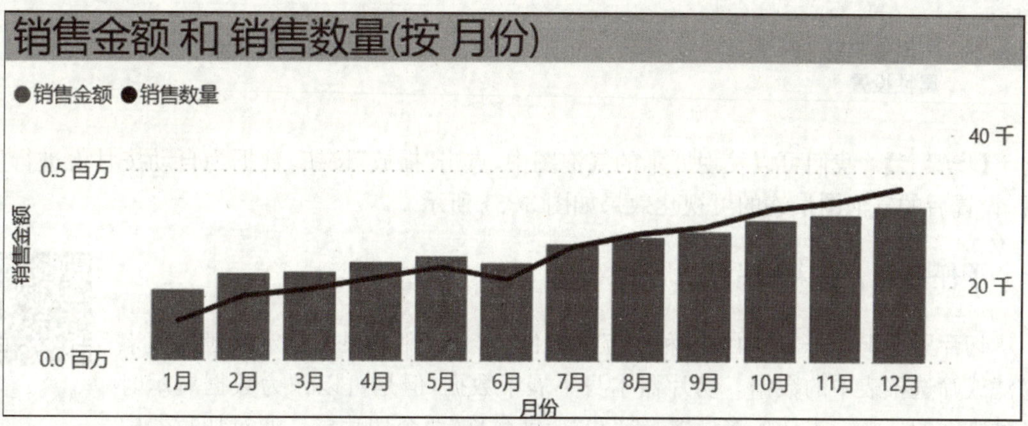

图 3-29 折线和簇状柱形图可视化效果

子任务六　插入气泡图

插入气泡图

气泡图通常被视为散点图的一种特殊形式。它们都用于可视化数据点的分布和关系，但气泡图在显示数据时引入了额外的维度，通过气泡的大小和颜色来表示更多信息，如增加时间轴还可以动态展示数据。本任务将用气泡图展示不同月份的销售金额和销售数量的动态变化情况。气泡图的可视化参数设置如表 3-4 所示。

表 3-4　气泡图可视化参数设置

参数名称	图例	X 轴	Y 轴	大小	播放轴
属性值	店铺名称	销售金额	销售数量	销售金额	月份

【任务实施】

【步骤一】　点击空白处，再单击可视化窗口中的散点图图标“ ”，根据表 3-4 中的参数设置将“字段”窗格中的“店铺名称”拖动到“图例”、“销售金额”拖动到“X 轴”、“销售数量”拖动到“Y 轴”、“销售金额”再拖动到“大小”、“月份”拖动到“播放轴”，如图 3-30 所示。

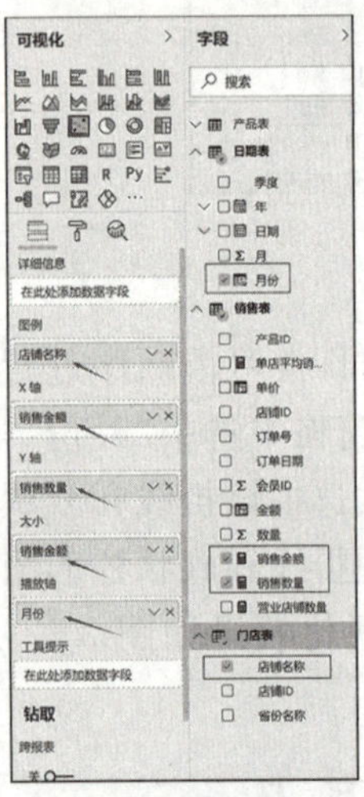

图 3-30　气泡图字段属性设置

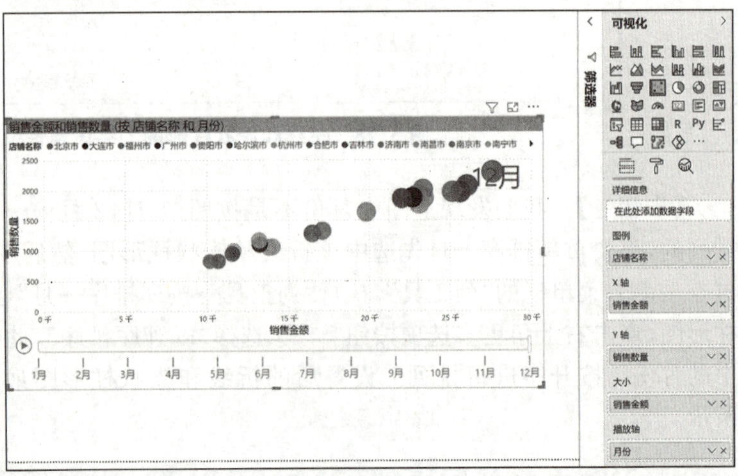

图 3-31　气泡图可视化效果

【步骤二】　我们可以发现展示的气泡图中，点击“播放”按钮，数据为自动按月份进行呈现，设置后的气泡图最终的可视化效果如图 3-31 所示。

子任务七　插入切片器

插入切片器

切片器是 Power BI 中的一种交互式控件，它允许用户根据特定字段的值来过滤或筛选报表中的数据。切片器本身不展示数据，但是可以作为数据展示时各种维度的选择。本任务将设置“年”和“店铺名称”两个切片器。通过切片器中不同年份和店铺名称的选择，展示相关数据。

【任务实施】

【步骤一】　点击空白处，单击可视化窗口的切片器图标“”，然后将日期表中的“年”拖动到“字段”参数中，如图 3-32 所示。

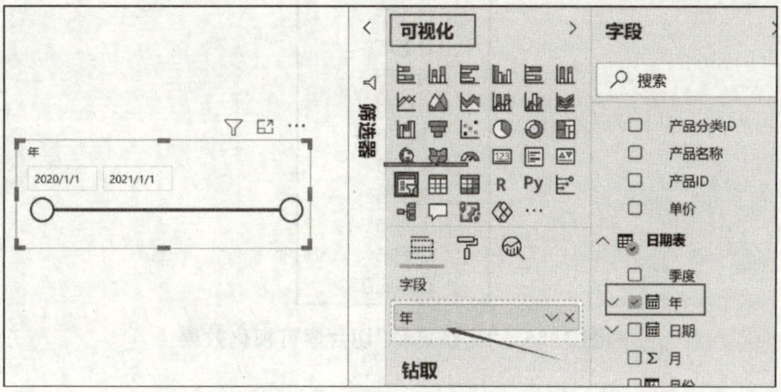

图 3-32　切片器字段属性设置

【步骤二】　选中图 3-32 切片器，单击可视化窗口中的格式按钮“”，将切片器的“边框”设置为“开”，同时选中切片器右上角下箭头图标，选择“列表”选项，如图 3-33 所示。再选择字段窗口中日期表里的“年”，点击左上角的列工具选项中的格式“2001(yyyy)”，然后重新将字段表中日期表里的“年”拖动到“值”。最终“年”切片器可视化效果如图 3-34 所示。

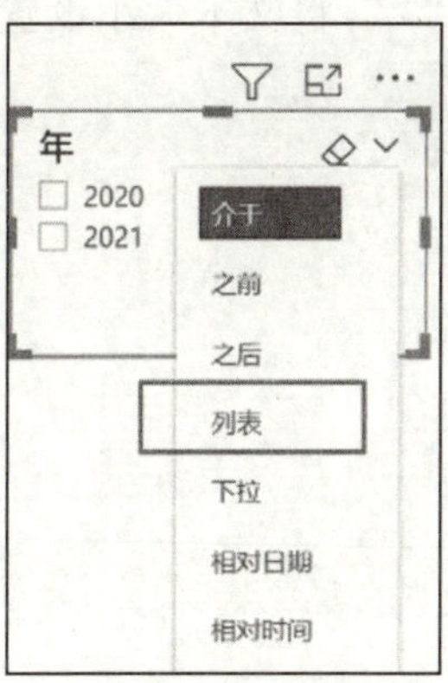

图 3-33　切片器格式设置

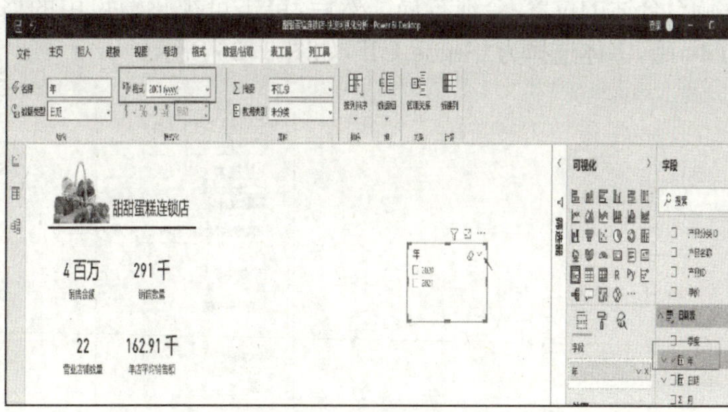

图 3-34　切片器可视化效果

【步骤三】　用同样的方法设置“店铺名称”切片器，结果如图 3-35 所示。

图 3-35 “店铺名称”切片器可视化效果

子任务八 美化报表

美化报表

可视化图表制作完毕,需要统一风格,如标题背景色、大小位置、字体大小、主题风格等,更为美观和整齐。本任务将各个可视化图表环形图、条形图、折现和簇状柱形图、气泡图的标题背景统一设置为灰色。

【任务实施】

【步骤一】 分别选中报表视图中的环形图、条形图、折线和簇状柱形图、气泡图,将其一一调至合适的位置,合理布局。然后,单击可视化窗口中的格式按钮“🖌”,将文本大小设置为 14 磅,字体选择为“Segoe UI”,如图 3-36 所示。

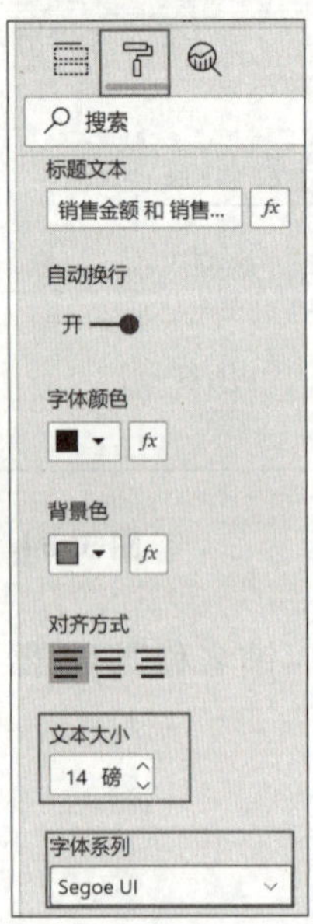

图 3-36 “格式设置”界面

【步骤二】　整体美化后的报表，如图 3-37 所示。

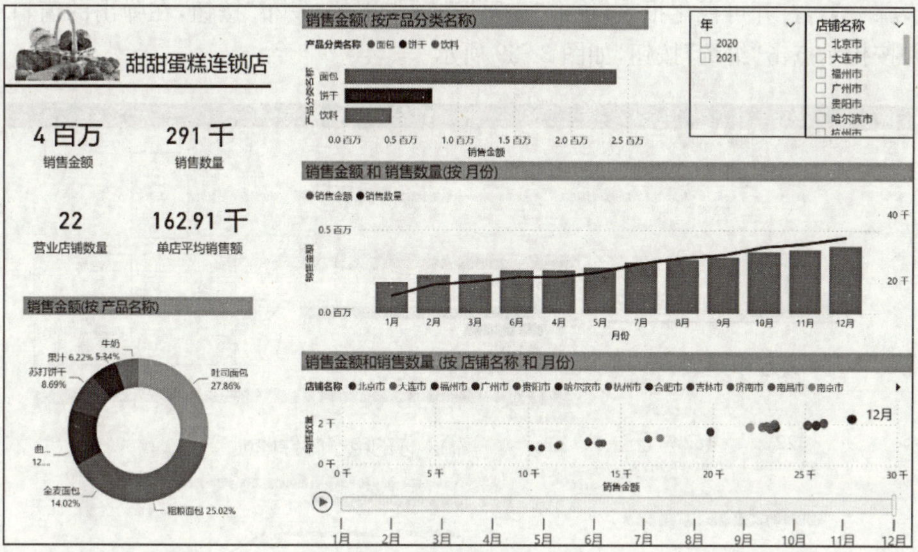

图 3-37　整体美化后的报表

【步骤三】　点击文件另存为“甜甜蛋糕连锁店-快速可视化分析 pbix”文件，如图 3-38 所示。

图 3-38　命名并保存文件

任务四　报 表 分 享

制作好的报表可以分享给他人，方便他人在移动端或者平板上进行浏览查阅。在这个过程中，需要用到 Power BI 在线服务，即 SaaS 服务，最关键的是必须拥有一个 Power BI 账号才能进行在线报表的发布与分享。

子任务一　发布报表

本任务将“甜甜蛋糕连锁店-快速可视化分析. pbix”可视化报表发布到 Power BI 在线服务网站。

发布报表

【任务实施】

【步骤一】 打开可视化报表,单击“主页”选项卡下的“发布”按钮,在弹出的窗口中输入账号,并按提示点击“继续”按钮,如图 3-39 所示。

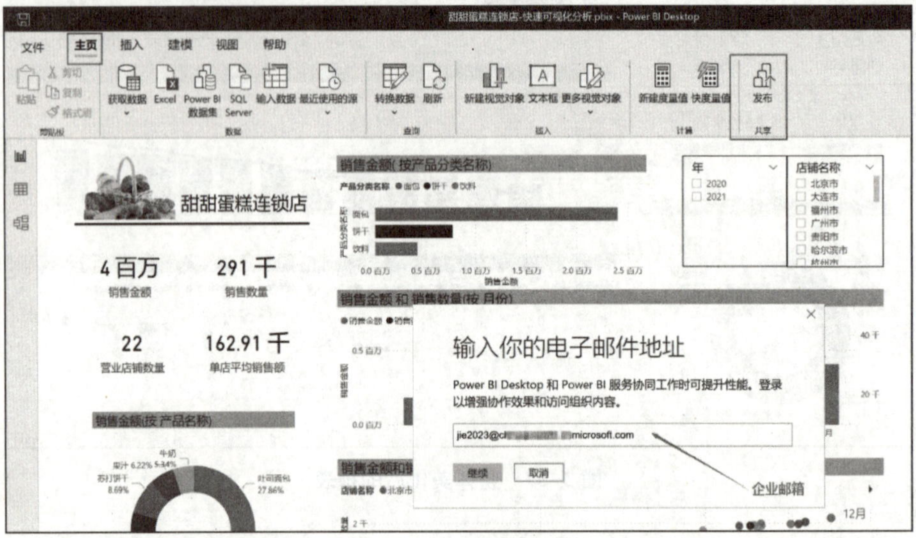

图 3-39　在线发布入口

【步骤二】 弹出发布成功提示后,证明已发布成功,如图 3-40 所示。

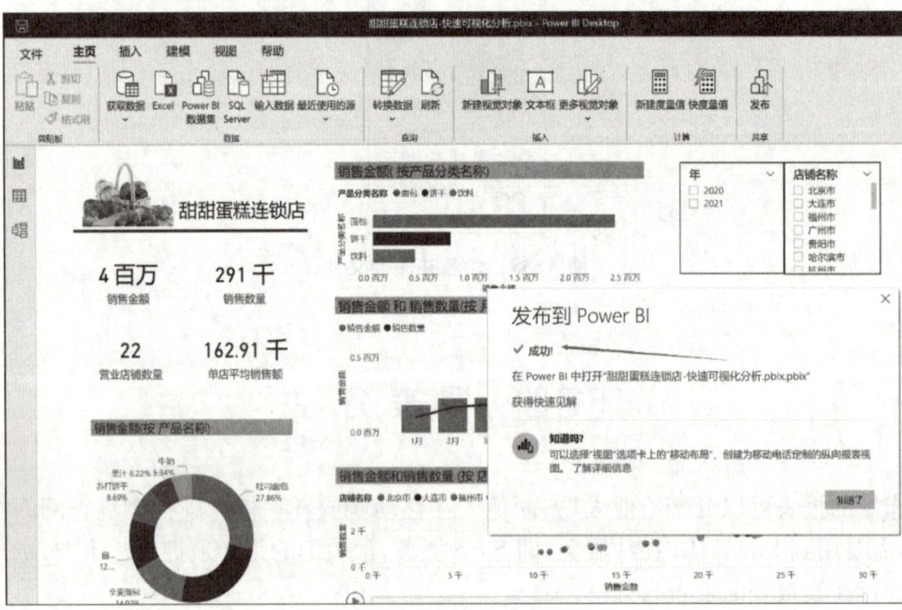

图 3-40　发布成功提示

【步骤三】 点击图 3-40 弹出的窗口“在 Power BI 中打开‘甜甜蛋糕连锁店-快速可视化分析. pbix. pbix’”链接,通过输入账号密码登录到 https://app. powerbi. com/国际版网站，即可查看之前发布的可视化报表，如图 3-41 所示。

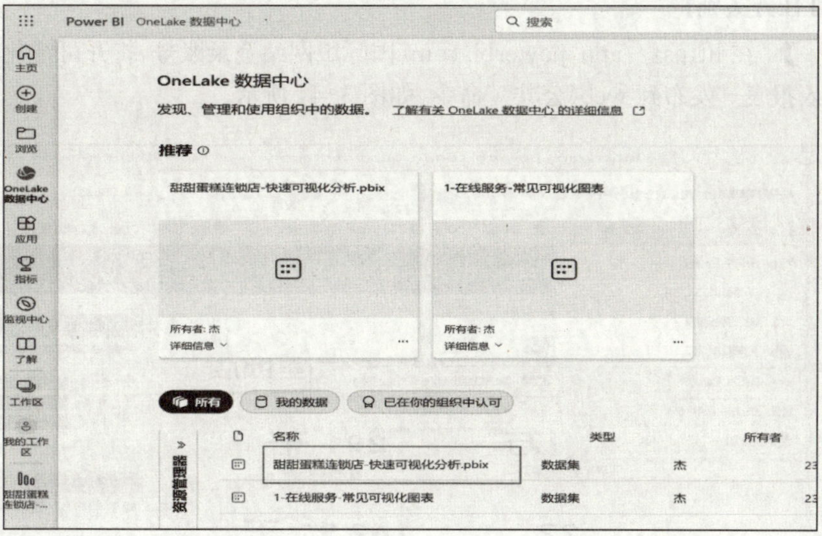

图 3-41　工作区查看已发布的报表

子任务二　查看报表

移动端查看报表，可以在手机上下载 Power BI App，通过 Power BI 账号密码登录即可查看已发布的可视化报表（手机端也可以对报表进行编辑）。

查看报表

【任务实施】

【步骤一】　在手机上打开 Power BI App，通过账号密码登录，打开“我的工作区”或者“主页”选项卡，如图 3-42 所示。

【步骤二】　单击“甜甜蛋糕连锁店-快速可视化分析. pbix”链接，查看报表，如图 3-43 所示。

图 3-42　移动端主页

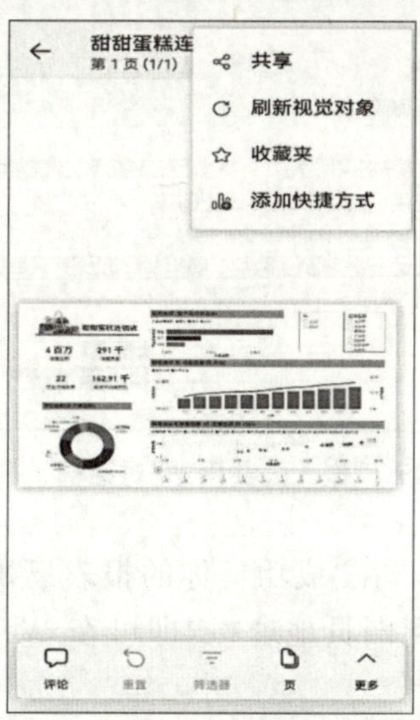

图 3-43　手机查看报表

web 端也可查看报表，如果只想公开报表与他人分享，可以通过嵌入链接进行发布。

【任务实施】

【步骤一】 在 https://app.powerbi.com/国际版网站登录账号，打开可视化报表，执行“文件—嵌入报表—发布到 web(公共)”命令，如图 3-44 所示。

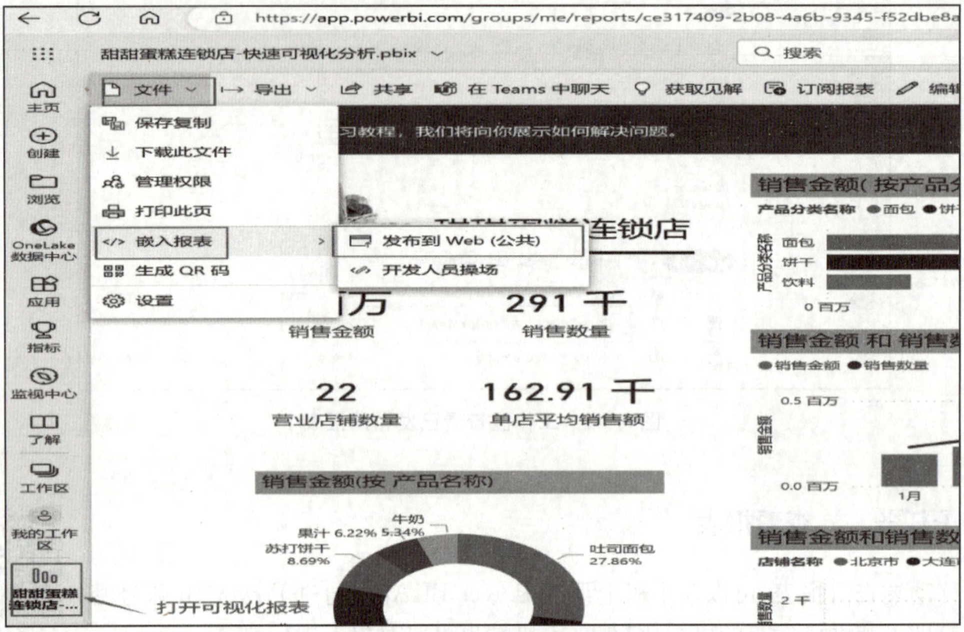

图 3-44 报表发布到 web 界面

【步骤二】 在弹出的“嵌入公共网站”对话框，单击“继续”按钮，如图 3-45 所示；在弹出的对话框中单击“发布”按钮，如图 3-46 所示。

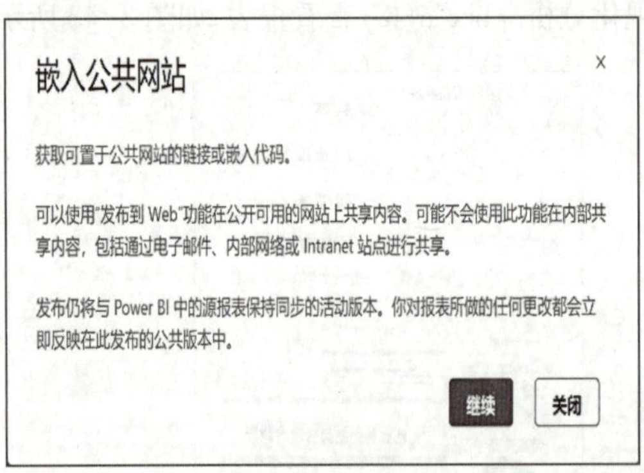

图 3-45 “嵌入公共网站”对话框

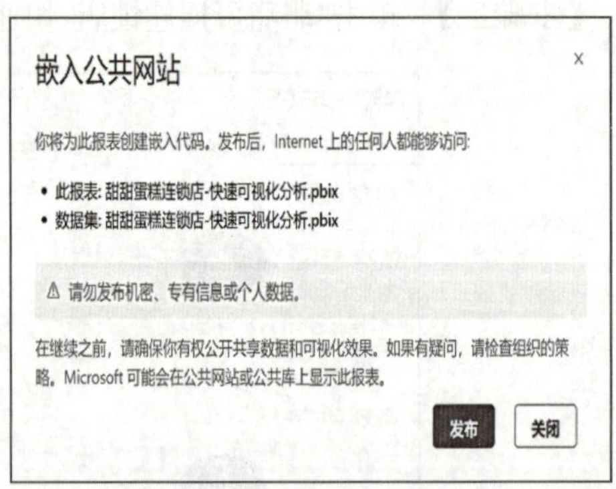

图 3-46 单击“发布”按钮

【步骤三】 在“成功！你的报表已准备好用于分享”对话框中，复制生成的链接地址，将其粘贴到网页地址栏，即可在 Web 也页面查看已发布的可视化报表，如图 3-47 所示。

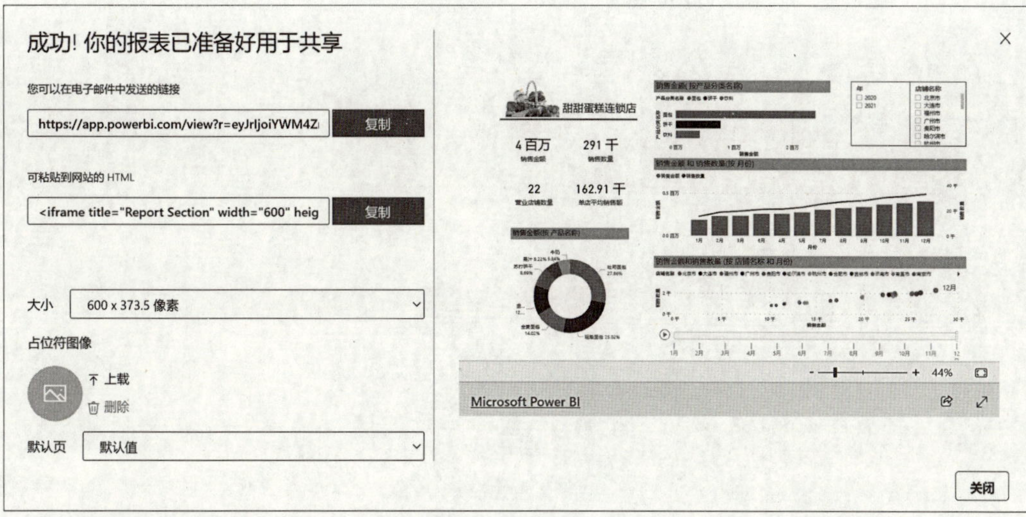

图 3-47　生成链接地址

☆ 拓展阅读

提升数据安全治理
效能（新知新觉）

项目测试

第一部分:职业能力测试

一、单选题

1. 在“甜甜蛋糕连锁店”案例中,下列属于事实表的是( )。

A. 产品表　B. 销售表　C. 日期表　D. 门店表

2. Power BI 文件的扩展名是( )。

A. .pbix　B. .docx　C. .pptx　D. .xlsx

3. 通常可以展示可视化分析的关键数据的是( )。

A. 切片器　B. 条形图　C. 卡片图　D. 折线图

4. Power BI 中的数据整理通常包括( )等步骤。

A. 创建数据模型、添加新列、设置数据刷新

B. 数据获取整理、数据建模、数据可视化、报表分享

C. 创建仪表板、导出数据、设置报警

D. 制作卡片图、生成散点图、绘制词云图

5. 在 Power BI 中,“数据建模”是( )。

A. 用于将数据可视化的工具　B. 用于创建新的数据表

C. 用于梳理表之间的内在联系　D. 用于导出数据为 Excel 文件

6. 在可视化元素中,“”代表的是( )。

A. 卡片图　B. 切片器　C. 条形图　D. 散点图

7. 在 Power BI 中,“Power Query”是( )。

A. 一种数据可视化工具　B. 一个数据整理和转换工具

C. 一种图表类型　D. 一个报表编辑器

8. Power BI Desktop 可以连接到的数据源包括( )。

A. 仅限 Excel 文件　B. 仅限本地数据库

C. 文件、数据库、Web 等多种数据源　D. 仅限云端数据源

9. 在 Power BI 中,创建新的度量值是( )。

A. 通过拖拽字段到图表中　B. 通过选择菜单中的“新建度量值”

C. 通过导入外部计算文件　D. 无法创建新的度量值

10. Power BI Desktop 支持的操作系统包括( )。

A. 仅限 Windows　B. 仅限 Mac OS

C. Windows 和 Mac OS　D. Linux

二、多选题

1. 在“甜甜蛋糕连锁店”案例中,下列属于维度表的有( )。

A. 产品表　B. 门店表　C. 日期表　D. 销售表

2. 下列属于 Power BI 的数据可视化类型的有( )。

A. 折线图　B. 饼图　C. 矩阵图　D. 气泡图

3. Power BI 的主要功能包括(　　)。

A. 数据获取　　B. 数据整理　　C. 数据建模　　D. 数据可视化

4. Power BI 中的(　　)功能用于创建自定义计算列。

A. 数据建模　　B. 数据可视化　　C. Power Query　　D. 数据整理

5. Power BI Desktop 中的数据建模用于(　　)的目的。

A. 数据整理　　B. 创建报表

C. 建立数据表之间的关系　　D. 计算度量值

三、判断题

1. Power Query 是 Power BI 中用于数据整理和清洗的工具。(　　)
2. Power BI 中的数据建模主要用于处理数据可视化。(　　)
3. Power BI Desktop 是一款免费的工具,不需要注册账号就可以使用。(　　)
4. Power Query 可以帮助用户从不同数据源中提取数据。(　　)
5. Power BI Online-Service 和 Power BI Mobile 功能需要注册 Power BI 账号才能使用。(　　)

四、思考题

1. Power BI 可以用于哪些行业和领域?请根据实际案例,说明 Power BI 在不同行业中的应用。
2. 在 Power BI 中创建报表后,如何分享和发布给其他人查看?
3. Power BI 可以从不同数据源中获取数据,你认为选择数据源时需要考虑哪些因素?如何确保数据的准确性和完整性?

五、实训题

1. 请完成本项目任务学习后,将图 3-37 中的报表最终结果重新进行美化,包括选择新的合适的可视化元素、更改可视化元素大小及位置、更改字体颜色等等。

第二部分:职业素养测试

☆思考题

1. 在数字时代,如何判断信息的真实性?数据可视化是否容易误导他人?如何培养对信息的批判性思维?
2. 数据可视化在政府和公共政策制定中的作用如何?如何确保政策决策过程的透明性和公正性?
3. 人工智能和自动化技术的普及可能对就业产生影响。商业智能如何帮助企业适应这一变化?我们如何培养适应未来工作环境的技能?

项目三评价表

项目四 整理“脏数据”——Power BI 数据预处理

学习目标

知识目标

- 熟悉表格的标准化与规范化。
- 掌握 Power BI 数据获取的常用方式。
- 掌握 Power BI 数据整理的常用方式。

技能目标

- 能够针对具体案例，通过 Power BI 获取各种类型的数据。
- 能够针对具体案例，通过 Power BI 进行各种数据整理。

素养目标

- 培养学生在数据处理方面精益求精、追求卓越的精神，提高他们的数据处理技能，使其能够更加精准、高效地处理和分析数据。

德技并修

真正属于中国人自己的数据库来了！

——华为正式发布新一代分布式数据库 GaussDB

在 2023 年 6 月 7 日举行的华为全球智慧金融峰会上，华为发布了新一代分布式数据库 GaussDB，并正式向全球客户提供服务。据介绍，GaussDB 实现了核心代码 100% 自主研发，是国内当前唯一做到软硬协同、全栈自主的国产数据库。

此前，华为已经在基础软件上实现诸多突破，推出了鸿蒙、欧拉操作系统，基本实现 14 nm 以上 EDA 工具国产化，实现自主可控的 MetaERP 研发。

东吴证券的研究报告称，数据库就像人的“记忆系统”，用于存储、调取数据，是信息系统的核心组成。数据库承载着信息系统重要数据，在信息系统中处于承上启下位置。

根据 Statista 数据，2021 年全球数据库市场规模为 800 亿美元，同比增长 23%，市场空间庞大，增速较快。数据库产品具有较高的技术和生态壁垒，2021 年，全球前六家数据库厂商营收市场份额高达 81%，呈现寡头垄断格局。

华为常务董事、华为云 CEO 张平安表示，华为早在 2001 年就开始投入数据库研发，目前，GaussDB 已在华为内部 IT 系统和多个行业核心业务系统得到应用。以中国工商银行 5A 级信贷核心系统为例，该行采用 GaussDB 的双集群双活方案，不仅可以保证集群切换时数据的零丢失，实测故障恢复时间只需 2 分钟，仅为原来的十分之一。

在大会现场，张平安携手 17 家软件伙伴企业、7 家服务伙伴企业，共同启动了《GaussDB 数据库金融行业生态发展计划》。

——资料来源：节选自刘育英发表于中国新闻网 2023 年 6 月 7 日的文章《华为云全栈自主创新数据库 GaussDB 正式面向全球服务》。

项目导读

“脏数据”是指不符合预期或不完整的数据，可能包含错误、缺失、重复、格式不正确等问题。本项目将带领学生学习如何识别、清理和转换数据中的不完整、不准确或不一致的部分，从而为后续的数据分析工作铺平道路。通过实际案例和操作训练，学生将掌握 Power BI 中的数据预处理技巧，为数据分析提供干净、可靠的数据基础。这是数据分析中至关重要的一步，也是培养学生数据处理能力的关键阶段。让我们一起开始吧！

学习导图

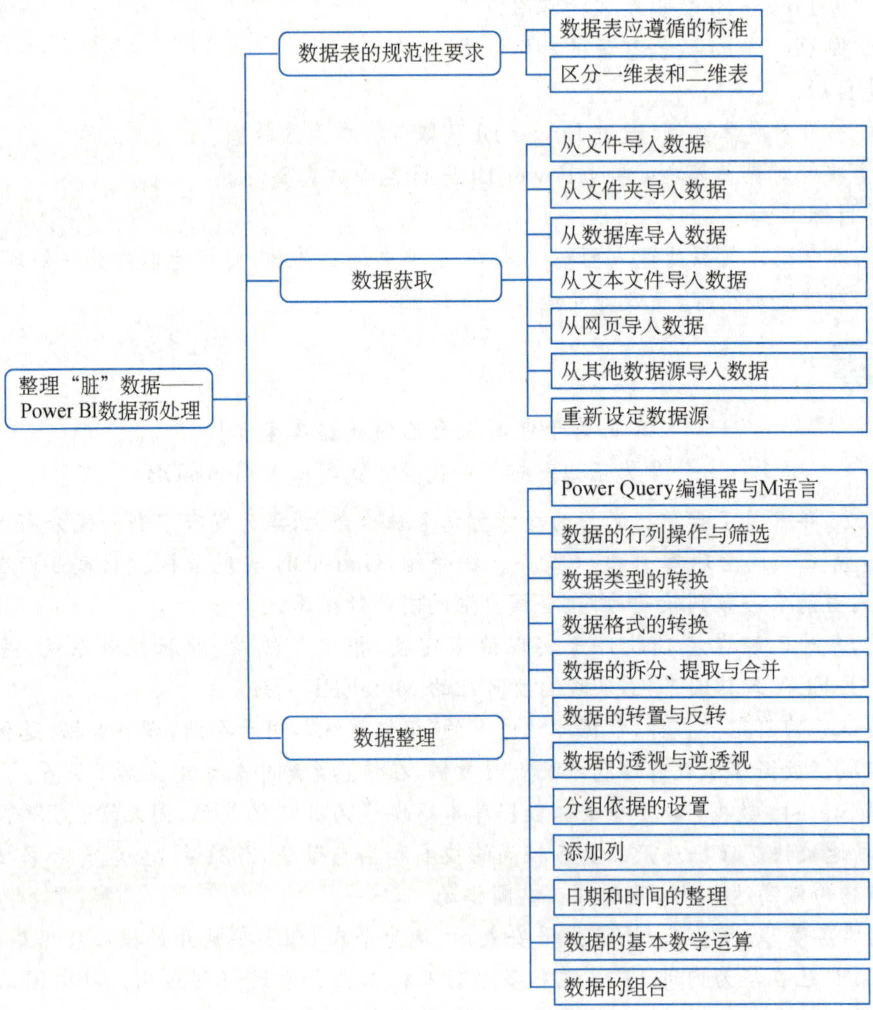

任务一　认识数据表

子任务一　数据表应遵循的标准

目前,大多数企事业单位从信息系统中导出数据时,通常将数据导出为 Excel 文件,然后再将其导入 Power BI Desktop 进行数据分析和可视化。然而,对于初学者来说,将 Excel 表格成功导入 Power BI Desktop 并不顺畅。这些问题的根本原因在于 Power BI Desktop 对数据表格的规范性要求,用户需要遵循以下基本原则。

(1) 不得使用合并单元格:数据表格中不能包含合并单元格,因为它会影响数据的正确读取和解析。

(2) 避免字段的空值:所有字段必须是完整的,不应包含任何空值,以确保数据的完整性和准确性。

(3) 简单的字段标题:表格应具有简明的字段标题,避免使用多行或多列的复杂标题结构。

(4) 一致的数据类型:在同一列中,数据类型应该是一致的,不应混合不同类型的数据。

(5) 字段标题位于第一行:数据表格的字段标题应位于第一行,不应前后存在空行,以确保字段正确识别。

(6) 清除不必要的空格:在文本中清除不必要的空格,以确保数据的一致性。

(7) 禁止斜线表头:数据表格的字段标题不应包含斜线符号,以免干扰数据的解析。

(8) 一维表格:如果数据以二维表格的形式存在,应将其转换为一维表格,以便更好地导入和分析。

(9) 合法日期:日期字段应包含合法的日期值,不应包含无效或不规范的日期。

(10) 使用兼容的 Office 版本:最好使用 Office 2016 或更高版本,以确保与 Power BI Desktop 的兼容性。

子任务二　区分一维表和二维表

在数据处理和数据库管理领域,一维表和二维表是两个常见的概念,它们用于组织和存储数据。了解它们的区别对于正确处理和分析数据非常重要。

1) 一维表

一维表(one-dimensional table)通常被称为列表或一维数组。它是一种线性的数据结构,只包含一行或一列数据。一维表的每个元素都有唯一的标识或索引,通常是整数。一维表用于表示单一属性或特征的数据,例如学生成绩、销售额或时间序列数据,如图 4-1 所示。

日期	产品	销售额
2023年1月1日	产品A	10
2023年1月2日	产品B	5
2023年1月3日	产品C	7
2023年1月4日	产品A	8

图 4-1　一维表

一维表的特点:①只包含一行或一列数据;②数据元素具有唯一的标识或索引;③用于表示单一属性或特征的数据。

2）二维表

二维表(two-dimensional table)通常被称为表格或矩阵。它是一种二维数据结构，包含多行和多列数据。二维表的每个单元格可以包含不同类型的数据，它们可以交叉组合以表示更复杂的信息。二维表是最常见的数据组织形式，用于存储和管理各种类型的数据，例如学生信息、产品销售记录、客户数据库等，如图 4-2 所示。

二维表的特点：①包含多行和多列数据；②每个单元格可以包含不同类型的数据；③用于表示多个属性或特征的数据，以及它们之间的关系。

日期	产品A	产品B	产品C
2023年1月1日	10	0	0
2023年1月2日	0	5	0
2023年1月3日	0	0	7
2023年1月4日	8	0	0

图 4-2　二维表

一维表和二维表是数据组织的两种基本形式，它们在数据结构和用途上有明显的区别。一维表适用于表示单一属性或特征的数据，而二维表则适用于表示多个属性或特征的数据，并且可以更灵活地组合和分析信息。在实际应用中，正确区分和使用这两种表格形式对于数据处理和分析至关重要。

任务二　数据获取

通过 Power BI，用户可以轻松地连接到不同的数据源，包括数据库、Excel 文件、Web 服务、云存储等，然后将数据提取到 Power BI Desktop 中进行分析。在数据获取过程中，用户可以定义连接参数、筛选数据、进行数据清洗和转换，以确保最终的数据集质量和一致性。

子任务一　从文件导入数据

从文件导入数据

Power BI 可以获取 Excel、文本/CSV、XML、JSON 等文件。财务人员常用到的文件格式包括：

(1) Excel 文件(.xlsx)：用于存储和分析财务数据、制作财务报表和预算等。

(2) CSV 文件(.csv)：用于数据导出和导入，通常用于财务数据的交换和备份。

(3) PDF 文件(.pdf)：用于存储和传递财务报告、发票和合同等文档。

(4) XPS 文件(.xps)：类似于 PDF，用于文档的电子传递和存档。

(5) XML 文件(.xml)：用于数据交换和集成，包括与其他系统的数据通信。

(6) TXT 文件(.txt)：用于纯文本数据的存储和处理，通常用于数据导入和导出。

这些文件格式在财务部门中经常用于数据处理、报告生成和与其他部门的数据共享。当然，最主要的还是 Excel 文件格式。使用 Power BI，财务人员可以轻松导入和分析这些不同格式的文件，以支持财务决策和分析工作。

下面以国内旅游情况表为例(数据来源:国家统计局),介绍从 Excel 文件获取数据的方法。

案例数据\项目四\1-数据获取

【任务实施】

【步骤一】 打开 Power BI Desktop 应用程序,在“主页”选项卡的“获取数据”下拉菜单中选择“Excel”选项,如图 4-3 所示。

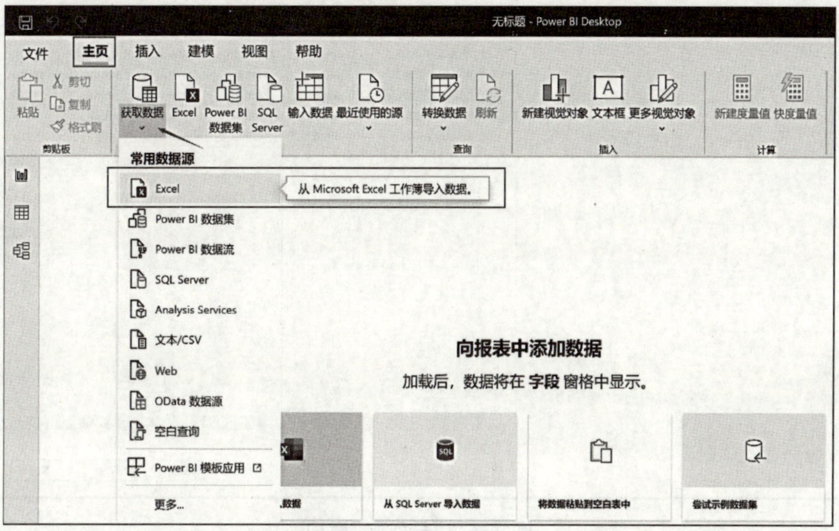

图 4-3 “Excel”选项

【步骤二】 从本地计算机中找到“案例数据\项目四”文件夹,选择“1-数据获取”文件,然后点击“打开”按钮,如图 4-4 所示。

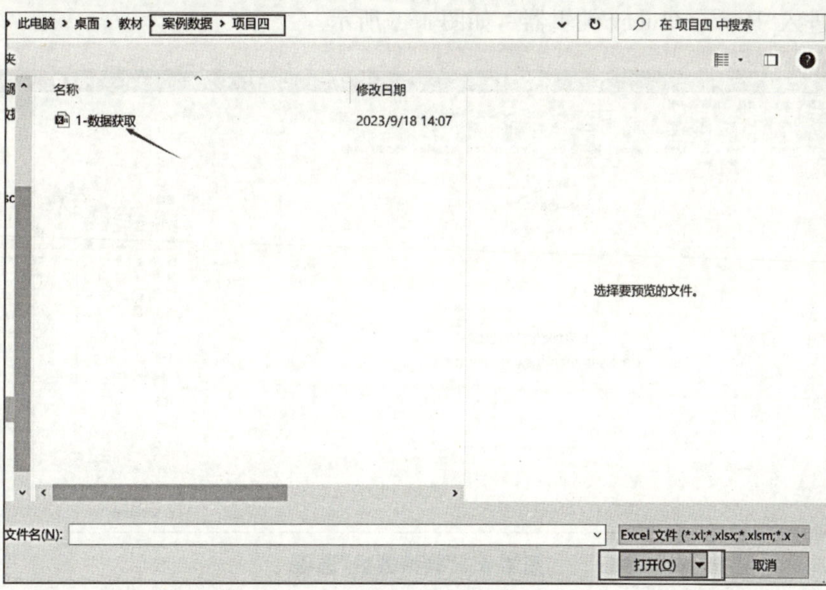

图 4-4 选择“1-数据获取”文件

【步骤三】 从弹出的“导航器”窗口，选择显示选项当中的“国内旅游情况”复选框，右侧则会出现表内数据内容，如图 4-5 所示。

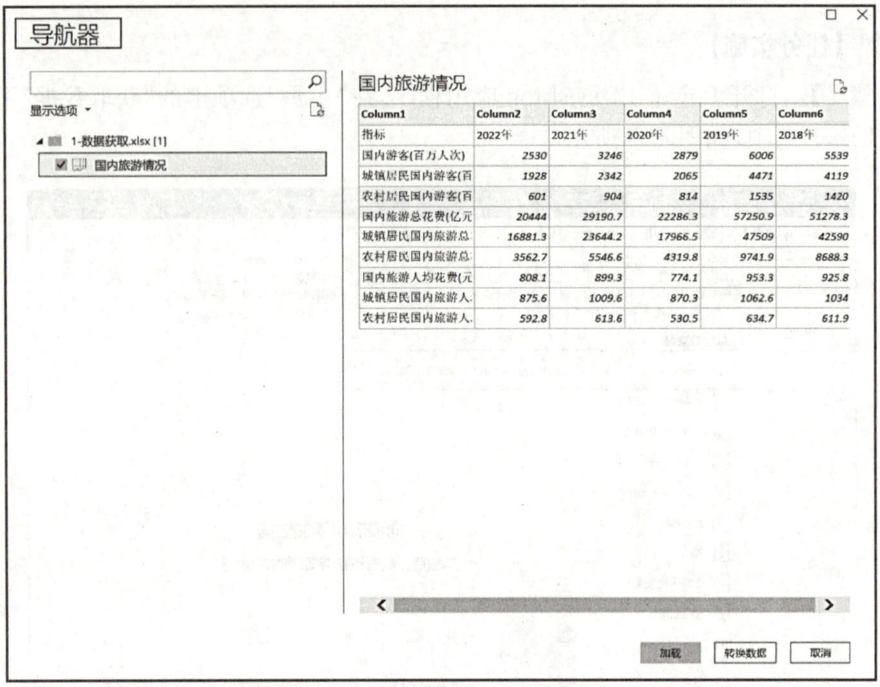

图 4-5 “导航器”窗口

【步骤四】

(1) 点击右下角的“加载”选项，数据则会直接加载至 Power BI Desktop 内。切换到报表视图，右侧“字段”窗口即可显示“国内旅游情况”，再点击“主页”选项卡下面的“转换数据”选项，即可进入“Power Query 编辑器”，如图 4-6 所示。

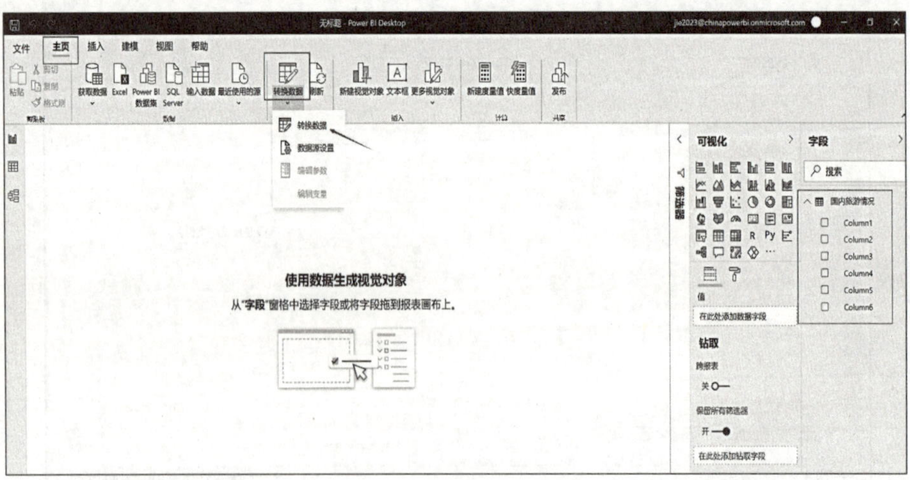

图 4-6 “转换数据”选项

（2）若点击右下角的“转换数据”选项，则直接进入到“Power Query 编辑器”，如图 4-7 所示。用户可通过“Power Query 编辑器”对数据进行处理，使数据规范化、标准化。随后，单击“关闭并应用”按钮，即可将数据加载至 Power BI Desktop 内。

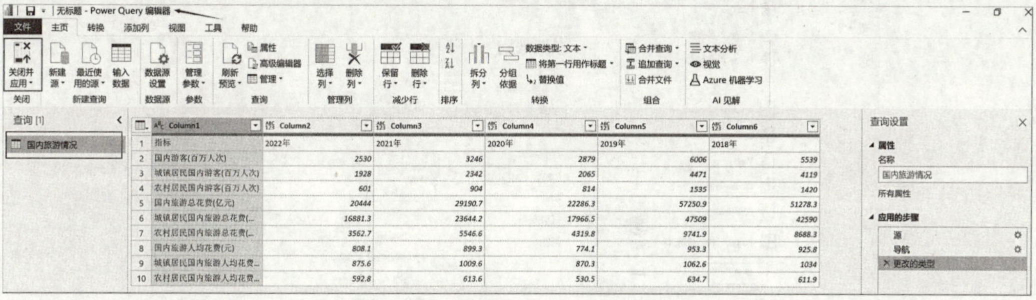

图 4-7　Power Query 编辑器

子任务二　从文件夹导入数据

从文件夹导入数据

对于分支机构众多的企业，通常需要汇总来自不同地点的业务和经营数据。典型情况是，总部会向各个分支机构分发表单模板，分支机构填写后将其返回总部，最后总部需要手动进行数据汇总，这个过程既费时又容易出错。然而，通过采用文件夹导入数据的方式，这些问题可以迎刃而解。企业可以要求各分支机构将填好的数据以文件的形式存储在一个共享文件夹中，然后使用 Power BI 来自动汇总这些数据。这不仅能够大幅提高效率，还能大大降低错误发生的风险。因此，采用文件夹导入数据的方式对于企业来说是一种高效、可靠的数据汇总方法。

下面以 A、B、C 三个分公司销售表为例，介绍如何进行文件夹的数据导入。

案例数据\项目四\2-数据获取　文件夹

【任务实施】

【步骤一】　打开 Power BI Desktop 应用程序，在 Power BI Desktop 的顶部菜单栏中，选择“主页”选项卡下的“获取数据”，在其下拉菜单中选择“更多”，在弹出的对话框中，选择“文件夹”选项，然后单击“连接”按钮，如图 4-8 所示。

【步骤二】　在弹出的“文件夹”窗口，再单击“浏览”按钮，选择本地计算机中目标问价的位置，如图 4-9 所示。

【步骤三】　单击“确定”按钮后，会显示 3 个被连接的 Excel 文件，如图 4-10 所示。

【步骤四】　单击“组合”按钮，从弹出的菜单中选择“合并并转换数据”选项，将 3 个文件合并，进入到 Power Query 编辑器界面，进行数据整理，如图 4-11 所示。也可以单击“合并和加载”选项，将 3 个文件直接进行合并，同时加载到 Power BI Desktop 中。

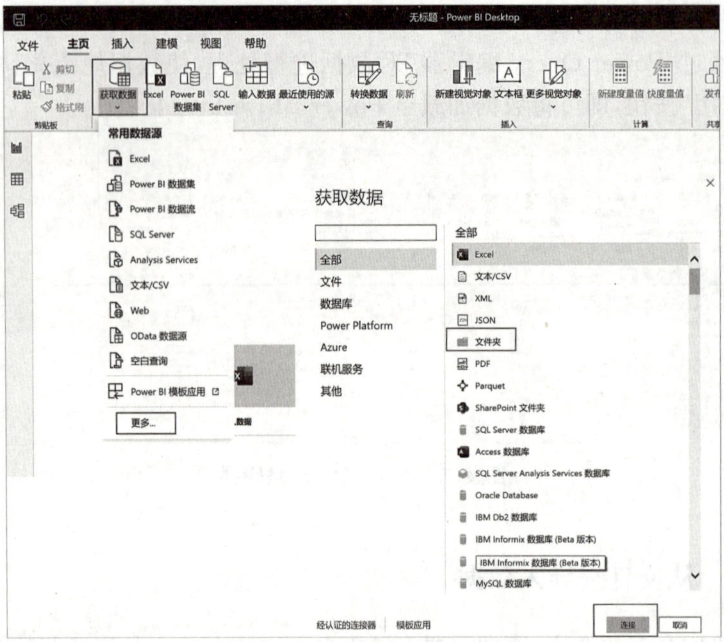

图 4-8　从文件夹导入数据

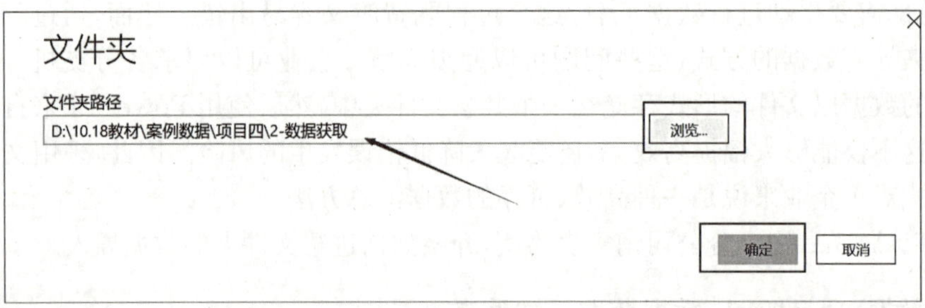

图 4-9　连接目标文件

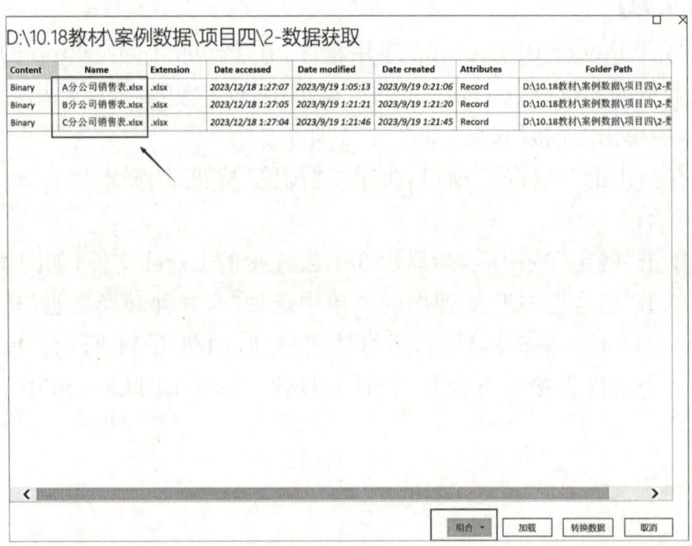

图 4-10　3 个被连接的 Excel 文件

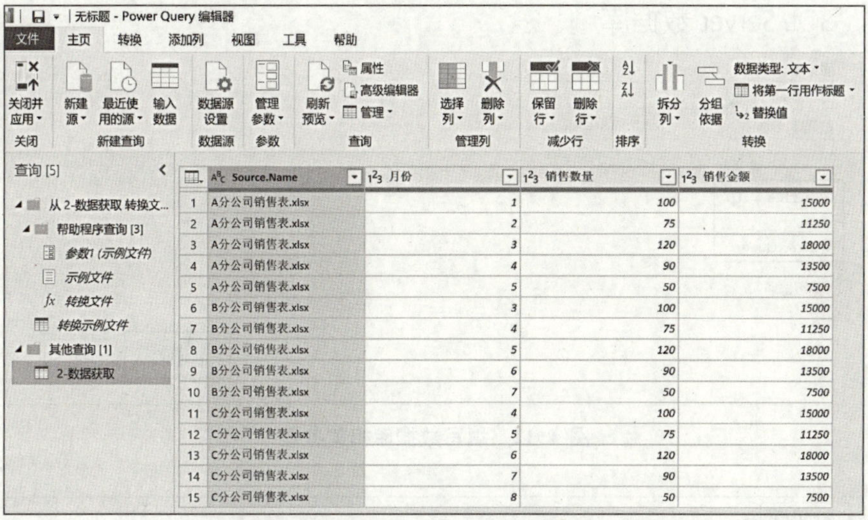

图 4-11　合并后显示的数据

操作锦囊

合并文件夹的前提条件是：文件夹中的数据应具有相同的数据结构和字段格式。这意味着文件夹中的各个文件应具有相同的列名、数据类型和数据结构，以确保数据可以无缝合并。此外，合并的文件夹可以包含任意数量的数据文件，没有明确的文件数量限制。本案例中，每个 Sheet 页中名称应为一致，都是“Sheet1”。

子任务三　从数据库导入数据

Power BI 具有广泛的数据库连接功能，可以连接多种类型的数据库，包括以下几种：Access、SQL Server、MySQL、Oracle、SAP、SSAS 等数据库的数据。从数据库中获取数据相对较复杂，主要因为需要正确设置数据库连接参数，包括服务器地址、数据库名称、身份验证方式等。

【任务实施】

【步骤一】　打开 Power BI Desktop 应用程序，在 Power BI Desktop 的顶部菜单栏中，选择“主页”选项卡下的“获取数据”选项，在其下拉菜单中选择“更多”选项，在弹出的对话框中，选择“SQL Server”选项(可以根据具体的数据库，进行选择)，在弹出的窗口中依次输入 SQL Server 服务器地址和名称，数据连接模式可以选择“导入”模式或者“Direct Query”模式，如图 4-12 所示。

【步骤二】　点击“确定”按钮，连接相应数据库。连接成功，则会打开“导航器”对话框，在左侧选择需要从中获取数据的数据库的复选框。右侧即可显示数据库中的数据预览界面。单击“加载”按钮，则在 Power BI 中打开所选择的数据库中的数据，如图 4-13 所示。

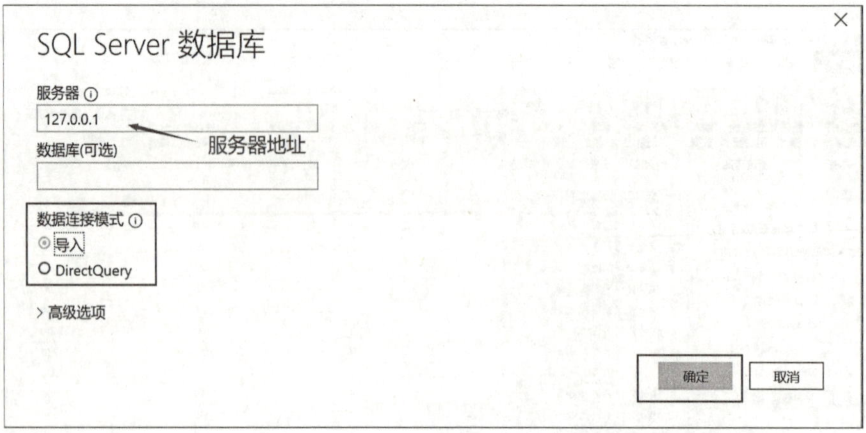

图 4-12　填写数据库相关参数

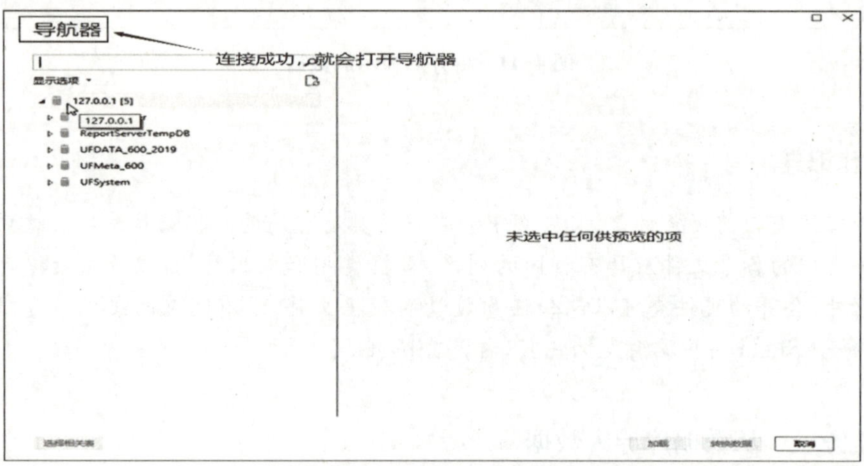

图 4-13　连接数据库成功界面

子任务四　从文本文件导入数据

从文本文件导入数据

从文本文件导入数据是 Power BI 的一项重要功能，它允许用户将文本文件中的数据引入 Power BI，以便后续的数据分析和可视化。这个功能非常方便，因为用户可以将存储在各种文本文件中的信息，如逗号分隔值文件(CSV)、纯文本文件(.txt)等，快速导入到 Power BI 的数据模型中。Power BI 提供了两种等效方法从文本文件中获取数据。

下面以李白《江上吟》.txt 文本文件为例，介绍如何导入文本文件。

案例数据\项目四\李白《江上吟》

【任务实施】

【步骤一】 打开 Power BI Desktop 应用程序，在 Power BI Desktop 的顶部菜单栏中，选择“主页”选项卡下的“获取数据”选项，在其下拉菜单中选择“文本/CSV”，如图 4-14 所示。

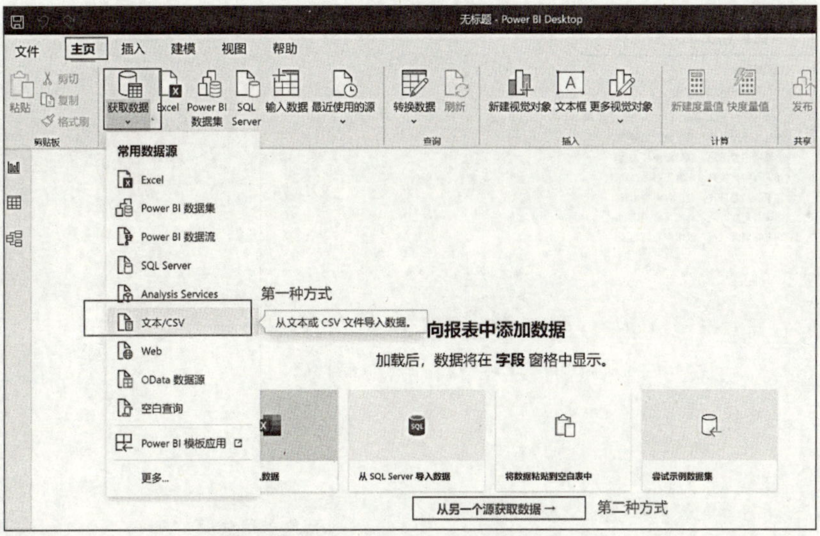

图 4-14　导入文本文件的方式

【步骤二】　在弹出的“打开”窗口中，选择本地计算机中目标文件的位置，如图 4-15 所示。

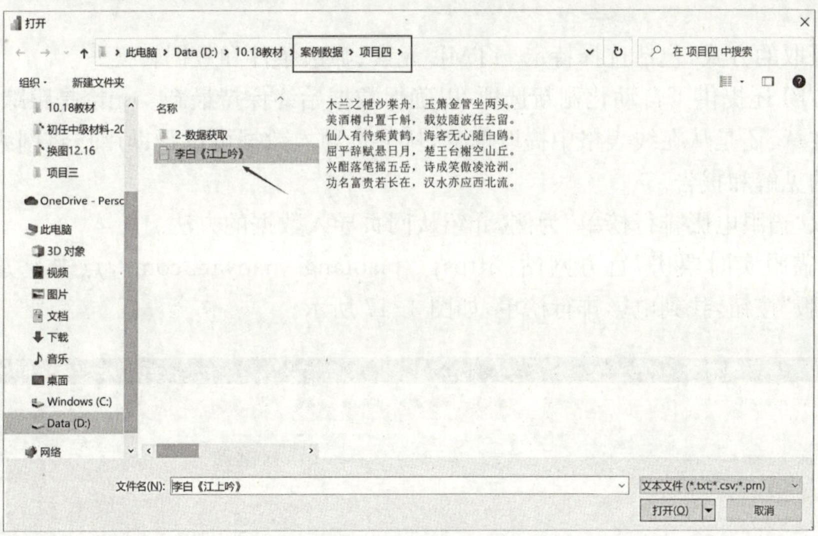

图 4-15　选择目标文件

【步骤三】　点击“打开”按钮，在弹出的窗口单击“加载”按钮，如图 4-16 所示，即可将数据加载至 Power BI。如果文本文件需要编辑处理，则可单击“转换数据”按钮，进入 Power Query 界面，进行数据整理。

子任务五　从网页导入数据

从网页导入数据

Power BI 允许用户从不同网站或在线数据源中提取信息，并将其转化为可用于分析和可视化的数据。这个功能对于监测网络趋势、抓取在线信息、进行市场调研等任务非常有用。用户可以通过输入目标网页的网址或使用高级选项来

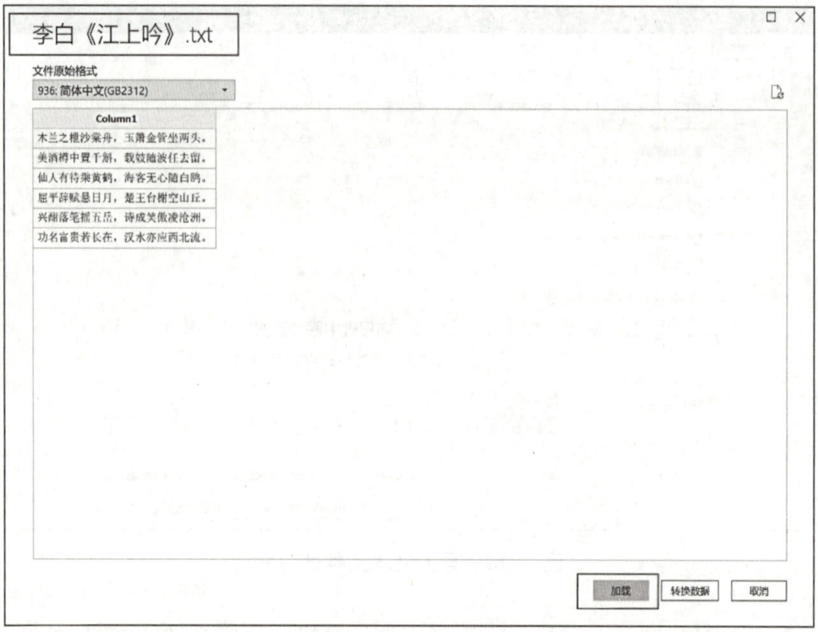

图 4-16　文本文件加载

定义数据提取的方式，包括选择特定 HTML 元素、筛选条件和数据转换。

Power BI 还提供了自动化刷新选项，以确保数据始终保持最新。无论是跟踪股票价格、获取新闻文章、还是从在线表格中提取信息，从网页导入数据可以帮助用户将网络上的信息变为有用的见解和报告。

下面以"猫眼电影排行榜单"为例，介绍从网页导入数据的方法。

访问"猫眼实时票房"官方网站：https://piaofang.maoyan.com/，点击上方最右侧的"返回常规版"按钮，找到电影排行榜单，如图 4-17 所示。

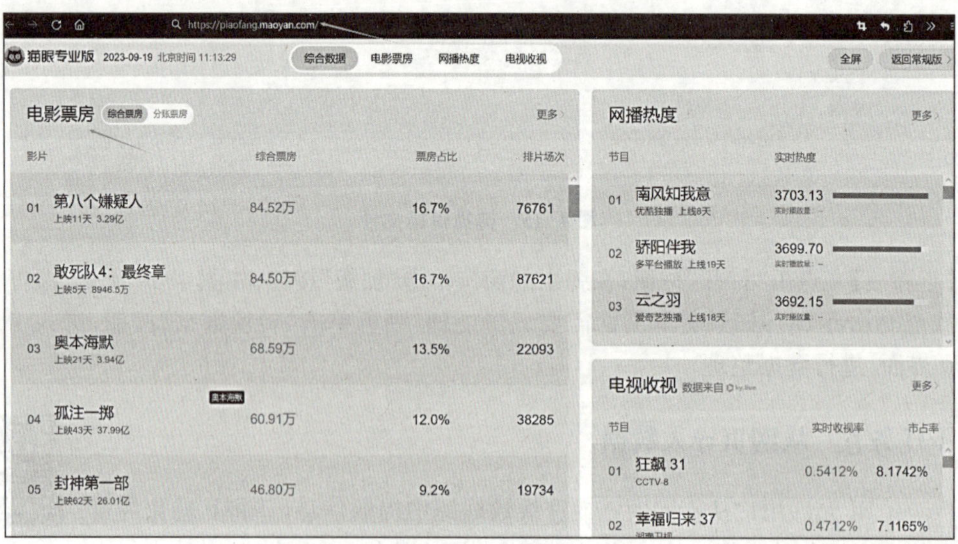

图 4-17　猫眼票房

【任务实施】

【步骤一】 打开 Power BI Desktop 应用程序，在 Power BI Desktop 的顶部菜单栏中，选择"主页"选项卡下的"获取数据"选项，在其下拉菜单中选择"web"选项，如图 4-18 所示。

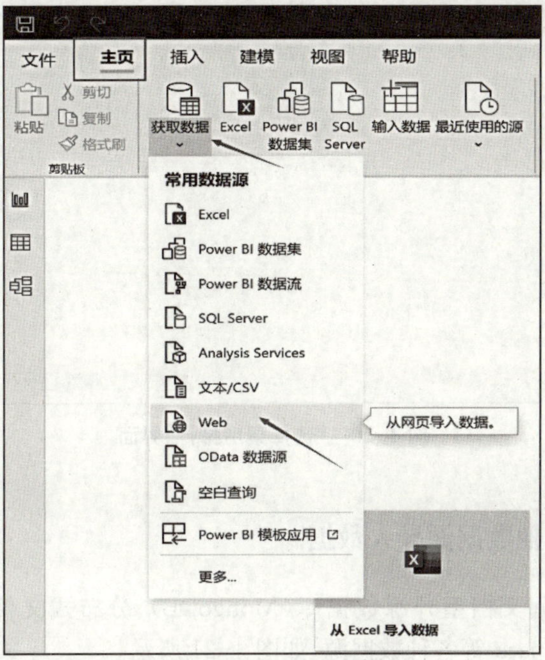

图 4-18 从网站获取数据

【步骤二】 将猫眼实时票房常规版的网址输入 URL 栏，并单击"确定"按钮，如图 4-19 所示。

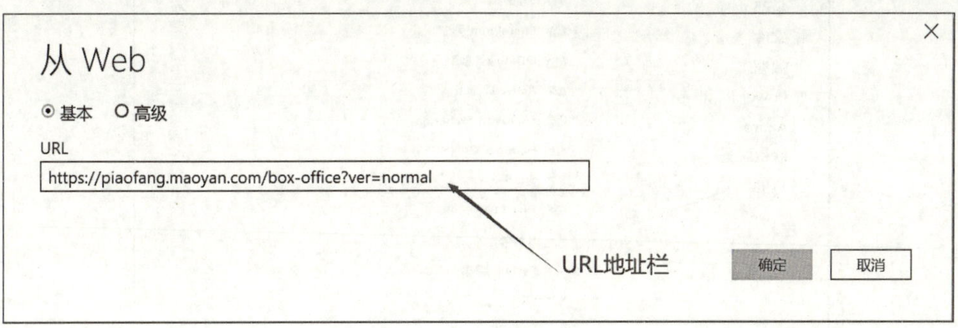

图 4-19 输入网址

【步骤三】 在导航器窗口，选择左侧的"票房排行"选项，右侧即可显示票房排行的数据内容，如图 4-20 所示。选择"加载"选项，则将数据直接加载至 Power BI，如果还需编辑数据内容，则可点击"转换数据"按钮，进入 Power Query 界面，进行数据整理。

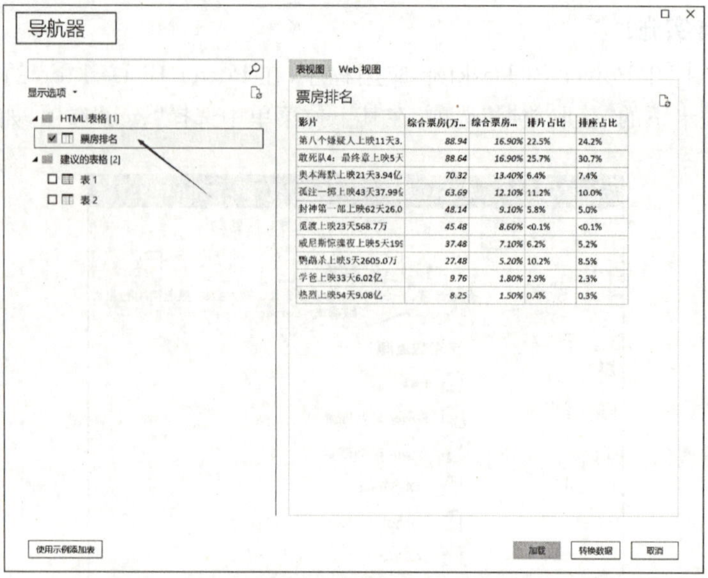

图 4-20 “选择票房排行”界面

子任务六 从其他数据源导入数据

Power BI 可以访问文档型开源数据库(MongoDB)、分布式文件系统(Hadoop)、R 脚本、Python 脚本还有 Spark 等各种数据源,如图 4-21 所示。

具体操作方法与从文件、数据库中获取数据的方式类似,这里不再赘述。

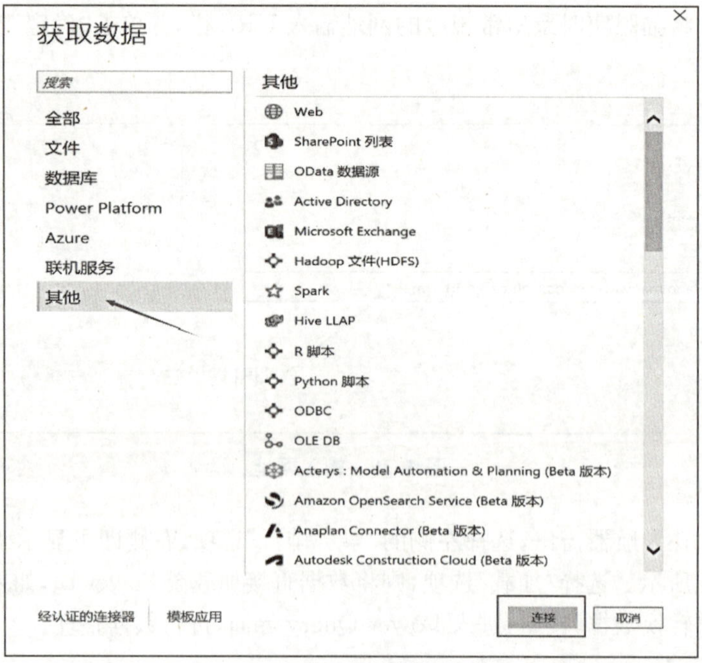

图 4-21 从其他数据源获取数据

子任务七　重新设定数据源

重新设定数据源

Power BI 允许用户在项目创建过程中或后期更改数据源，以满足不同的需求或更新数据。就是说当 Power BI 文件移动时，可能导致数据源路径发生变化，这个时候就需要重新对数据源进行设置。

【任务实施】

【步骤一】　打开 Power BI Desktop 应用程序，在 Power BI Desktop 的顶部菜单栏中，选择“主页”选项下面的“转换数据”选项，在其下拉菜单中选择“数据源设置”选项，如图 4-22 所示。

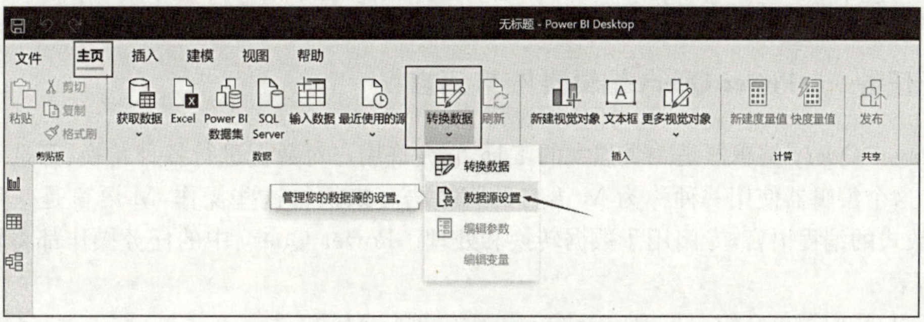

图 4-22　“数据源设置”选项

【步骤二】　在弹出的“数据源设置”窗口，单击“更改源”按钮，即可更具实际情况更改数据源（注意：Power BI 里面已经加载了数据），如图 4-23 所示。

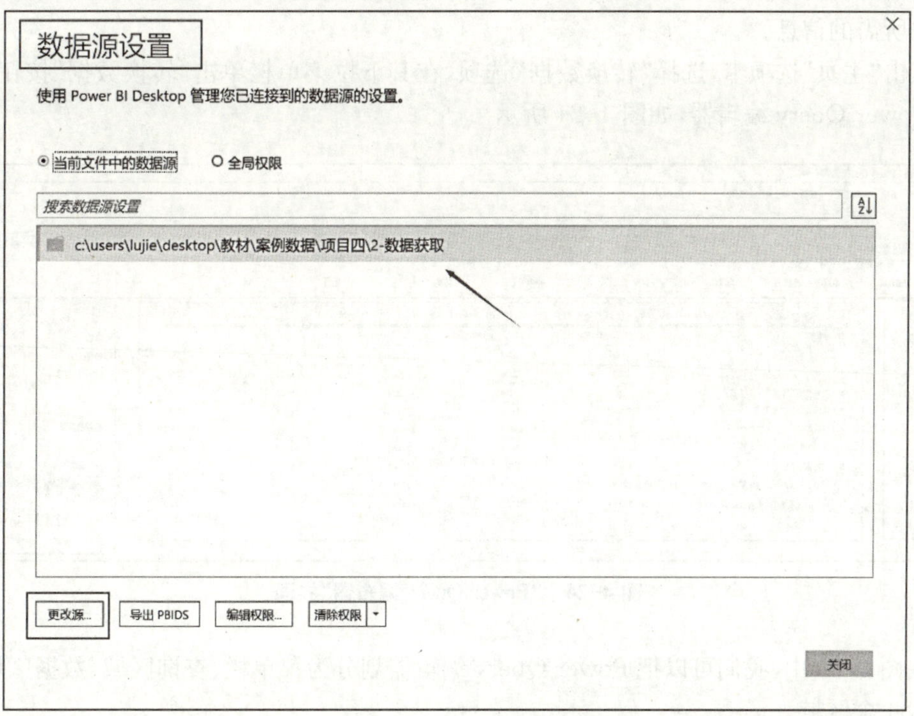

图 4-23　重新设定数据源

任务三 数据整理

数据整理，又常被称为数据清洗，是 Power BI 中不可或缺的步骤。在数据整理过程中，处理“脏数据”是其中一个重要的步骤。处理“脏数据”的过程类似于将原始数据进行精心清洗，去除杂质和无用信息，使数据更加整洁、准确、适用于进一步的分析和可视化。Power BI Desktop 获取数据后，可以通过 Power Query 编辑器对获取的数据进行整理和清洗，如删除重复项、填充空值、合并数据、类型转换等，以确保数据质量达到最佳水平，从而更好地支持后续的数据建模和可视化工作。

子任务一 Power Query 编辑器与 M 语言

Power Query 编辑器是一个强大的工具，它允许用户对数据进行各种转换、筛选和清洗操作。这个编辑器使用一种称为 M 语言的脚本语言来执行这些操作，M 语言是一种高级的、函数式的编程语言，专门用于数据转换和处理。Power Query 中的任务操作都将转化为 M 语言表示。

下面，我们简单介绍一下 Power Query 编辑器与 M 语言。

1) Power Query 编辑器

Power Query 编辑器，也被称为查询编辑器，是 Power BI Desktop 中的一个内置工具，用于帮助用户对导入的数据进行清洗和整理。一旦数据被导入到 Power BI 中，Power Query 编辑器就提供了一个强大的环境，使用户能够轻松地处理数据，包括数据清洗、转换和提取所需的信息。

点击“主页”选项卡，选择“转换数据”选项，在其下拉菜单栏单击“转换数据”按钮，即可打开 Power Query 编辑器，如图 4-24 所示。

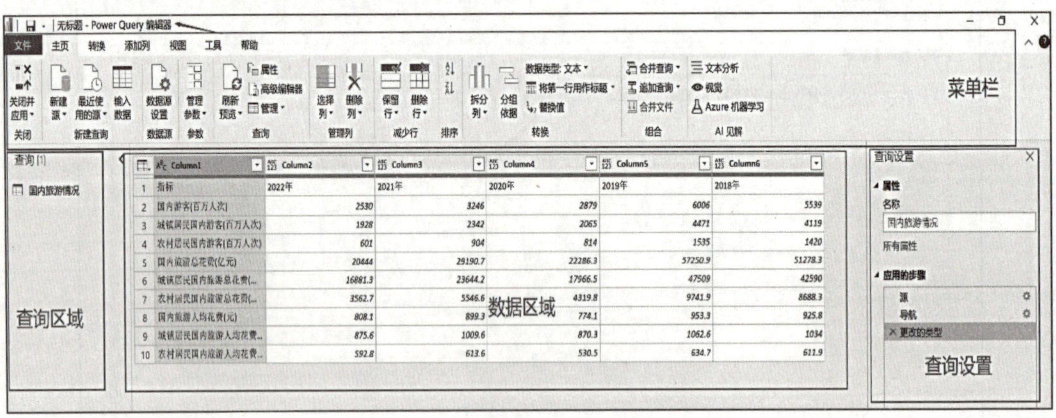

图 4-24 “Power Query 编辑器”界面

在图 4-24 中，我们可以把 Power Query 编辑器划分为菜单栏、查询区域、数据区域和查询设置 4 个区域。

(1) 菜单栏：有文件、主页、转换、添加列、视图、工具等菜单选项，主要进行数据整理的各类操作。

(2) 查询区域：显示导入数据的各类“查询”，即显示通过 Power Query 连接、导入或录入的各类数据文件。

(3) 数据区域：显示每张表的编辑查询结果，可以根据“查询设置”步骤显示各步骤执行后的结果。并可将编辑后的、符合要求的查询结果通过“关闭并应用”命令上传到数据模型中。

(4) 查询设置：包括“属性”和“应用的步骤”两部分。在“应用的步骤”中，系统会自动记录 Power Query 编辑器的每一步操作，若想删除其中的步骤，可单击该步骤前的“×”按钮。同时，单击每一步骤都可以在“数据区域”查看到对应结果。

2) M 语言

M 语言是 Power Query 的后台函数式编程语言，用户在 Power Query 界面的操作过程都会记录下来并翻译成 M 语言。在 Power Query 编辑器窗口，通过鼠标进行的每一步操作，后台都会记录下来并自动生成 M 语言代码。

启动 Power Query 编辑器，点击“主页”选项卡中“查询”的“高级编辑器”按钮，即可查看到自动生成的 M 语言代码，如图 4-25 所示。

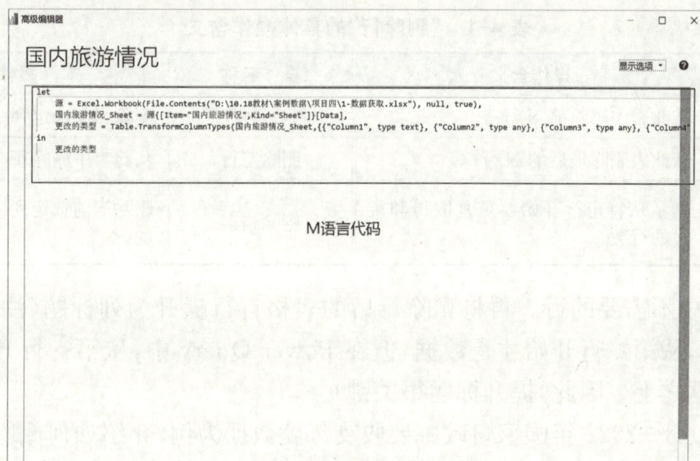

图 4-25　系统自动生成的 M 语言代码

M 语言的函数体系非常丰富和强大，它包括了各种用于数据清洗和转换的函数，以及用于创建自定义函数的功能。对于初学者来说，大部分的数据清洗任务通过鼠标即可实现，整个清洗和整理的过程是可见也可回复的。因此不建议使用 M 语言代码。如果是高级用户，且执行的数据清洗任务非常复杂，则可以直接在高级编辑器中编写 M 代码来实现。

子任务二　数据的行列操作与筛选

通过对数据的行列操作和筛选，用户能够轻松地选择并提取符合其需求的数据，然后将这些精炼的数据上传至数据模型，以便进行更加直观和有意义的数据可视化分析。

1) 数据的行操作

Power Query 中关于行的操作主要包括保留行与删除行，分别如图 4-26 和图 4-27 所示。它们的操作方式类似，操作结果正好相反。实际工作中，删除行的操作更为频繁，其具体含义如表 4-1 所示。

数据的行操作(删除表中不需要的行)

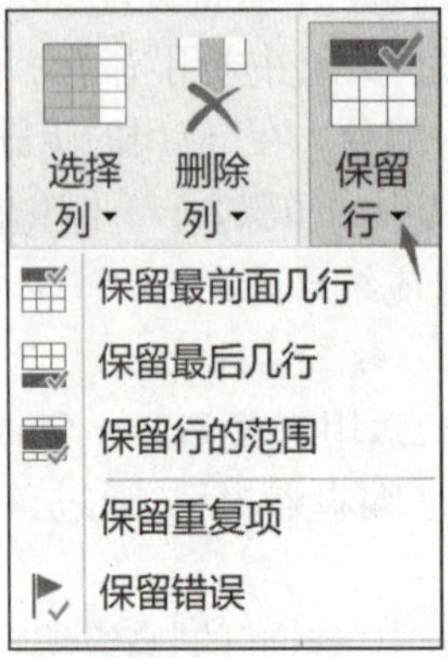

图 4-26　保留行

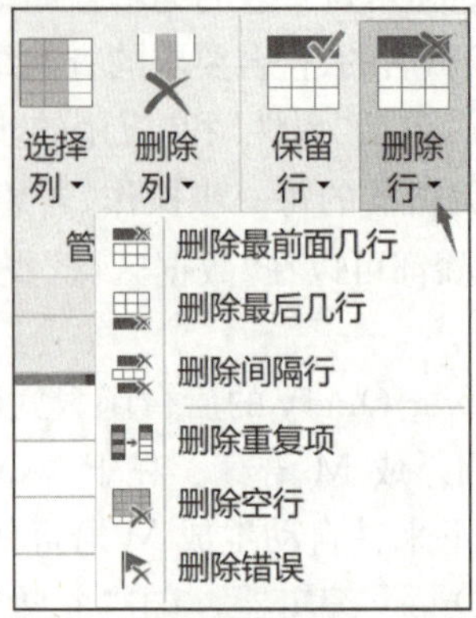

图 4-27　删除行

表 4-1　“删除行”的具体操作含义

操作名称	操作含义	操作名称	操作含义
删除最前面几行	从此表中删除前 N 行	删除重复项	删除当前选定列中包含重复值的行
删除最后几行	从此表删除最后的 N 行	删除空行	从此表中删除所有空行
删除间隔行	指示从特定行开始要重复取得和跳过的行数	删除错误	删除当前选定列中包含错误(Error)的行

(1) 删除表中不需要的行。再将删除行后的表格首行提升为列标题(注意：在 Excel 中第一行为标题行，从第二行开始才是数据，但在 Power Query 中，从第一行开始必须是数据记录，标题在数据之上。因此，提升标题很关键)。

下面将以 2013—2022 年国家财政主要收支年度数据为例，介绍如何删除表中不需要的行，再将删除行后的表格首行提升为列标题。

案例数据\项目四\3-数据整理. xlsx

【任务实施】

【步骤一】 获取 Excel 文件后，通过“转换数据”选项进入 Power Query 编辑器，单击“主页”选项卡下的“删除行”，在其下拉菜单栏点击“删除最前面几行”按钮，如图 4-28 所示。

【步骤二】 在弹出的“删除最前面几行”窗口，行数下面的空白栏输入“2”，并点击“确定”按钮，如图 4-29 所示。

【步骤三】 删除最前面的两行以后，源数据的标题行并未在数据表的第一行，因此还需要进行“提升标题”的操作。点击“主页”选项卡下“转换”的“将第一行用作标题”选项，结果如图 4-30 所示。

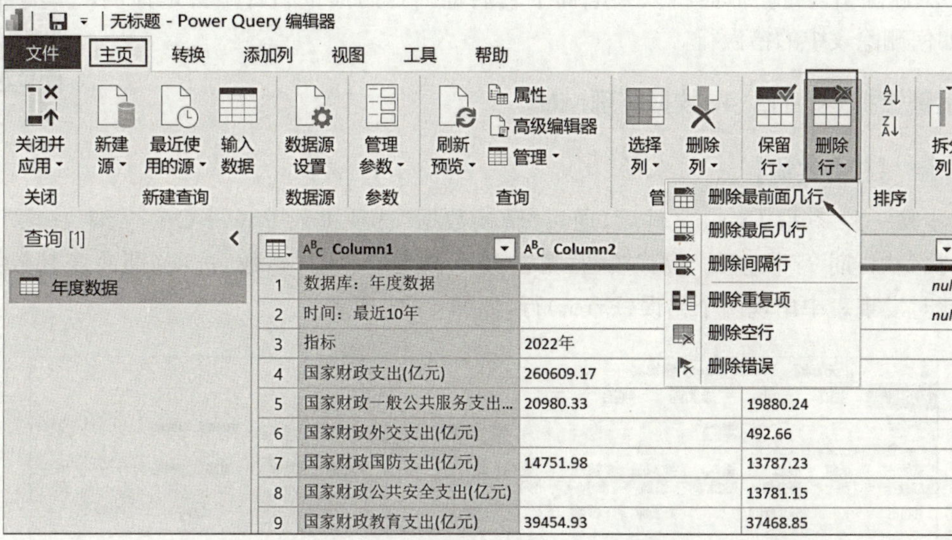

图 4-28　"删除最前面几行"选项

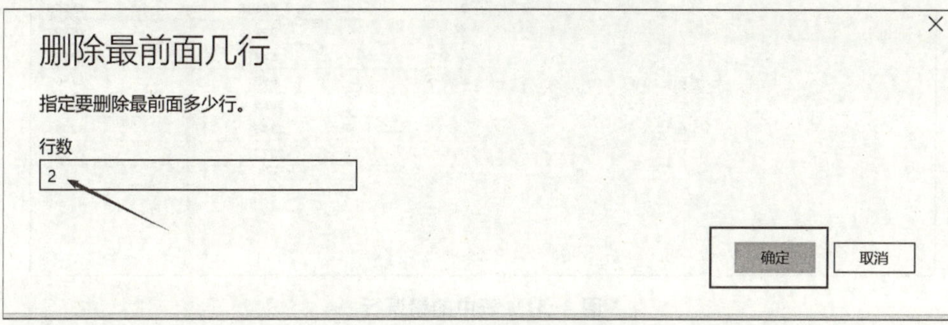

图 4-29　输入要删除的行数

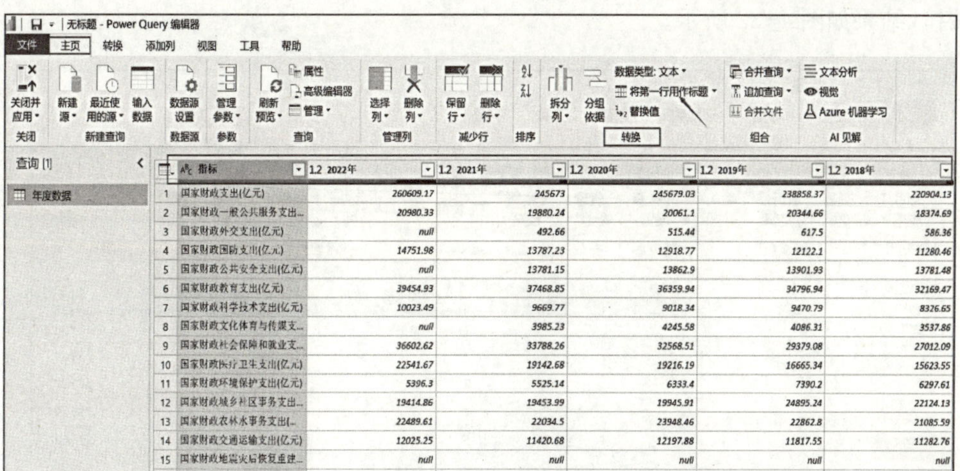

图 4-30　将首行提升为列标题

(2) 删除错误行。下面将以某电商平台店铺的日访问量和日销售量为例，介绍如何删除表中的错误行。

数据的行操作（删除错误行）

案例数据\项目四\4-数据整理. xlsx

【任务实施】

【步骤一】 获取 Excel 文件后，通过“转换数据”选项进入 Power Query 编辑器，找到“日期”字段前的“ABC”按钮，单击其下拉菜单中的“整数”选项(即改变其数据类型)，此时发现表中出现两个错误(Error)行，如图 4-31 所示。

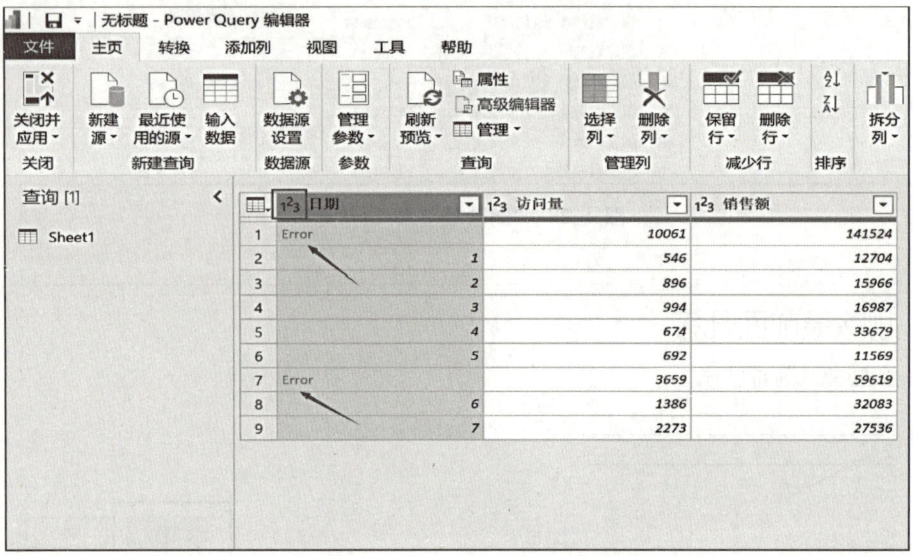

图 4-31 表中的错误行

【步骤二】 点击“主页”选项卡中“减少行”的“删除行”选项，在其下拉菜单点击“删除错误”按钮，结果如图 4-32 所示。

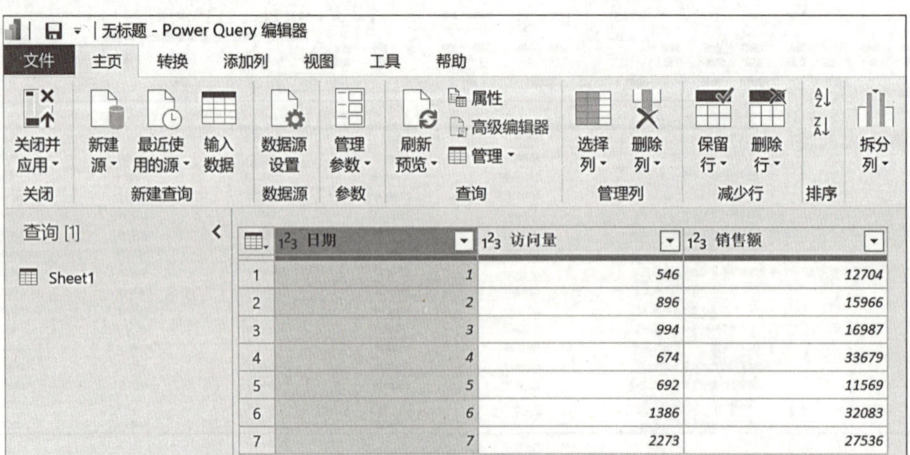

图 4-32 删除错误行

(3) 删除表中的重复项。删除表中的重复项,在实际工作中也是运用得很频繁的操作,它可以筛选出表中的最大值。

下面以客户销售明细表为例,介绍如何删除表中的重复项,从而达到筛选出客户最大订单销售额的目的。

数据的行操作(删除重复项)

案例数据\项目四\5-数据整理

【任务实施】

【步骤一】 获取 Excel 文件后,通过“转换数据”选项进入 Power Query 编辑器,单击客户名称、销售额字段后面的“⊡”按钮,将客户名称字段按升序排列,将销售额字段按降序排列,如图 4-33 所示。

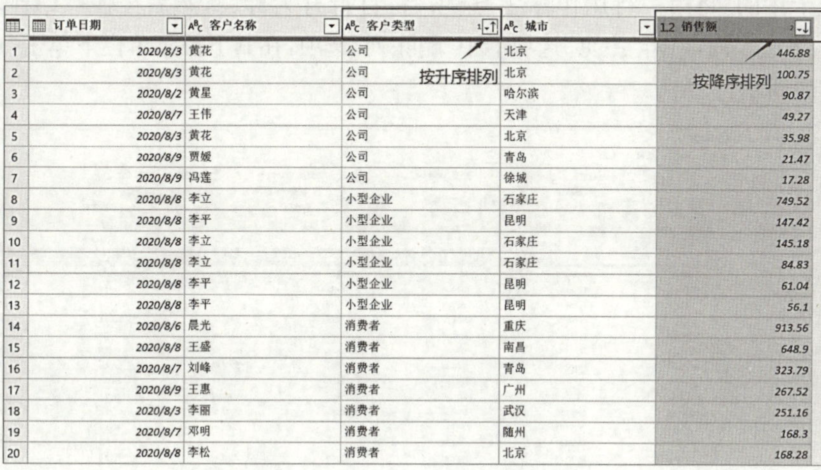

	订单日期	客户名称	客户类型	城市	1.2 销售额
1	2020/8/3	黄花	公司	北京	446.88
2	2020/8/3	黄花	公司	北京	100.75
3	2020/8/2	黄星	公司	哈尔滨	90.87
4	2020/8/7	王伟	公司	天津	49.27
5	2020/8/3	黄花	公司	北京	35.98
6	2020/8/9	贾媛	公司	青岛	21.47
7	2020/8/9	冯莲	公司	徐城	17.28
8	2020/8/8	李立	小型企业	石家庄	749.52
9	2020/8/8	李平	小型企业	昆明	147.42
10	2020/8/8	李立	小型企业	石家庄	145.18
11	2020/8/8	李立	小型企业	石家庄	84.83
12	2020/8/8	李平	小型企业	昆明	61.04
13	2020/8/8	李平	小型企业	昆明	56.1
14	2020/8/6	晨光	消费者	重庆	913.56
15	2020/8/8	王盛	消费者	南昌	648.9
16	2020/8/7	刘峰	消费者	青岛	323.79
17	2020/8/9	王惠	消费者	广州	267.52
18	2020/8/3	李丽	消费者	武汉	251.16
19	2020/8/7	邓明	消费者	随州	168.3
20	2020/8/8	李松	消费者	北京	168.28

图 4-33 对字段进行排序操作

【步骤二】 通过观察数据表,可发现客户名称字段当中存在重复项。选择“客户名称”列,点击“主页”选项卡中的“删除行”,在其下拉菜单栏中点击“删除重复项”按钮,即可得到每个客户的最大销售额数据,结果如图 4-34 所示。

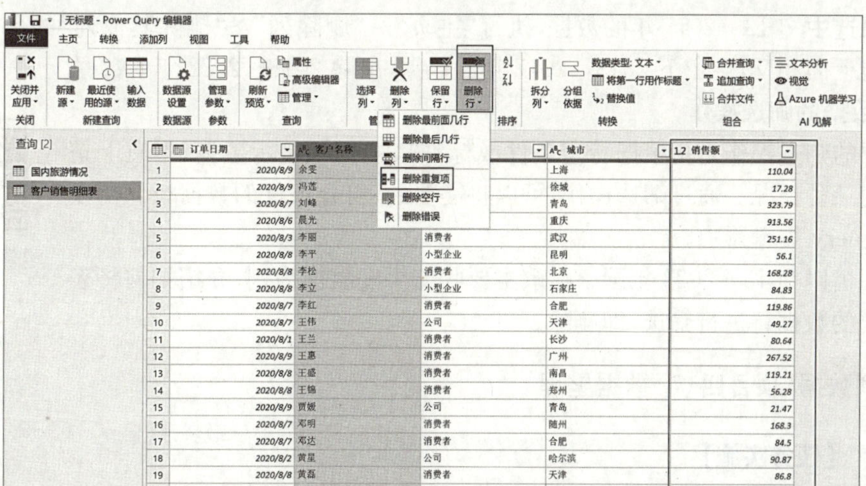

	订单日期	客户名称	客户类型	城市	1.2 销售额
1	2020/8/9	余雯		上海	110.04
2	2020/8/9	冯莲		徐城	17.28
3	2020/8/7	刘峰		青岛	323.79
4	2020/8/6	晨光		重庆	913.56
5	2020/8/3	李丽	消费者	武汉	251.16
6	2020/8/8	李平	小型企业	昆明	56.1
7	2020/8/8	李松	消费者	北京	168.28
8	2020/8/8	李立	小型企业	石家庄	84.83
9	2020/8/7	李红	消费者	合肥	119.86
10	2020/8/7	王伟	公司	天津	49.27
11	2020/8/1	王兰	消费者	长沙	80.64
12	2020/8/9	王惠	消费者	广州	267.52
13	2020/8/8	王盛	消费者	南昌	119.21
14	2020/8/8	王锦	消费者	郑州	56.28
15	2020/8/9	贾媛	公司	青岛	21.47
16	2020/8/7	邓明	消费者	随州	168.3
17	2020/8/7	邓达	消费者	合肥	84.5
18	2020/8/2	黄星	公司	哈尔滨	90.87
19	2020/8/8	黄磊	消费者	天津	86.8
20	2020/8/3	黄花	公司	北京	100.75

图 4-34 删除重复项

2）数据的列操作

数据的列操作，主要包括选择列和删除列这两种。选择列，如果是选择单列可以直接用鼠标选中；如果是选择多列，则可以按住<Ctrl>键，再用鼠标进行选择。选择列操作，可以用选择的方式将需要的列保留在 Power Query 编辑器中；如果是删除列操作，则可以删除选中的列或者删除选中列以外的其他列。

数据的列操作

下面以 2013—2022 年国家财政主要收支年度数据为例，介绍如何删除选中的列。

案例数据\项目四\6-数据整理

【任务实施】

【步骤一】 获取 Excel 文件后，通过“转换数据”选项进入 Power Query 编辑器，点击“主页”选项卡中的“将第一行用作标题”选项，将首行升为标题，然后按住<Ctrl>键，选中 2013—2017 年这 5 列，点击“主页”选项卡中“删除列”选项，在其下拉菜单栏下单击“删除列”按钮，如图 4-35 所示。

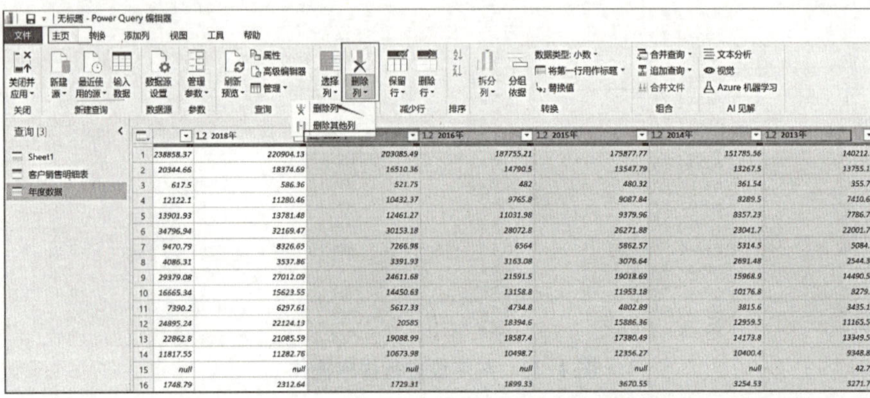

图 4-35 删除 2013—2017 年这 5 列

【步骤二】 此时可见数据区域只保留了 2018—2022 年的国家财政主要收支年度数据，2013—2017 年的数据已被删除。

如果选中 2013—2017 年的数据，执行“主页”—“删除列”—“删除其他列”的命令，则结果正好与上面相反，会留下 2013—2017 年的数据，删除 2018—2022 年的数据。

3）数据的筛选操作

数据的筛选操作是指根据特定条件或标准来选择和显示数据，本质上是行操作的一种情况。通过筛选操作，可以将需要的、符合条件的数据行保留在 Power Query 编辑器中。

数据的筛选操作

下面仍以 2013—2022 年国家财政主要收支年度数据为例，介绍如何将表中不需要的数据行进行筛选，即删除。

案例数据\项目四\7-数据整理

【任务实施】

【步骤一】 获取 Excel 文件后，通过“转换数据”选项进入 Power Query 编辑器，点击第一个字段“Column1”旁边的“⊡”按钮，直接往下拉，可以看到“数据库:年度数据”“时间:最近10年”这两个空值都排在最后。

【步骤二】 在这两个空值前面的“√”去掉，然后单击“确定”按钮，如图4-36所示，表中不需要的前两行数据已被删除。

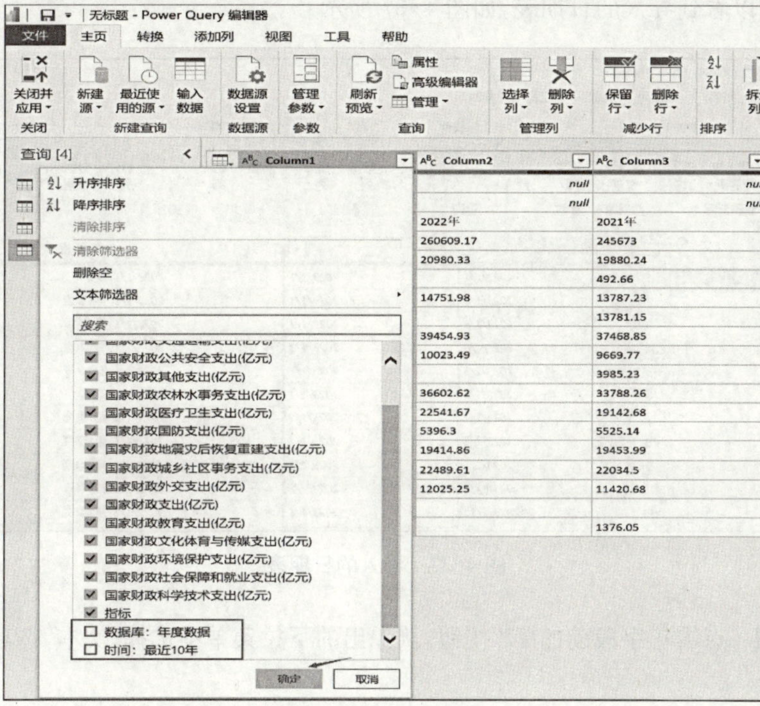

图 4-36　删除空值

子任务三　数据类型的转换

数据类型的转换

Power BI 在进行数据分析时，通常使用函数进行度量计算。计算的可行性与数据的类型、字段有关。Power BI 的数据处理逻辑基于列式处理，这意味着它主要关注数据表中的列，而不是整行数据。这种处理方式的核心思想是将数据表中的每一列都视为一个独立的数据源，势必要求每一列的数据类型都必须是如实反映数据的情况，这样在进行数据分析和计算时可以更加灵活和高效地操作。Power BI 的数据类型主要包括文本型、数值型、日期型、其他类型等。当 Power BI 加载数据后，在数据建模之前，需要在 Power Query 编辑器中确认当下的数据类型与源表是否发生了变化。比较常见的有，在源数据表中“编号”字段是属于数值型的，导入 Power BI 后，需要将其转换为文本型数据；在源数据表中“年份”字段是文本型“2023 年”，导入 Power BI 中系统会自动转换为日期型“2023 年 1 月 1 日”，此时我们需要将其转换为文本型。

下面我们以 2023 年 1 月的“日期表”为例，将表中“年”和“月”字段数据转换成源表数据中文本型数据。

案例数据\项目四\8-数据整理

【任务实施】

【步骤一】 在获取 Excel 文件后,通过"转换数据"选项进入 Power Query 编辑器,在数据区域我们可以看到导入的日期表,如图 4-37 所示。

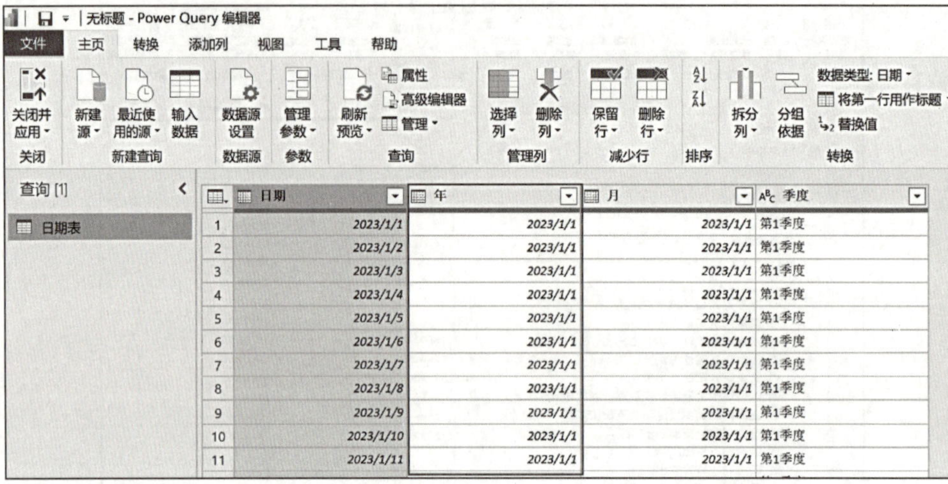

图 4-37 导入的日期表

【步骤二】 点击年字段前的"▦"按钮,从弹出的下拉菜单中选择"文本"选项,如图 4-38 所示。

【步骤三】 在弹出的"更改列类型"窗口,单击"替换当前转换"按钮,如图 4-39 所示。

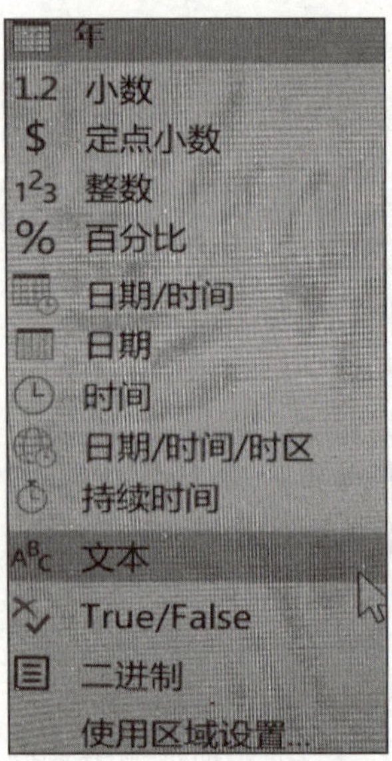

图 4-38 设置"年"字段类型

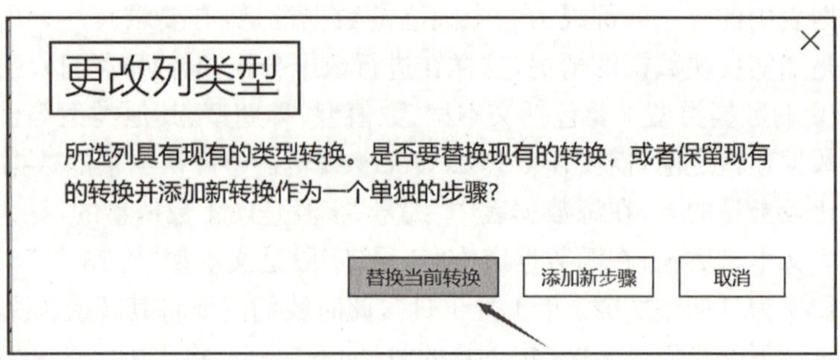

图 4-39 "替换当前转换"选项

【步骤四】 此时,我们可以看到"年"字段数据以由日期型转换为文本型,如图 4-40 所示。

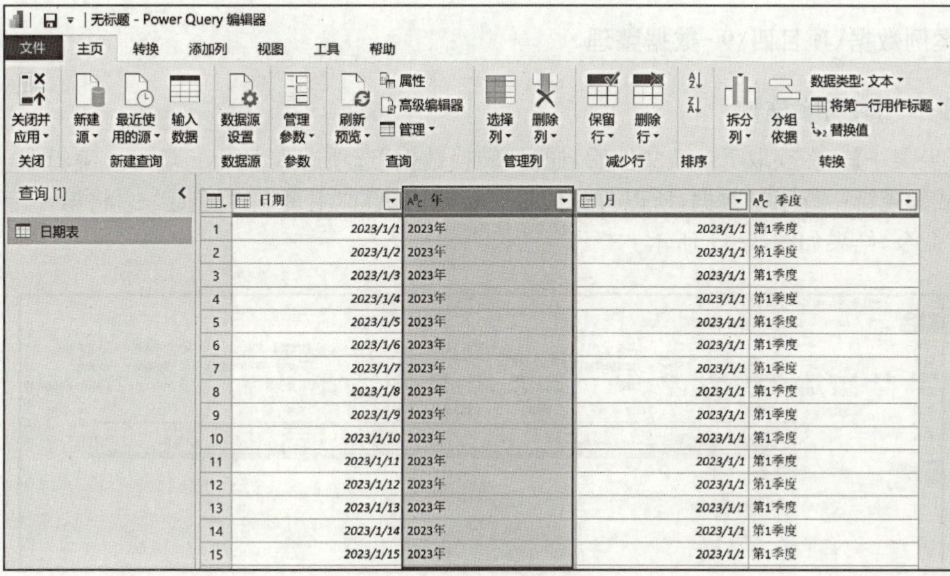

图 4-40 数据类型转换结果

【步骤五】 同上,我们可以把“月”字段的数据类型由日期型转变为文本型,具体方法不再赘述。

子任务四 数据格式的转换

数据格式的转换

对数据进行行\列的操作以及筛选之后,通常我们还需要对数据的格式进行转换。因为在实际工作中,很多数据是来自 Excel,而涉及的 Excel 表中的数据有很多都是人工输入,可能会出现的情况包括:名字前后有空格、英文名字大小写不统一、合并单元格、单元格中存在回车符等不规范的情况。

关于格式的具体操作如表 4-2 所示。

表 4-2 格式的具体操作

操作名称	操作含义
小写	将所选列中的所有字母都转换为小写字母
大写	将所选列中的所有字母都转换为大写
每个字词首字母大写	将所选列中每个字词的第一个字母替换成大写字母
修整	从所选列的每个单元格中删除前导空格和尾随空格
清除	清除所选单元格中的非打印字符(主要是清除多行回车符)
添加前缀	向所选列中的每个值开头添加指定的字符(如在编码前加 No)
添加后缀	向所选列中的每个值末尾添加指定的字符

下面将以学生信息表为例,介绍如何删除表中不正确的格式。该学生信息表中标出的内容为不规范格式:①中文姓名前后存在空格;②中文姓名中存在多行回车符;③英文姓名都为大写或小写;④“出生年份”字段中存在多余的“年”字。

案例数据\项目四\9-数据整理

【任务实施】

【步骤一】 在获取 Excel 文件后，通过“转换数据”选项进入 Power Query 编辑器，在数据区域发现第一行不是数据，所以首先应提升标题。执行“主页”—“转换”—“将第一行用作标题”命令，结果如图 4-41 所示。

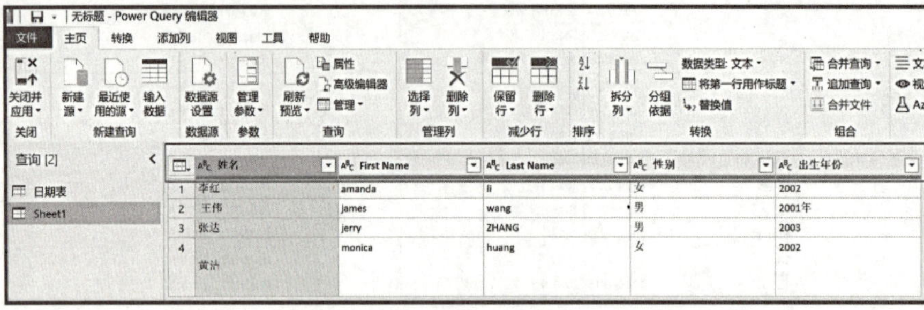

图 4-41 “将第一行用作标题”命令

【步骤二】 选中“姓名”列，先执行“转换”—“格式”—“修整”命令，将“王伟”前存在的空格删除；再执行“转换”—“格式”—“清除”命令，将“黄洁”存在的行回车符清除，结果如图 4-42 所示。

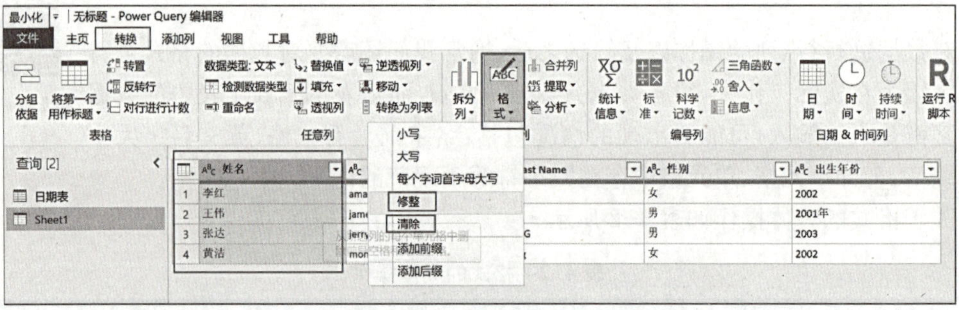

图 4-42 “修整”与“清除”的命令及结果

【步骤三】 选中“First Name”和“Last Name”两列，然后分别执行“转换”—“格式”—“小写”命令，将英文姓名转换成小写；再执行“转换”—“格式”—“每个字词首字母大写”命令，将英文姓名的首字母变成大写，结果如图 4-43 所示。

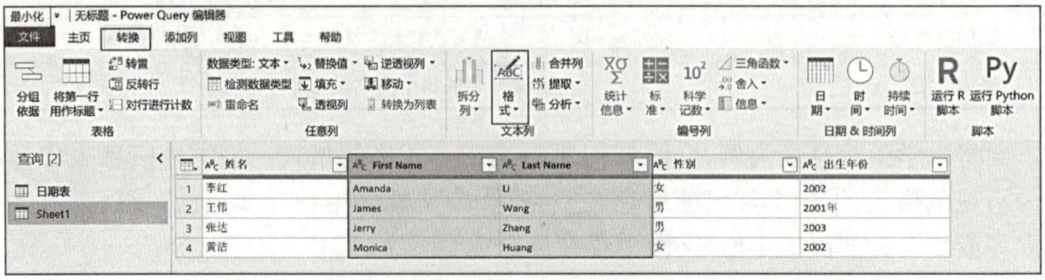

图 4-43 “每个字词首字母大写”命令

【步骤四】 将“出生年份”的字段类型转变成文本型(即点击“出生年份”前的图标“ABC”按钮,再下拉的菜单中选择文本),再选中该列执行“转换”—“任意列”—“任意列”—“替换值”命令,在要查找的值下方输入“年”,将其替换成空白值,如图 4-44 所示。

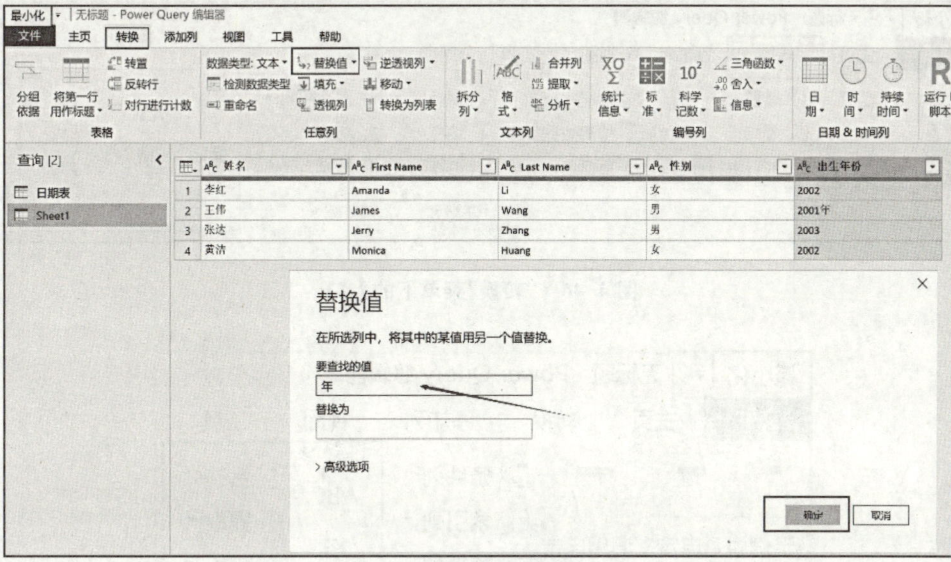

图 4-44 替换数据

【步骤五】 点击“确定”按钮后,再将“出生年份”的字段类型转换成整数型,结果如图 4-45 所示。

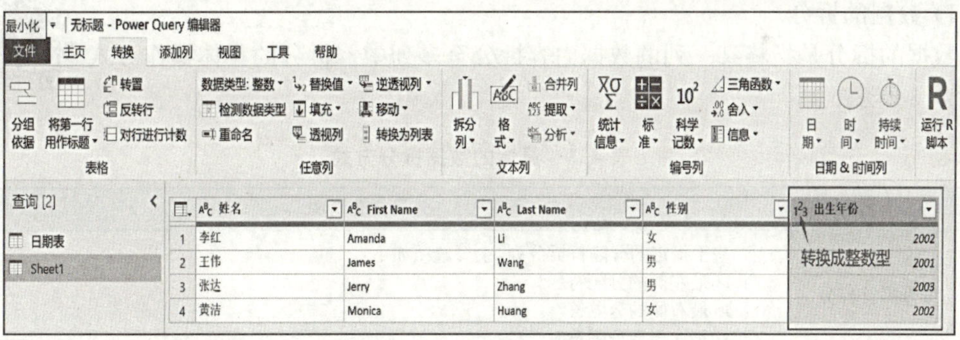

图 4-45 转换成整数型

子任务五 数据的拆分、提取与合并

数据整理过程中经常需要用到数据的拆分、提取与合并,从而获取到符合数据分析要求的数据。在 Excel 中,可以通过字符串,如 MID、LEFT、RIHHT、CONCATENATE 等函数,以及数据分列功能,可以完成一定数据的拆分、提取和合并操作。在 Power BI 的 Power Query 编辑器中,用户只需要通过点击鼠标即可进行上述操作。

Power Query 编辑器的“转换”菜单和“添加列”菜单都有“提取”和“合并列”的选项,如

图 4-46、图 4-47 所示。两者的区别就在于:执行“转换”菜单里的“提取”和“合并列”操作后,原数据列不保留;执行“添加列”菜单里的“提取”和“合并列”操作后,原数据列得以保存,并生成新的列。

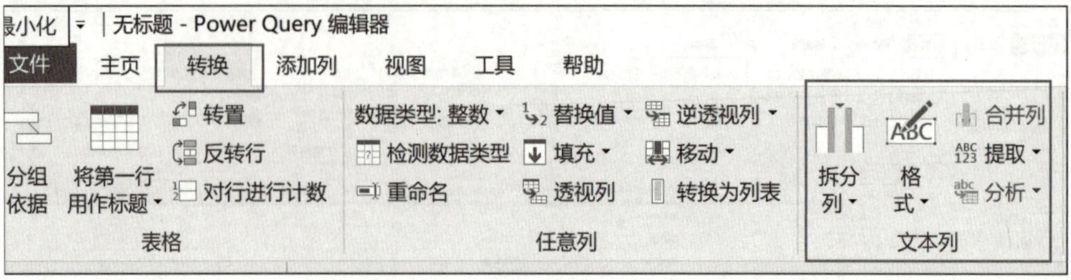

图 4-46 “转换”菜单下的入口

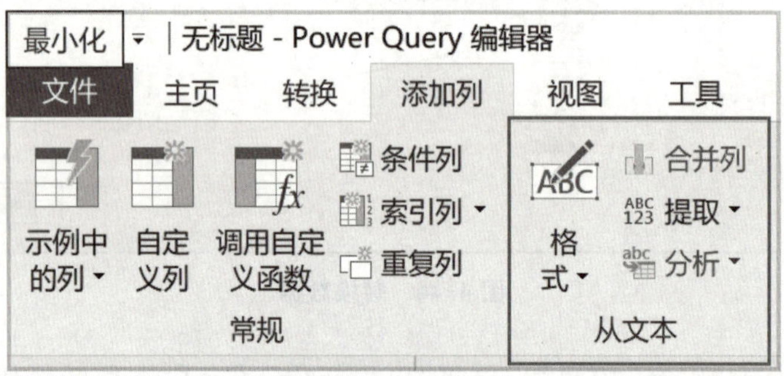

图 4-47 “添加列”菜单下的入口

1) 数据的拆分

数据的拆分是指将某一列的数据内容拆分至多列中。拆分的具体操作方式如表 4-3 所示。

数据的拆分

表 4-3 具体的数据拆分方式

操作名称	操作含义
按分隔符拆分	基于指定的分隔符拆分列,主要选项如下: ➢ 最左侧的分隔符 ➢ 最右侧的分隔符 ➢ 每次出现分隔符时
按字符数拆分	将所选列的值拆分为具有指定长度的片段,主要选项如下: ➢ 一次,尽可能靠左 ➢ 一次,尽可能靠右 ➢ 重复
按位置拆分	将所选列的值拆分为具有指定位置的片段
其他拆分	➢ 按照从小写到大写的转换 ➢ 按照从大写到小写的转换 ➢ 按照从数字到非数字的转换 ➢ 按照从非数字到数字的转换

下面以某商场会员信息为例,将其中的“姓名”字段拆分成“姓”和“名”两个字段。

案例数据\项目四\10-数据整理

【任务实施】

【步骤一】 在获取 Excel 文件后，通过"转换数据"选项进入 Power Query 编辑器，选中"姓名"这一列，执行"添加列"—"常规"—"重复列"命令，也就是把"姓名"列复制一份，结果如图 4-48 所示。

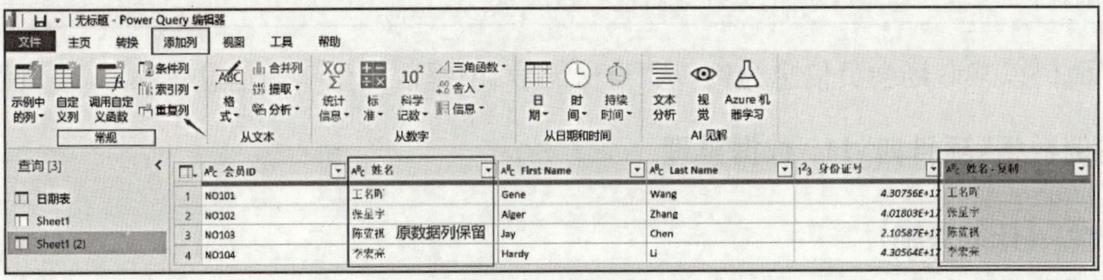

图 4-48 复制"姓名"列

【步骤二】 选中"姓名-复制"列，执行"转换"—"文本列"—"拆分列"—"按字符数"命令，在弹出的"按字符数拆分列"窗口，字符数下面的空白栏输入"1"，拆分下面选项选择：一次，尽可能靠左，如图 4-49 所示。

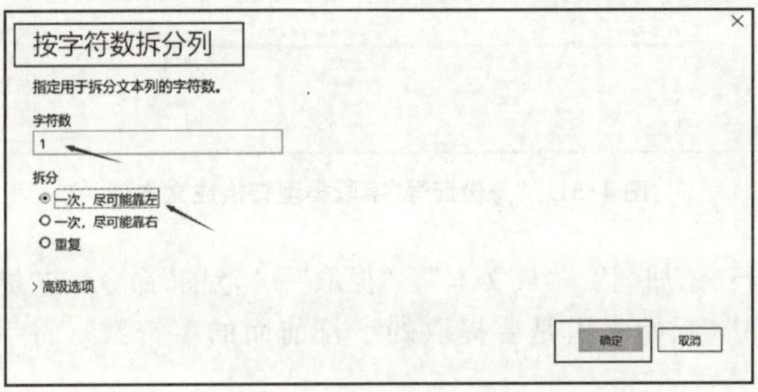

图 4-49 重复列的属性设置

【步骤三】 点击"确定"按钮，把"姓名-复制"列拆分成"姓"和"名"字段两列，结果如图 4-50 所示。

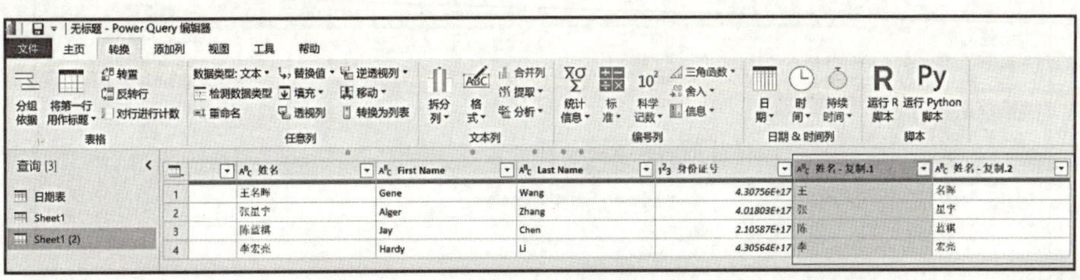

图 4-50 拆分列

2）数据的提取

数据的提取是指从文本中提取字符。具体的数据提取方式如表 4-4 所示。

数据的提取

表 4-4　具体的数据提取方式

操作方式	操作含义
长度	新建一列以包含所选列中的值的字符串的长度
首字符	通过此列中每个值的开头创建包含指定数量字符的新列
结尾字符	通过此列中每个值的结尾创建包含指定数量字符的新列
范围	从指定索引开始,通过此列中的每个值创建包含指定数量字符的新列
分隔符控制的文本	提取分隔符之前、之间和之后的文本

下面仍以某商场会员信息为例,从“身份证号”中提取出生年份信息。

案例数据\项目四\11 -数据整理

【任务实施】

【步骤一】　在获取 Excel 文件后,通过“转换数据”选项进入 Power Query 编辑器,选中“身份证号”这一列,将其数据类型转换为文本型,如图 4-51 所示。

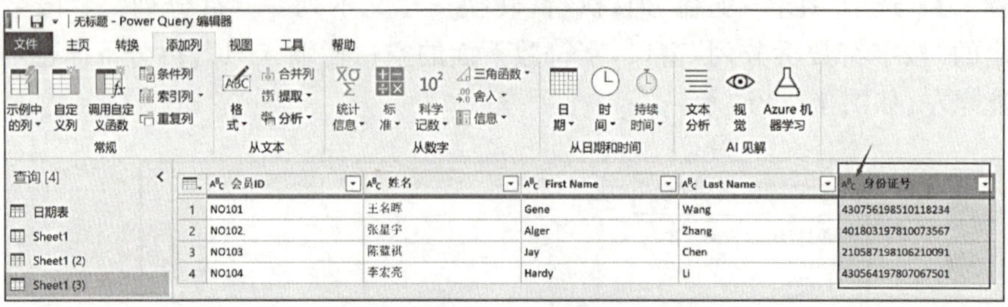

图 4-51　“身份证号”字段类型转换成文本型

【步骤二】　执行“添加列”—“从文本”—“提取”—“范围”命令,在“提取文本范围”窗口将起始索引设为“6”(起始索引是要提取的字符前面的字符数),将字符数设为“4”,如图 4-52 所示。

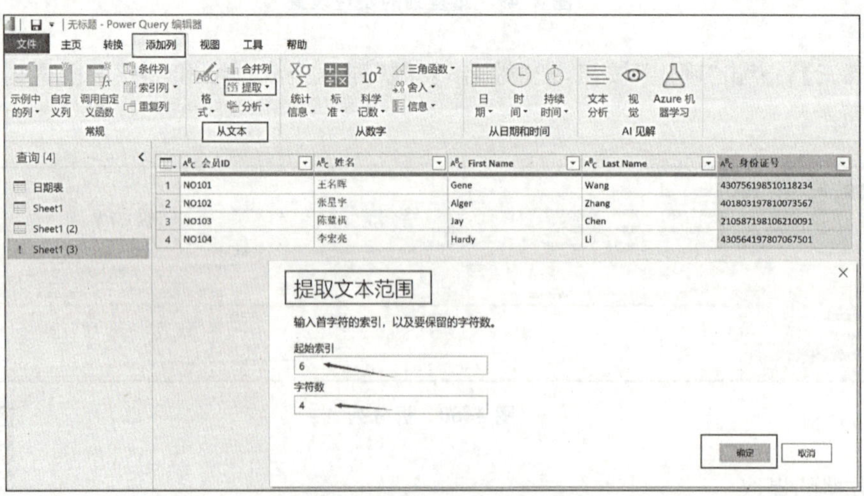

图 4-52　设置提取文本范围

【步骤三】 点击"确定"按钮，会新增加一列只有年份数字的"文本范围"列。将该列的字段名称修改为"出生年份"，并执行"转换"—"文本列"—"格式"—"添加后缀"命令，然后将后缀值设定为"年"，单击"确定"按钮，结果如图 4-53 所示。

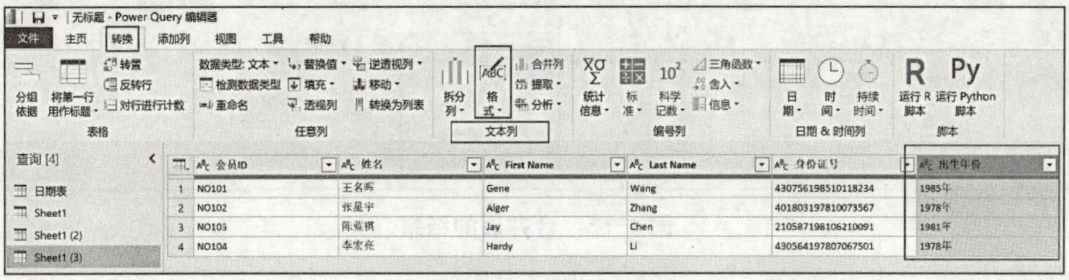

图 4-53 添加后缀"年"

3）数据的合并

数据的合并就是把多列数据合并到一列中，操作较简单。在 Power Query 编辑器中，"转换"菜单与"添加列"菜单都可以进行数据的合并操作，需要注意的就是：选择"转换"菜单合并列，原数据列被删除；选择"添加列"菜单合并列，原数据列被保留。

数据的合并

下面仍以某商场会员信息为例，将其中的英文姓名合并为一列，并把原数据列删除。

案例数据\项目四\12-数据整理

【任务实施】

【步骤一】 在获取 Excel 文件后，通过"转换数据"选项进入 Power Query 编辑器，先选中"First Name"列，再按＜Ctrl＞键选中"Last Name"列，即可同时选中这两列。执行"转换"—"文本列"—"合并列"命令，并将分隔符设为"空格"，输入新的列名为"Name"，如图 4-54 所示。

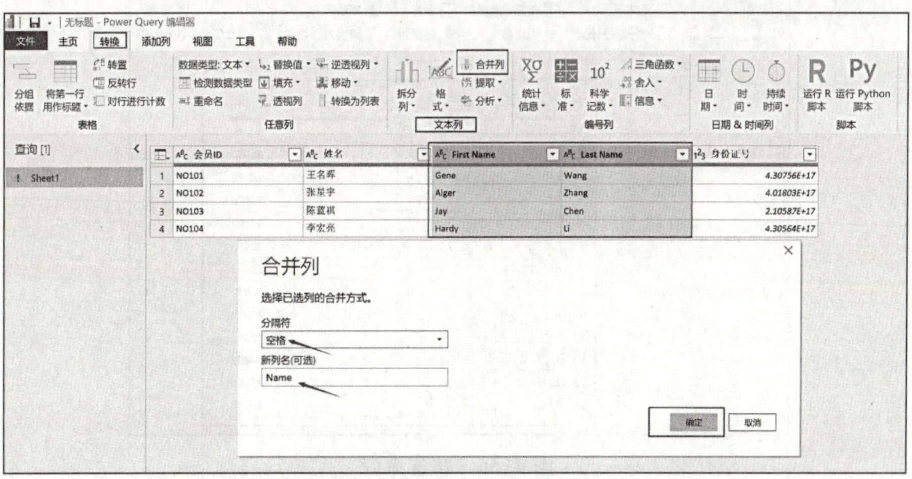

图 4-54 合并列的属性设置

【步骤二】 点击"确认"按钮后，即可将英文姓名两列进行合并，结果如图 4-55 所示。

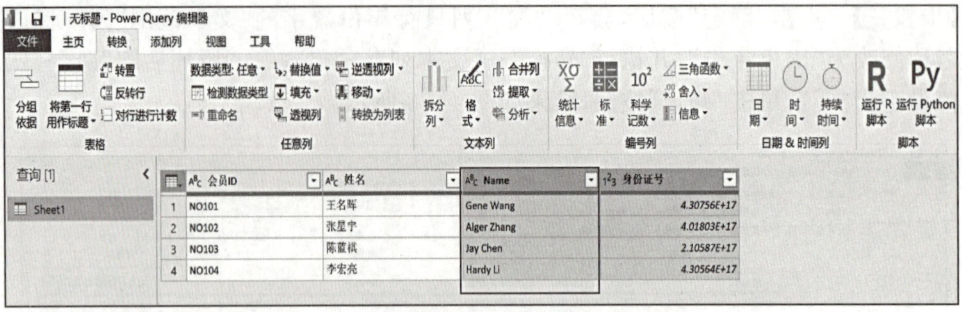

图 4-55　合并后的结果

子任务六　数据的转置与反转

在数据处理过程中,有时需要将行列互相转换,或者反转行操作。即数据的转置与反转,这也是 Power BI 数据整理中较常见的操作。

1）数据的转置

数据转置就是将数据的行列相互转换,通俗地说,就是行变成列,列变成行。下面以某公司每月的产品销售数据为例,介绍如何实现数据的转置操作。

数据的转置

案例数据\项目四\13 -数据整理

【任务实施】

【步骤一】　在获取 Excel 文件后,通过"转换数据"选项进入 Power Query 编辑器,执行"转换"—"表格"—"转置"命令,如图 4-56 所示。

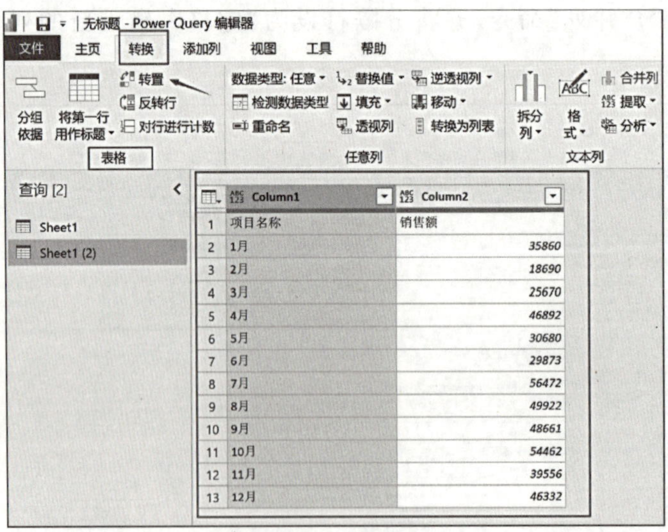

图 4-56　转置命令

【步骤二】　在数据区域可以发现,表第一行不是数据,所以还需要进行提升标题的操作。执行"转换"—"表格"—"将第一行用作标题"命令,并将"项目名称"字段的数据类型转换为文本型，结果如图 4-57 所示。

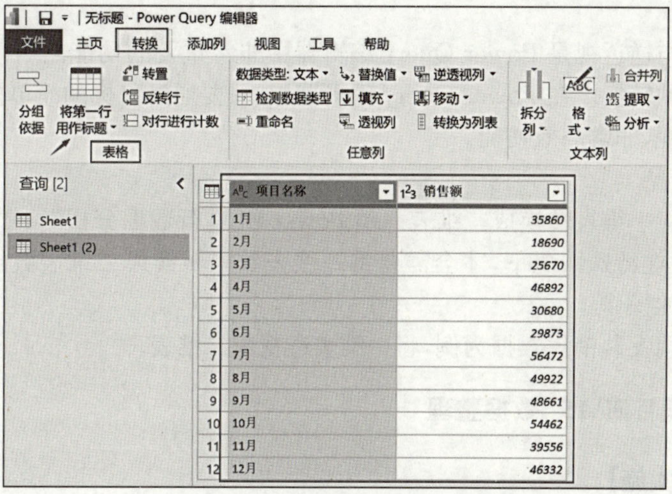

图 4-57 将第一行用作标题

2）数据的反转

反转行，就是把行进行顺序的颠倒，将最后一行变成第一行，倒数第二行变成第二行，以此类推。

下面仍以上述公司每月的产品销售数据为例，介绍数据的反转行操作。

数据的反转

案例数据\项目四\14-数据整理

【任务实施】

【步骤一】 在获取 Excel 文件后，通过"转换数据"选项进入 Power Query 编辑器，首先需要将"项目"字段类型转换为文本型。

【步骤二】 执行"转换"—"表格"—"反转行"命令，结果如图 4-58 所示。

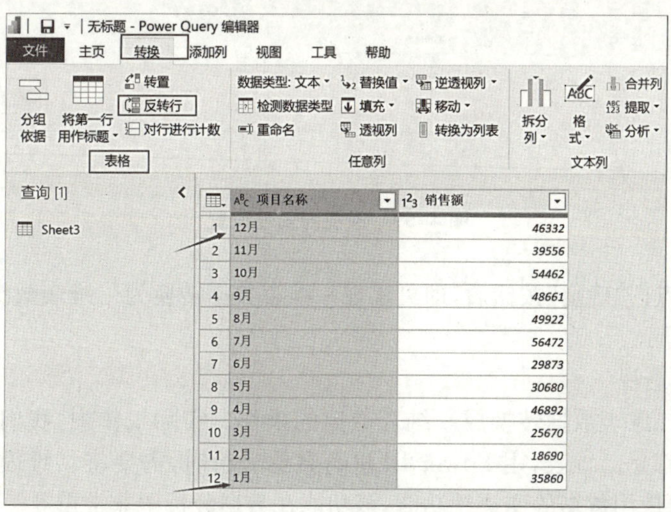

图 4-58 反转行结果

子任务七　数据的透视与逆透视

数据的透视与逆透视是 Power Query 编辑器中非常重要的功能之一，实质上就是二维表与一维表之间的转换。在 Power Query 编辑器中，只要通过鼠标的简单操作，就可以实现一键透视和逆透视，非常高效便捷。

1）数据的透视

透视列可以将一维表转换成二维表。用 Power BI 进行数据分析时，常需要一维表数据，通常在特殊情况下，才会需要将一维表数据转换成二维表数据，这时将用到透视列的操作。

数据的透视

下面以某公司女装销售数据为例，将一维表透视成二维表。

案例数据\项目四\15-数据整理

【任务实施】

【步骤一】　在获取 Excel 文件后，通过“转换数据”选项进入 Power Query 编辑器，将“月份”字段类型转换为文本型，然后执行“转换”—“任意列”—“透视列”命令，在弹出的“透视列”窗口中，将值列选择为“销售额”，如图 4-59 所示。

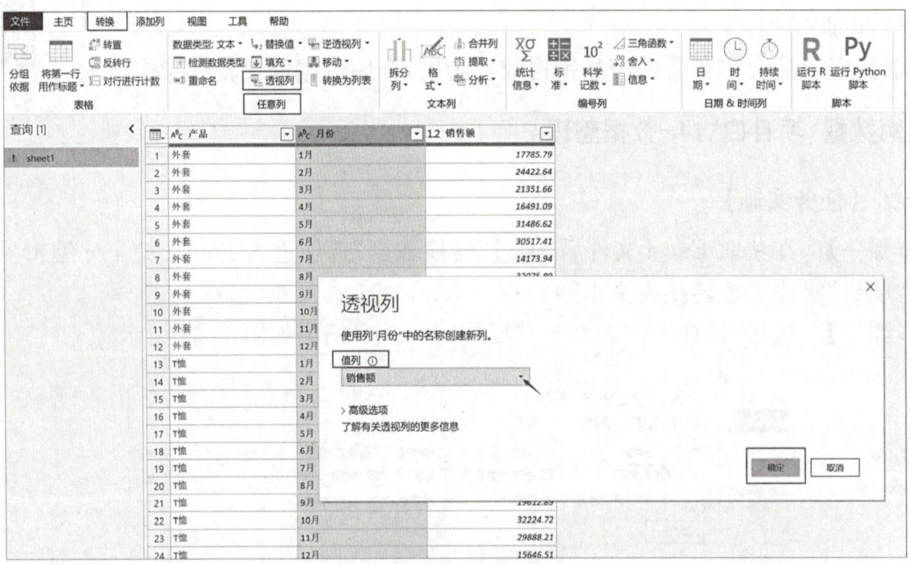

图 4-59　透视列属性设置

【步骤二】　点击“确定”按钮后，即可实现一维表数据转换为二维表数据的透视列操作，结果如图 4-60 所示。

2）数据的逆透视

逆透视是将二维表数据转换成一维表数据的操作。实际工作中，我们通常拿到的报表往往都是二维表，用 Power BI 进行数据分析时，需要将二维表转换成一维表，此时可使用数据的逆透视功能，该功能在数据分析中非常重要。

数据的逆透视

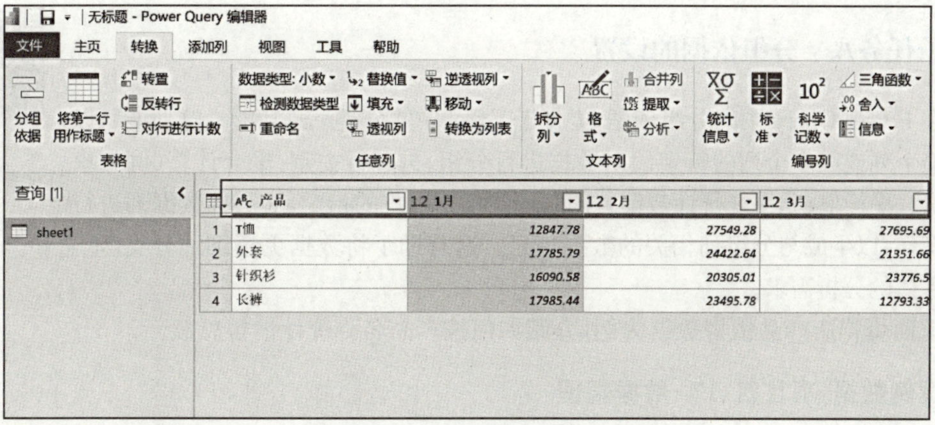

图 4-60　数据透视的结果

下面仍以上述某公司女装销售数据为例，介绍如何将二维表转换成一维表的操作。

案例数据\项目四\16-数据整理

【任务实施】

【步骤一】　在获取 Excel 文件后，通过"转换数据"选项进入 Power Query 编辑器，执行"转换"—"表格"—"将第一行用作标题"命令，即将第一行行提升为标题。

【步骤二】　按住<Ctrl>键，同时选中"1～12 月"列，执行"转换"—"任意列"—"逆透视列"命令，如图 4-61 所示。再将"属性"字段名称改为"月份"，将"值"字段名称改为"销售额"。

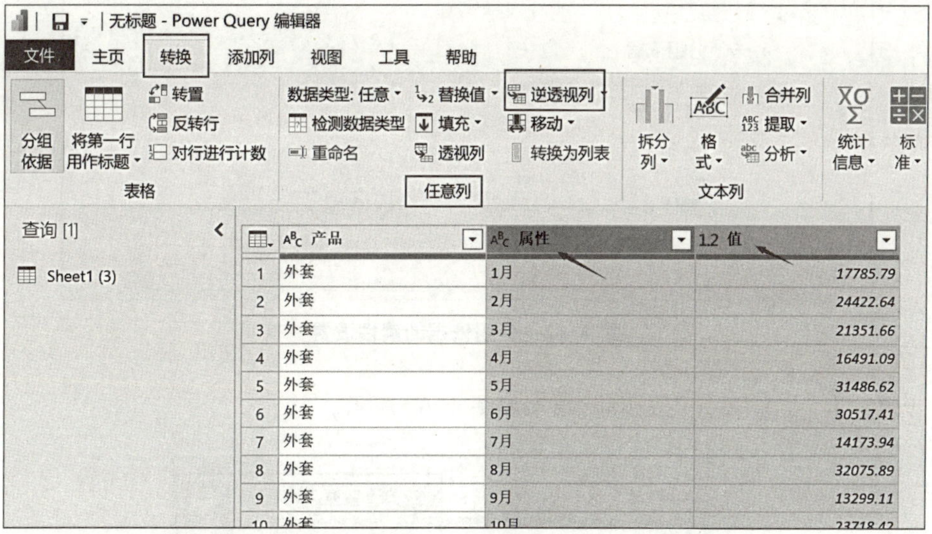

图 4-61　"逆透视列"操作

还可以，选中"产品"列，执行"转换"—"任意列"—"逆透视列"—"逆透视其他列"命令，将"属性"字段名称改为"月份"，将"值"字段名称改为"销售额"。

子任务八　分组依据的设置

分组依据的设置

在 Power Query 中的分组依据，类似于 Excel 中的分类汇总功能。这功能可以按照某个列或某多个列的特定值对数据进行分组，再进行去重、聚合计算(例如求和、计数、平均值、非重复行计数等)，同时还能根据用户的指定，对其他数据列进行聚合操作，以生成与分组列相关的数据信息。这有助于将数据更精细地分类、汇总和分析，以满足具体的分析需求。

下面蛋糕店产品销售数据为例，介绍如何按产品名称统计销售总额。

案例数据\项目四\17-数据整理

【任务实施】

【步骤一】　在获取 Excel 文件后，通过“转换数据”选项进入 Power Query 编辑器，将“月份”字段类型转换为文本型，再执行“转换”—“表格”—“分组依据”命令，在弹出的“分组依据”窗口，选中“基本”和“产品名称”，在“新列名”空白栏输入“销售总额”，“操作”选择“求和”，“柱”选择“销售额”，如图 4-62 所示。

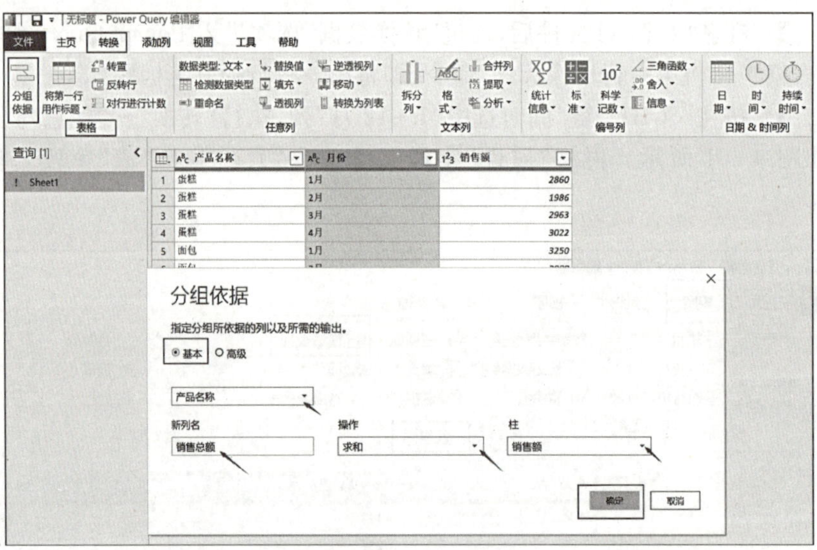

图 4-62　分组依据的属性设置

【步骤二】　点击“确定”按钮后，结果如图 4-63 所示。

	产品名称	销售总额
1	蛋糕	10831
2	面包	14008
3	牛奶	9118
4	果汁	5813

图 4-63　分组依据后的结果

子任务九 列的添加

在数据分析过程中，有时还需要在原数据的基础上添加一些辅助列，以便后续进行数据建模使用。Power Query 编辑器中有丰富的添加列功能，可以添加重复列、索引列等形式，具体如表 4-5 所示。

表 4-5 具体的添加列操作

形式	含 义
示例中的列	使用示例在此表中创建新列（Ctrl+E）
自定义列	基于自定义公式在此表中创建新列
条件列	创建一个按条件添加当前所选列中的值的新列
索引列	创建一个新列，其中索引从 0 开始
重复列	创建一个新列，复制当前所选列中的值

1）自定义列

自定义列是通过定义公式创建新列，如根据价格和数量两列，通过自定义列公式，即利用公式：“销售额＝价格 * 数量”，创建“销售额”这一新列。在 Power Query 编辑器中创建自定义列时，Power BI Desktop 会将其作为应用的步骤添加到查询的查询设置中，可以随时更改、移动或修改。

自定义列

下面以某超市销售数据为例，介绍如何添加销售额这一新列。

案例数据\项目四\18-数据整理

【任务实施】

【步骤一】 在获取 Excel 文件后，通过“转换数据”选项进入 Power Query 编辑器，执行“添加列”—“自定义列”命令，在弹出的“自定义列”窗口，“新列名”输入“销售额”，在自定义公式下，直接双击右侧“可用列”栏下的字段名，再输入“ * ”符号（乘法运算符），当左下方提示“未检测到语法错误。”时，则表示公式正确，如图 4-64 所示。

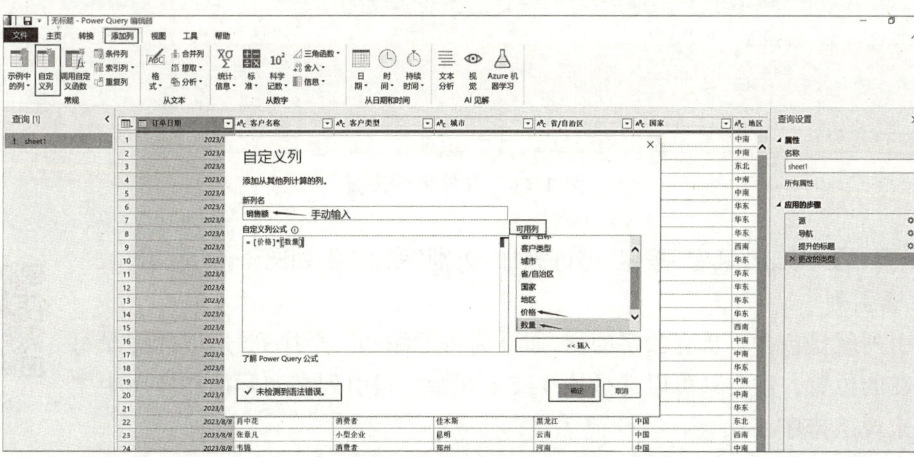

图 4-64 自定义列公式设置

【步骤二】 单击“确定”后，即可得到新列“销售额”列，结果如图 4-65 所示。

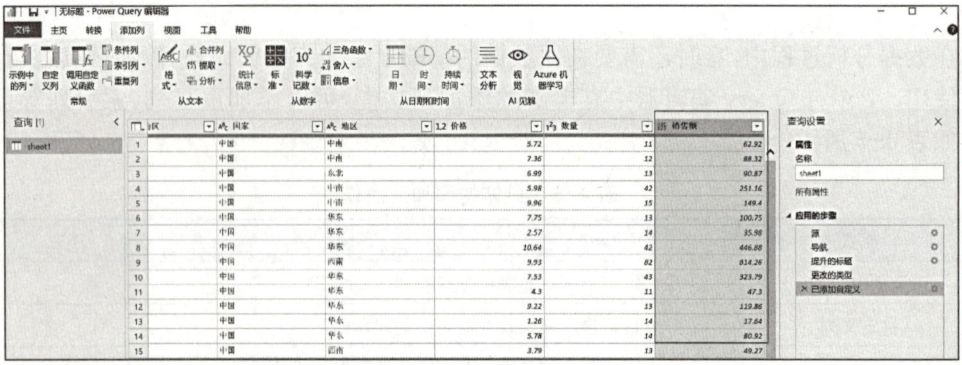

图 4-65　自定义列后的结果

2）条件列

条件列

条件列是按照某条件来创建新列，类似于 Excel 中的 IF 函数。下面仍以上述已添加“销售额”列的数据为例，介绍如何进行条件列的添加。

【任务实施】

【步骤一】 沿用上述案例的结果，执行“添加列”—“条件列”命令，在弹出的“添加条件列”窗口，在新列名下方空白栏输入“级别”，IF 栏依次设定 “销售额”“大于或等于”“200”“达标”，ELSE 栏输入“不达标”，如图 4-66 所示。

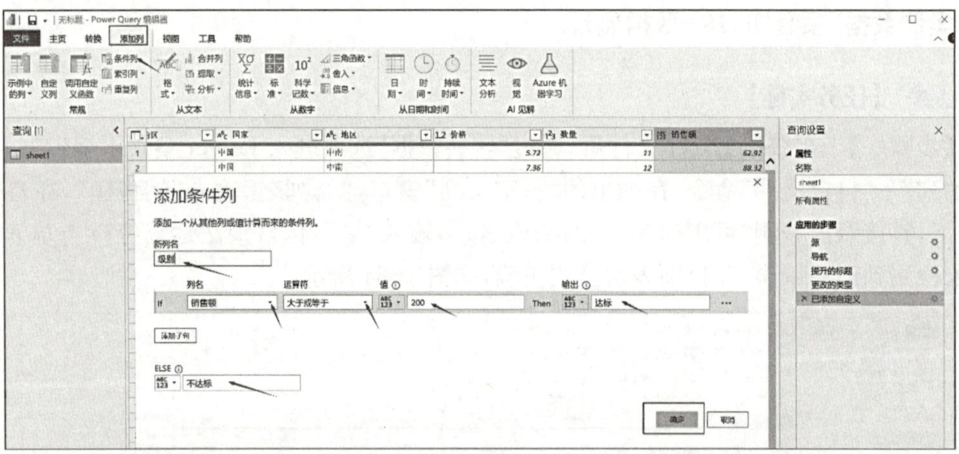

图 4-66　条件列的设置

【步骤二】 点击“确定”按钮，即可添加“级别”列，结果如图 4-67 所示。

3）索引列

索引列

索引列就是包含不重复数字的列，通过为每行添加一个序列号，以此记录每一行所在的位置。索引列可以选择从 0 或 1 开始。索引列在实际操作应用中主要是用来规范排序。

下面以某门店的日期表数据为例，对表中的“月份”字段创建索引列，并将索引序号作为

	地区	价格	数量	销售额	级别
1	中南	5.72	11	62.92	不达标
2	中南	7.36	12	88.32	不达标
3	东北	6.99	13	90.87	不达标
4	中南	5.98	42	251.16	达标
5	中南	9.96	15	149.4	不达标
6	华东	7.75	13	100.75	不达标
7	华东	2.57	14	35.98	不达标
8	华东	10.64	42	446.88	达标
9	西南	9.93	82	814.26	达标
10	华东	7.53	43	323.79	达标
11	华东	4.3	11	47.3	不达标
12	华东	9.22	13	119.86	不达标
13	华东	1.26	14	17.64	不达标
14	华东	5.78	14	80.92	不达标
15	西南	3.79	13	49.27	不达标
16	中南	6.5	13	84.5	不达标

图 4-67　添加条件列的结果

对“月份”字段排序的依据。Power Query 编辑器中，月份的默认排序依据是：10 月、11 月、12 月、1 月、2 月、3 月、4 月……，创建索引列后，可将其按照正常月份从小到大有序排列。

案例数据\项目四\19-数据整理

【任务实施】

【步骤一】　在获取 Excel 文件后，通过“转换数据”选项进入 Power Query 编辑器，将“月份”字段转换为文本型，如图 4-68 所示。

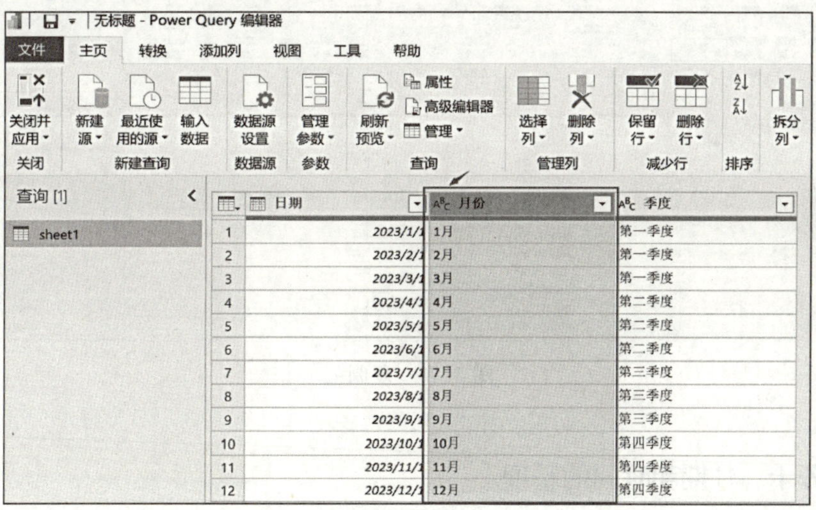

图 4-68　更换“月份”字段类型

【步骤二】　执行“添加列”—“常规”—“索引列”—“从 1”命令，将新创建的“索引”列字段名称更改为“月排序依据”，结果如图 4-69 所示。在后续的 Power BI 数据分析与可视化图表制作过程中，如需对月份进行排序，则可选择“月排序依据”。

4）复制列

在实际工作中，有时候为了数据分析的需要，可以复制现有的列，并对复制后的列进行一些操作，要注意的是，当原数据列中的数据发生变化时，重复列也会发生相应的变化。

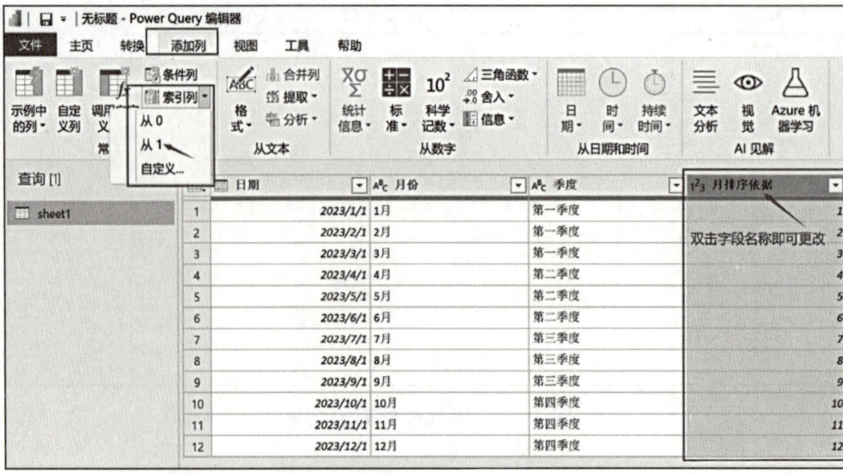

图 4-69　索引列设置

下面仍用上述已设置索引列的数据，复制包含日期的列并让该列只显示年份或者月份。选中日期列，执行“添加列”—“重复列”命令，即可复制该列，并保留原数据列。复制后的列位于数据区域的最右侧，其字段名称为“日期-复制”，如图 4-70 所示，双击字段名称即可进行更改。

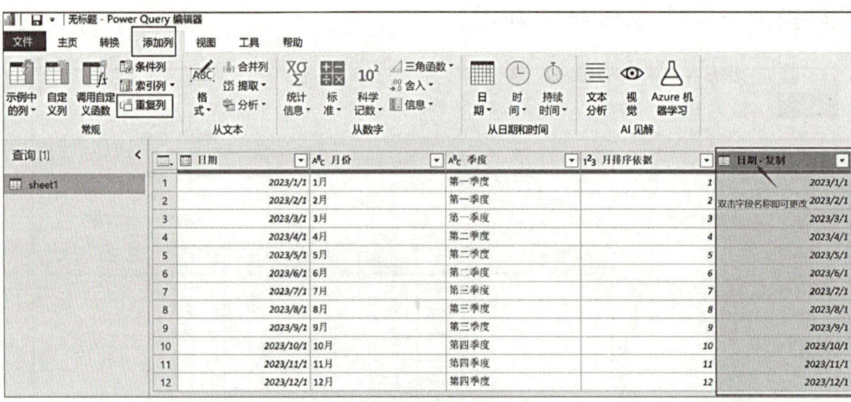

图 4-70　复制列

子任务十　日期和时间的整理

在进行数据分析时，通常需要对日期和时间这样的维度表中的数据进行整理。具体的日期和时间整理操作如表 4-6 所示。

日期和时间的整理

表 4-6　具体的日期和时间整理操作

操作名称	操作含义
年限	新建列，其中包含当前本地时间和选定列的值之间的持续时间
日期	新建一列以包含所选列中每个日期/时间值的日期部分

（续表）

操作名称	操作含义
分析	创建包含从所选列中的文本分析的日期值的新列
年	年：新建一列以包含所选列中每个日期/时间值相应的年 年份开始值：新建一列以包含所选列中每个日期/时间值相应的年份开始值 年份结束值：新建一列以包含所选列中每个日期/时间值相应的年份结束值
月份	月：新建一列以包含所选列中每个日期/时间值相应的月份 月份开始值：新建一列以包含所选列中每个日期/时间值相应的月份开始值 月份结束值：新建一列以包含所选列中每个日期/时间值相应的月份结束值 一个月的某些日：新建一列以包含所选列中每个日期/时间值相应的每月的某一日 月份名称：新建一列，其中包含与选定列中每个日期/时间值对应的月份名称
季度	一年的某一季度：新建一列以包含所选列中每个日期/时间值相应的季度 季度开始值：新建一列以包含所选列中每个日期/时间值相应的季度开始值 季度结束值：新建一列以包含所选列中每个日期/时间值相应的季度结束值
周	一年的某一周：新建一列以包含所选列中每个日期/时间值相应的每年的某一周 一个月的某一周：新建一列以包含所选列中每个日期/时间值相应的每月的某一周 星期开始值：新建一列以包含所选列中每个日期/时间值相应的皇期开始值 星期结束值：新建一列以包含所选列中每个日期/时间值相应的星期结束值
天	天：新建一列以包含所选列中每个日期/时间值相应的日 每周的某一日：新建一列以包含所选列中每个日期/时间值相应的每周的某一日 一年的某一日：新建一列以包含所选列中每个日期/时间值相应的每年的某一日 一天开始值：新建一列以包含所选列中每个日期/时间值相应的一天开始值 一天结束值：新建一列以包含所列中每个日期/时间值相应的一天结束值 星期几：新建一列，其中包含与选定列中每个日期/时间值对应的星期几
最早、最新	多列日期中保留最早、最晚的一天

时间、持续时间的整理转换思路与日期类似，此处不再赘述。

下面以日期表数据为例，提取"日期"字段中的年、月、季度和星期等数据信息，并添加到新建列中。

案例数据\项目四\20-数据整理

【任务实施】

【步骤一】 在获取 Excel 文件后，通过"转换数据"选项进入 Power Query 编辑器，选中"日期"列，执行"添加列"—"从日期和时间"—"日期"—"年"命令，即可得到年份的数据，如图 4-71 所示。

【步骤二】 选中"日期"列，执行"添加列"—"从日期和时间"—"日期"—"月"命令，即可得到月份的数据，如图 4-72 所示。

【步骤三】 选中"日期"列，执行"添加列"—"从日期和时间"—"日期"—"季度"—"一年的某一季度"命令，即可得到季度的数据，如图 4-73 所示。

【步骤四】 选中"日期"列，执行"添加列"—"从日期和时间"—"日期"—"天"—"星期几"命令，即可得到星期的数据，如图 4-74 所示。

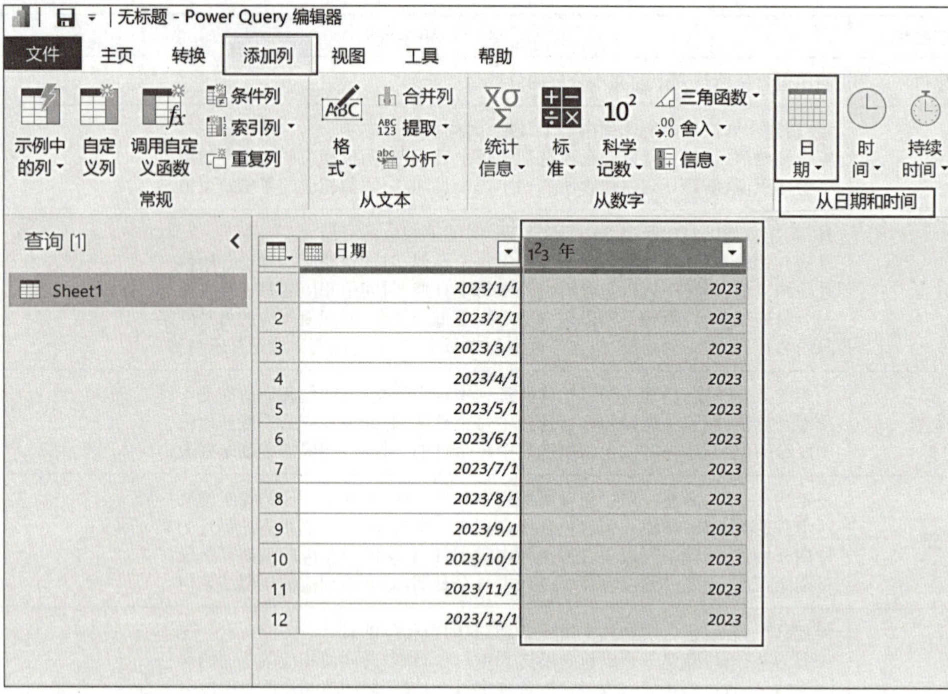

图 4-71　添加列“年”

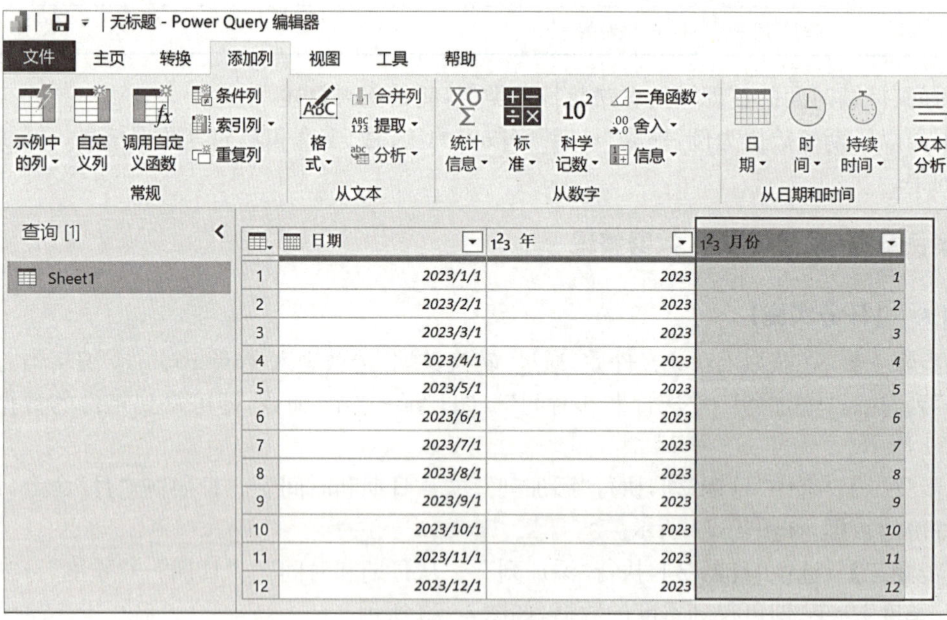

图 4-72　添加列“月”

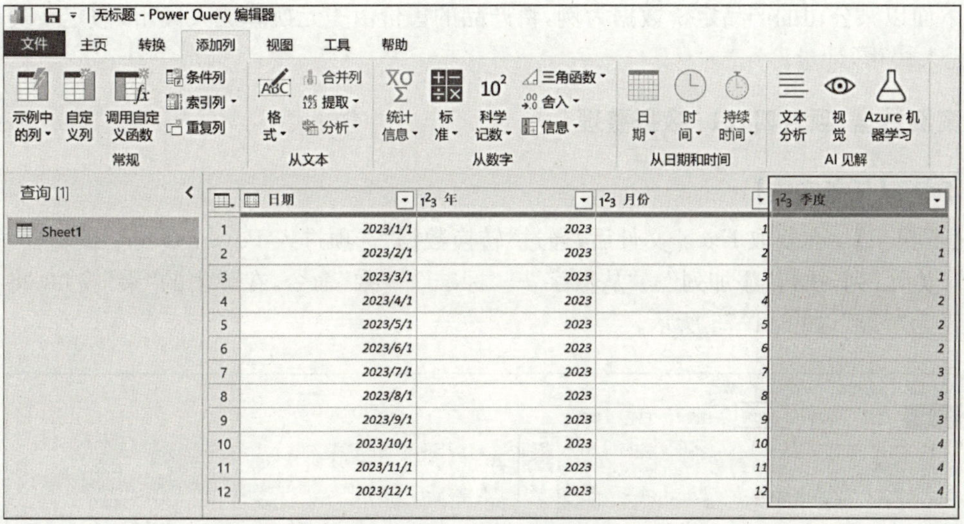

图 4-73　添加列“季度”

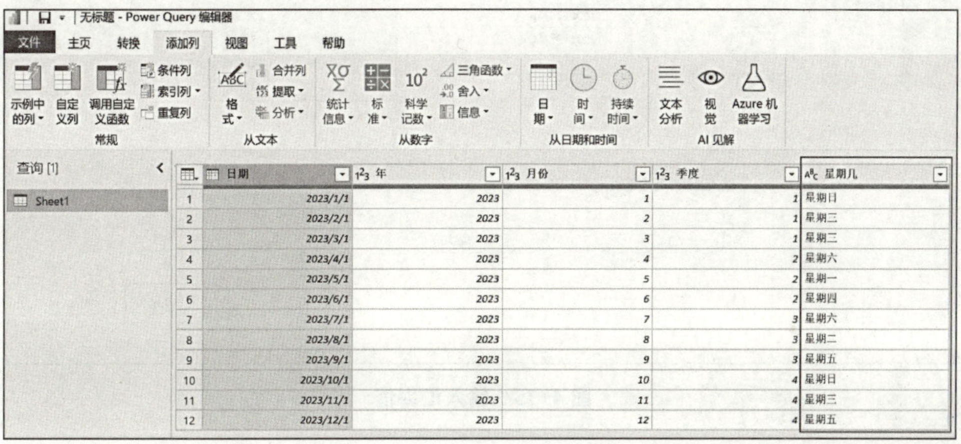

图 4-74　添加列“星期”

子任务十一　数据的基本数学运算

Power Query 编辑器中，数据的基本数学运算主要有：标准运算、科学运算、三角函数、舍入和信息操作，基本数学运算的具体操作含义如表 4-7 所示。

数据的基本数学运算

表 4-7　基本数学运算的具体操作

操作名称	操作含义
标准运算	加、减、乘、除等
科学运算	绝对值、平方根、幂、对数等
三角函数	正弦、余弦、正切等
舍入	向上舍入、向下舍入、四舍五入
信息	奇数、偶数、符号

下面以某公司的产品定价数据为例，将产品的售价由美元换算成人民币(假定 1 美元＝7.3 元人民币)计量。

案例数据\项目四\21-数据整理

【任务实施】

【步骤一】 在获取 Excel 文件后，通过“转换数据”选项进入 Power Query 编辑器，选中“售价-美元”列，执行“添加列”—“从数字”—“标准”—“乘”命令，在弹出的“乘”窗口，将乘数的值设为“7.3”，如图 4-75 所示。

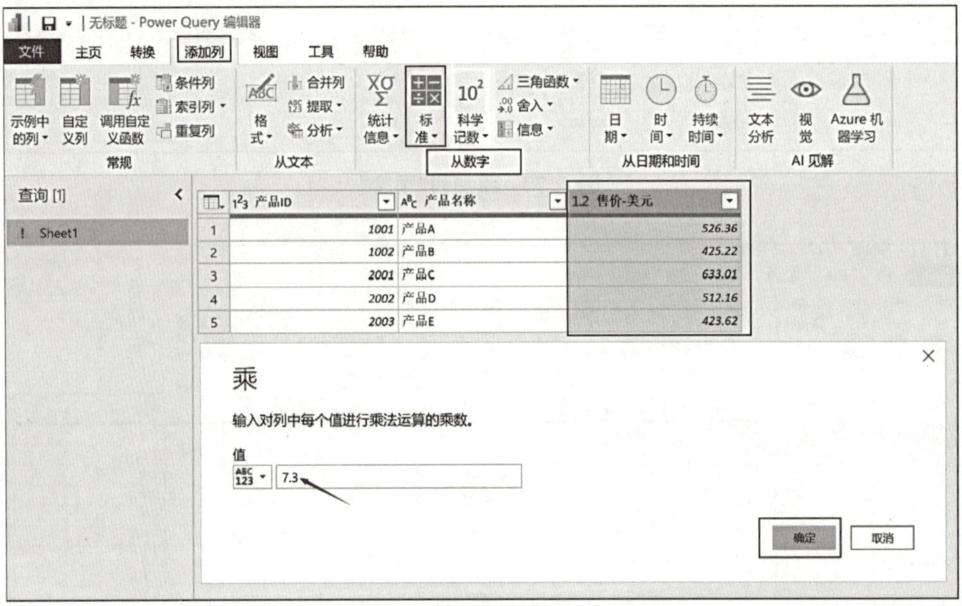

图 4-75 输入汇率值

【步骤二】 点击“确定”按钮，可以得到以“乘法”为字段名称的新建列，将该字段名称更改为“售价-人民币”，如图 4-76 所示。

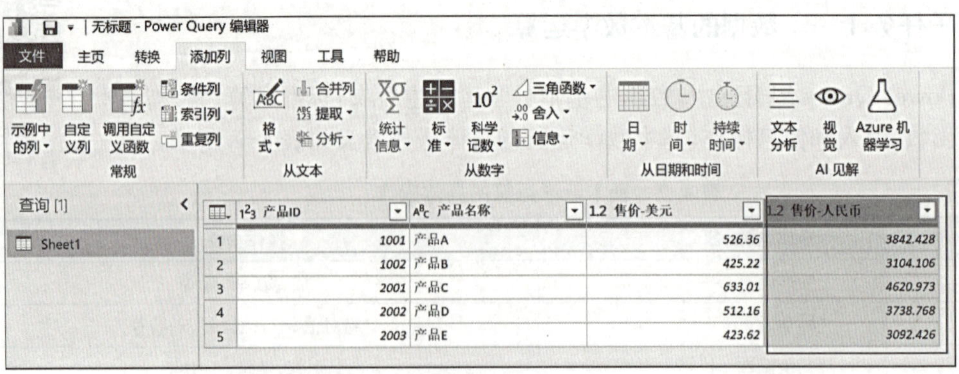

图 4-76 更换新建列字段名称

【步骤三】 选中“售价-人民币”列，执行“转换”—“从数字”—“舍入”—“舍入”命令，在弹出的“舍入”窗口，将舍入的小数位数设为“1”，如图 4-77 所示。

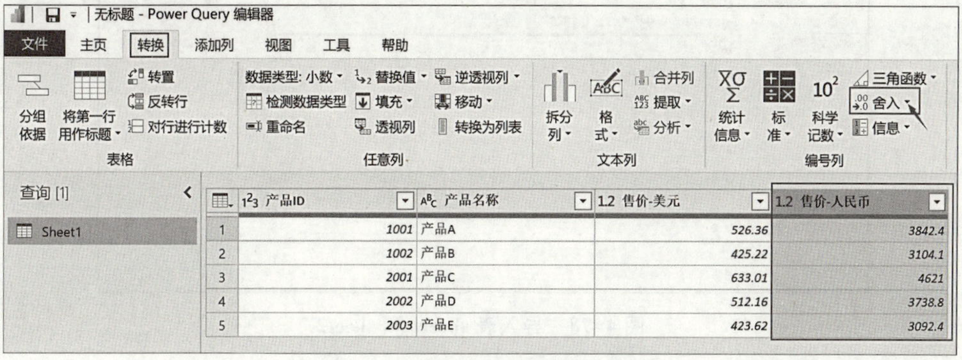

图 4-77 美元兑换人民币后的售价

子任务十二 数据的组合

追加查询

数据的组合主要指的是追加查询和合并查询两种。

1）追加查询

追加查询是两张表以上下方式进行的整合，即表与表之间的纵向组合。通常，追加查询是把字段一样的数据追加到另一张表中，并且相同字段的数据追加到同一个字段下面。如果两张表中存在不同的字段，那么不同字段的数据单列。

进行追加查询时需要注意以下事项。

（1）数据结构一致性：确保要追加的数据源与目标数据源具有相同的数据结构，包括相同的列名、列数以及数据类型。数据结构的一致性对于成功的追加查询非常重要。

（2）列的顺序：验证要追加的数据源中列的顺序与目标数据源中的列顺序是否一致。

（3）数据类型匹配：确保要追加的数据源中的数据类型与目标数据源中的数据类型匹配。

下面以两家物流商发货明细表数据为例，将 sheet1 与 sheet2 两张表进行追加合并查询的操作。“sheet1”包含“省份”“城市”“体积”“重量”4 个字段；“sheet2”包含“省份”“城市”“体积”“重量”“金额”5 个字段。

案例数据\项目四\22-数据整理

【任务实施】

【步骤一】 在获取 Excel 文件后，通过“转换数据”选项进入 Power Query 编辑器，同时选中“sheet1”和“sheet2”，结果如图 4-78 所示。

【步骤二】 执行“主页”—“组合”—“追加查询”—“追加查询”命令，在弹出的窗口，选择“两张表”选项，要追加的表选择“sheet2”。如图 4-79 所示。

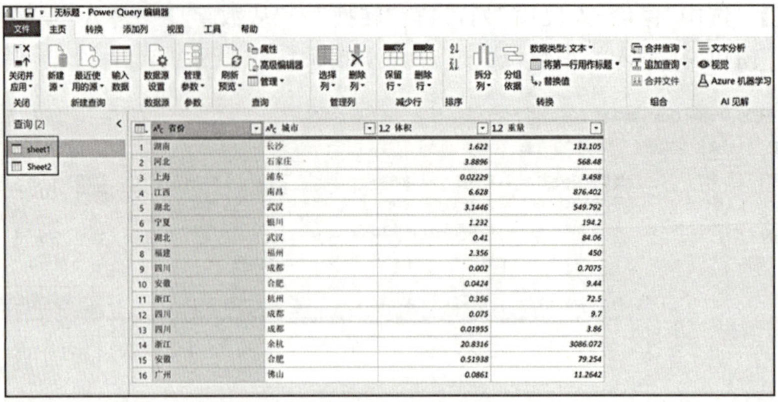

图 4-78　导入表 sheet1 和 sheet2

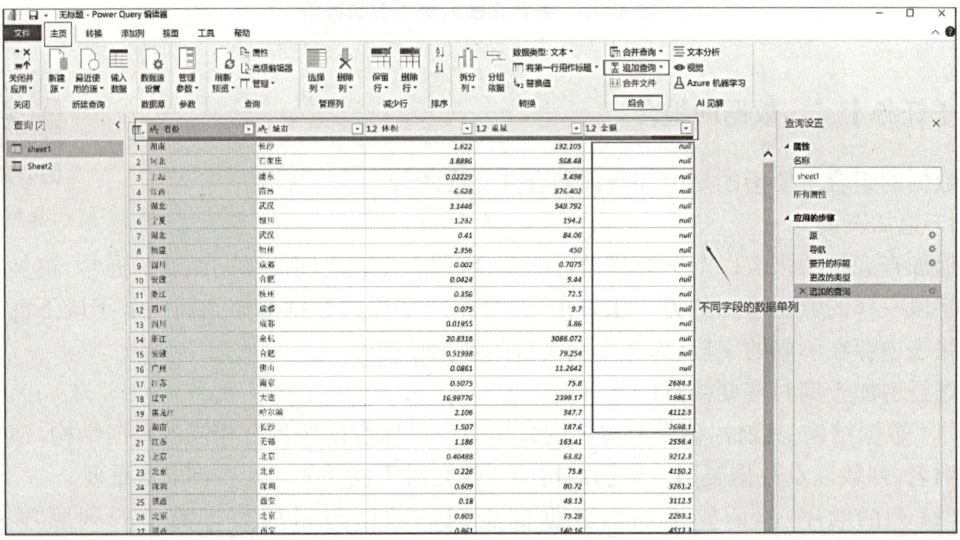

图 4-79　被追加后的表“sheet1”

2）合并查询

合并查询是指表与表之间的横向组合，可以跟需要将多张表中的数据加载到同一张表中进行分析。合并查询中，表的连接关系有左外部、右外部、完全外部、内部、左反、右反 6 种，如图 4-80 所示。

合并查询

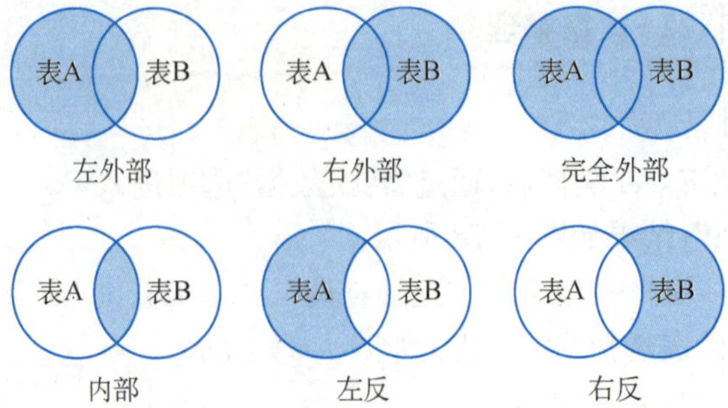

图 4-80　合并查询的 6 种连接关系

下面以某公司会议邀请信息和参会信息数据为例，将邀请表(Sheet1)和参会表(Sheet2)做合并查询(左外部联接)。邀请表包含“姓名”和“邀请时间”2 个字段，邀请人分别是 A、B、C、D、E；参会表包含“参会人”和“参会时间”2 个字段，参会人分别是 D、E、F、G。两张表以不同的联接方式合并后的结果及其表达的含义如表 4-8 所示。

表 4-8 不同联接方式合并后的结果及其含义

联接方式	结果	具体含义
左外部	A B C D E	表 1 所有行，表 2 匹配行
右外部	D E F G	表 2 所有行，表 1 匹配行
完全外部	A B C D E F G	表 1 和表 2 中所有行
内部	D E	表 1 和表 2 中匹配行
左反	A B C	表 1 中去掉表 2 的匹配行
右反	F G	表 2 中去掉表 1 的匹配行

案例数据\项目四\23-数据整理

【任务实施】

【步骤一】 在获取 Excel 文件后，通过“转换数据”选项进入 Power Query 编辑器，同时选中“参会表”和“邀请表”选项，在数据区域显示结果如图 4-81 所示。

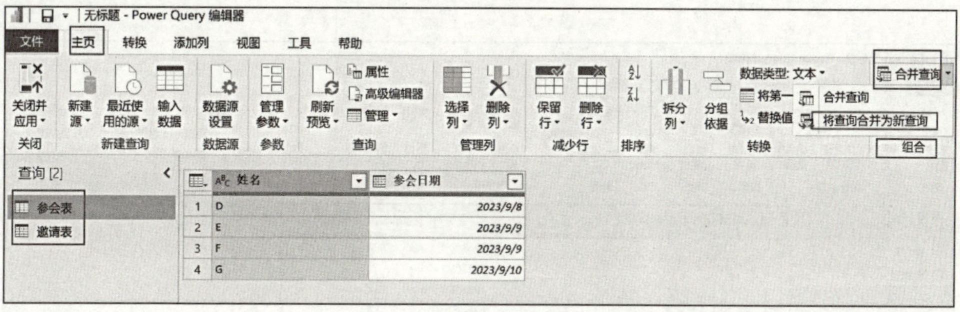

图 4-81 导入案例数据

【步骤二】 执行“主页”—“组合”—“合并查询”—“将查询合并为新查询”命令，在弹出的“合并”窗口，选择要合并的“参会表”和“邀请表”，双击两张表的“姓名”字段，并选择联接种类为“左外部”，如图 4-82 所示。

【步骤三】 点击“确定”按钮，即可生成新的合并表“合并 1”，如图 4-83 所示。

【步骤四】 点击“邀请表”字段右侧的“ ”按钮，在弹出的窗口中，选择“邀请日期”字段，如图 4-84 所示。

【步骤五】 点击“确定”按钮，展开字段后的合并表如图 4-85 所示。

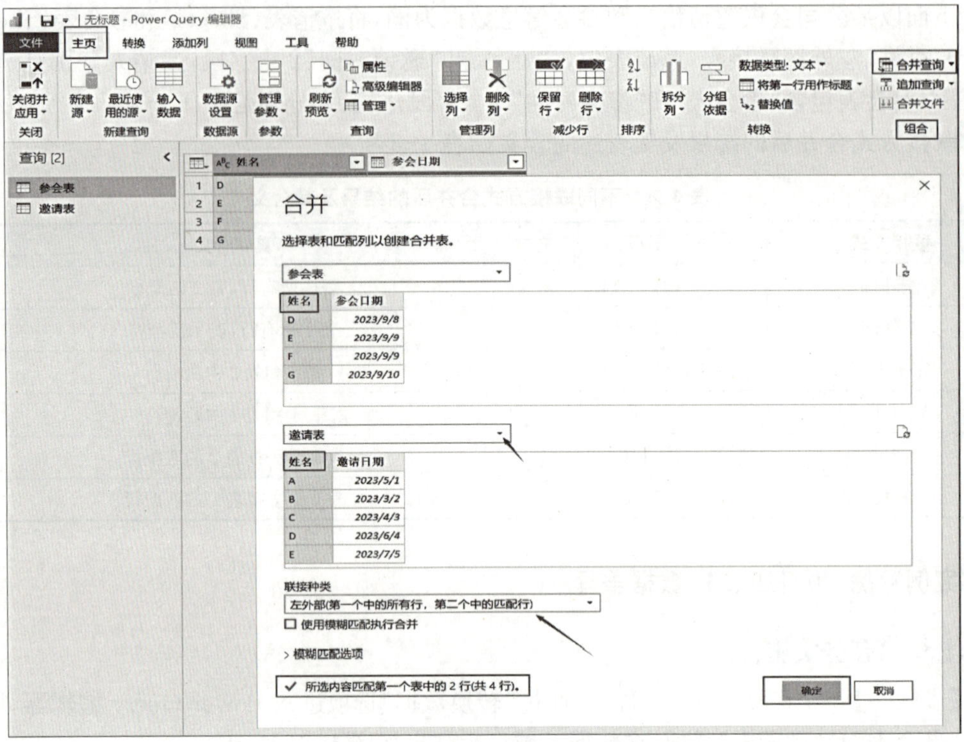

图 4-82 合并查询属性的设置

图 4-83 生成新的合并表“合并 1”

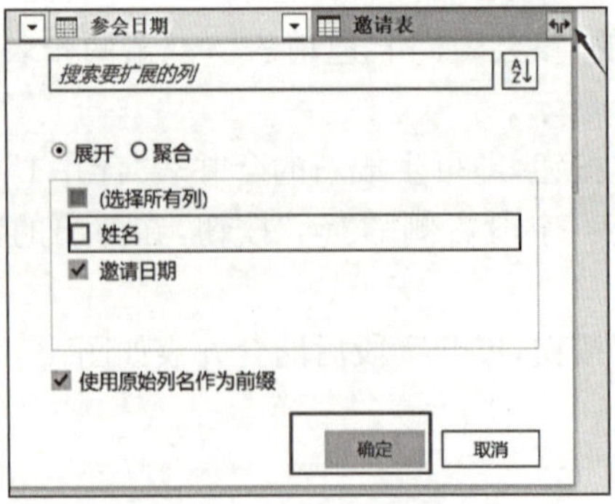

图 4-84 选择“邀请日期”

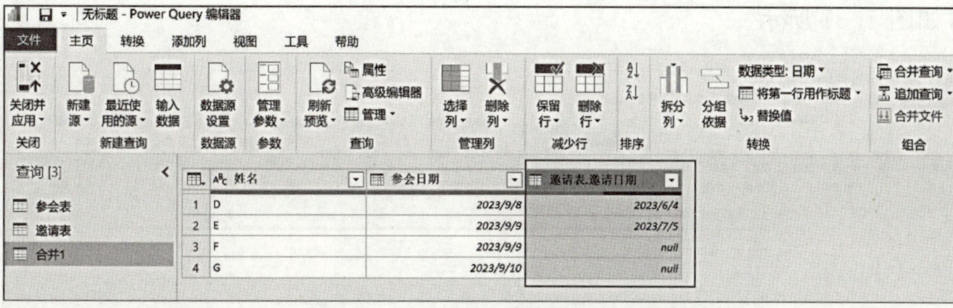

图 4-85 展开字段后的合并表

任务四 综合案例：清洗学生成绩表

图 4-86 是一份学生成绩表，需要转换成适合 Power BI 分析的数据表，并添加一列展示成绩级别：即 60 分以下为“不及格”，60～70 分(不含)为“及格”，70～80 分(不含)为“中等”，80～90 分(不含)为“良好”，90～100 分(含)为“优秀”。

	A	B	C	D	E
1	学生姓名	班级	语文	数学	英语
2	张宏	2201班	60	63	67
3	王利明	2201班	95	60	92
4	李鸣娜	2201班	61	94	63
5	张武艺	2201班	95	88	58
6	许淑华	2201班	75	93	63
7	向善昌	2201班	73	98	86
8	李红	2201班	91	58	66
9	王娜	2201班	75	93	95
10	刘莉	2201班	92	88	77
11	刘琳琳	2201班	86	91	58
12	谌鄂丰	2201班	94	66	73
13	林小福	2201班	64	72	71
14	王尔瓦	2201班	75	82	84
15	刘安青	2201班	67	82	72
16	张二钠	2201班	70	72	64
17	李尔法	2201班	80	90	68
18	袁晓超	2201班	79	55	91

图 4-86 学生成绩表

通过观察，可以看出图 4-86 为二维表，需要将其转换成一维表，才能适合 Power BI 进行数据分析。二维表转换成一维表需要用到逆透视的功能，成绩级别的展示则可以添加条件列来实现。具体操作步骤如下。

案例数据\项目四\24-数据整理

清洗学生成绩表

【任务实施】

【步骤一】 在获取 Excel 文件后，通过“转换数据”选项进入 Power Query

编辑器,如图 4-87 所示。

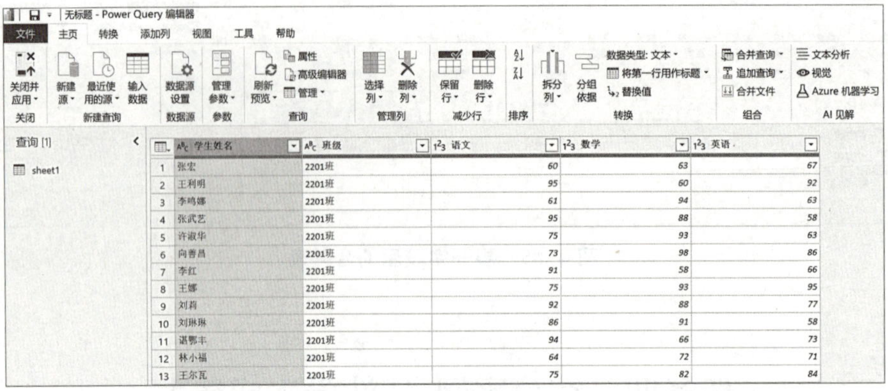

图 4-87　导入数据

【步骤二】 同时选中"学生姓名"和"班级"字段,执行"转换"—"逆透视"—"逆透视其他列"命令,如图 4-88 所示。

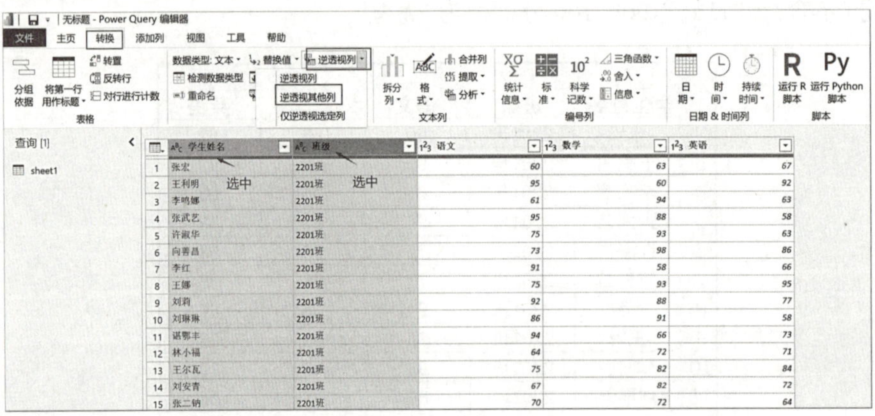

图 4-88　"逆透视"命令

【步骤三】 双击"属性""值"字段,分别重命名为"课程名称"和"分数",如图 4-89 所示。

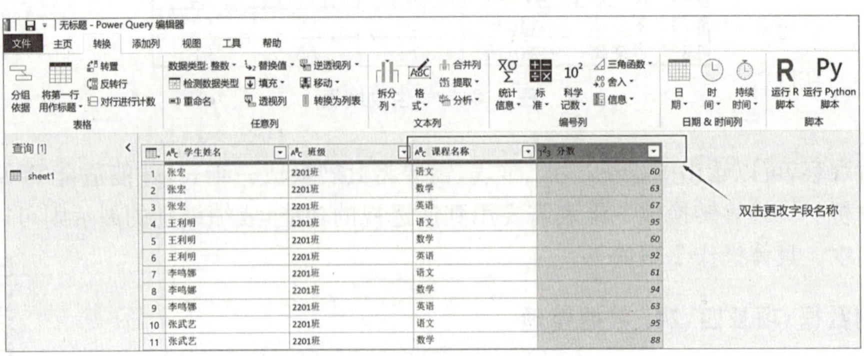

图 4-89　逆透视后的结果

【步骤四】 点击“添加列”选项下的“条件列”，在弹出的“添加条件列”窗口中，进行条件设置，如图 4-90 所示。

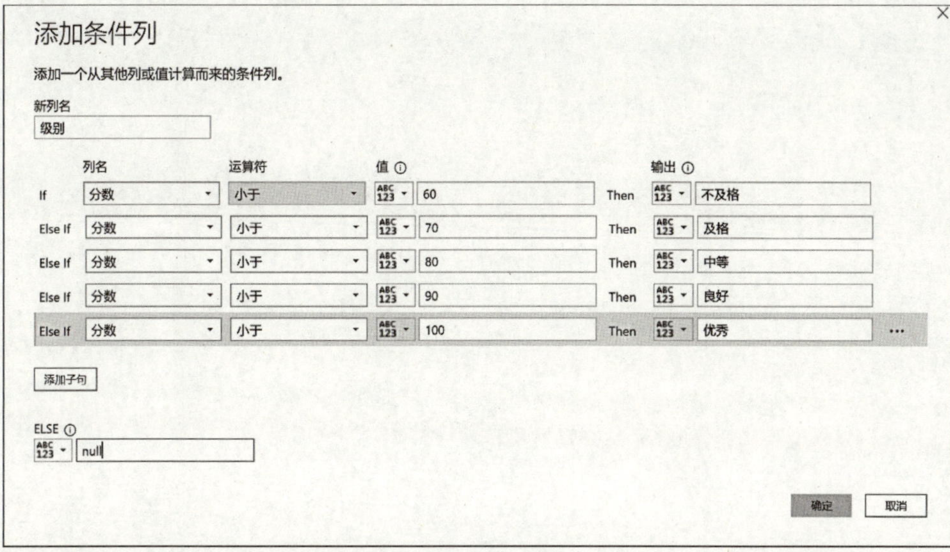

图 4-90 添加条件列

【步骤五】 点击“确定”按钮，最终结果如图 4-91 所示。

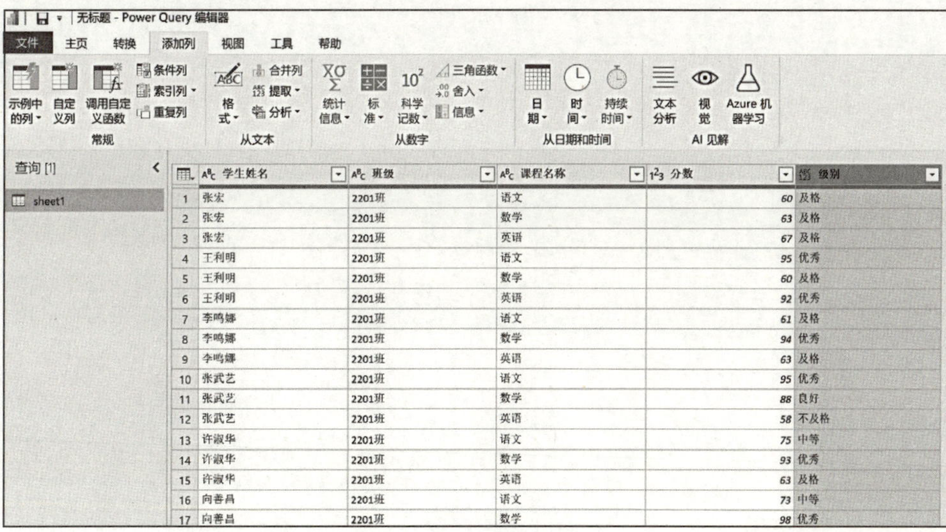

图 4-91 添加条件列的结果

☆ **拓展阅读**

数据中的角色

项目测试

第一部分：职业能力测试

一、单选题

1. 在 Power BI 中，数据获取的方式是（　　）。
   A. 仅限从数据库导入
   B. 仅限从文本文件导入
   C. 从文件、数据库、Web 网页等多种数据源导入
   D. 仅限从 Excel 文件导入
2. 在 Power BI 中，为了清洗和整理数据，通常使用（　　）工具。
   A. Excel　　B. Power Query 编辑器
   C. PowerPoint　　D. Word
3. 数据的行列操作与筛选主要用于（　　）目的。
   A. 数据备份　　B. 数据可视化　　C. 数据处理　　D. 数据安全
4. Power BI 中的数据追加是指（　　）。
   A. 在报表中添加新的字段　　B. 合并不同数据表
   C. 删除重复项　　D. 数据筛选
5. 数据规范性要求是指（　　）。
   A. 数据越多越好　　B. 数据需要符合一定的标准和规范
   C. 数据不需要清洗和整理　　D. 数据类型不重要
6. 在 Power BI 中，（　　）进行数据合并。
   A. 通过分组操作　　B. 通过删除操作　　C. 通过追加操作　　D. 通过替换操作
7. Power Query 编辑器与 M 语言主要用于（　　）目的。
   A. 数据获取　　B. 数据可视化　　C. 数据分析　　D. 数据整理
8. Power Query 编辑器的主要功能是（　　）。
   A. 创建报表　　B. 进行数据清洗和整理
   C. 发布报表　　D. 数据分析
9. 在 Power BI 中，数据的合并和追加操作的区别是（　　）。
   A. 没有区别
   B. 合并是指连接两个表的行，追加是添加一个表的行到另一个表
   C. 合并是将表中的重复项删除，追加是将表中的重复项保留
   D. 合并是将多个字段合并成一个字段，追加是将一个字段分成多个字段
10. 数据的透视与逆透视是 Power Query 中非常重要的功能，可以实现（　　）。
    A. 列变行　　B. 二维表和一维表转换
    C. 行变列　　D. 首行和尾行互换

二、多选题

1. 在 Power BI 中，以下正确的数据获取方法有（　　）。

A. 从 Excel 文件导入数据　　B. 通过 Power Query 编辑器获取数据
C. 通过 M 语言手动输入数据　　D. 从 PDF 文件导入数据

2. Power Query 编辑器的主要功能包括(　　)。
A. 数据清洗和整理　B. 数据可视化　C. 数据分析　D. 数据加载

3. 数据整理(或数据清洗)的过程包括(　　)步骤。
A. 数据加载　B. 数据模型创建　C. 数据筛选　D. 数据变换

4. 在 Power BI 中,以下(　　)操作属于数据的合并操作。
A. 追加　B. 删除　C. 替换　D. 合并列

5. Power Query 编辑器的主要作用有(　　)。
A. 数据获取　B. 数据可视化　C. 数据整理和清洗　D. 数据分析

6. 在 Power BI 中,以下(　　)情况可能需要进行数据整理和清洗。
A. 数据表中包含大量重复项　　B. 数据表中存在不规范的日期格式
C. 数据表的列名包含空格和特殊字符　　D. 数据表中包含的数据类型非常一致

三、判断题

1. 在 Power BI 中,数据整理和清洗是一个可选的步骤,不影响数据分析的准确性。(　　)
2. Power BI 中的 Power Query 编辑器用于数据整理,其中可以使用 M 语言进行高级数据处理。(　　)
3. Power BI 可以从多种数据源获取数据,但无法导入来自 Excel 的数据。(　　)
4. 删除数据表中的重复项是一种数据整理操作,可帮助减少数据量并提高分析效率。(　　)
5. 在 Power BI 中进行数据整理时,所有数据类型都能够进行相同类型的计算和处理。(　　)

四、思考题

1. 从文件获取数据有哪几种方式?
2. 数据的透视和逆透视有什么区别?它们可以实现哪些功能?请举例说明。
3. Power Query 编辑器与 M 语言在数据整理中有什么作用?它们如何协同工作?
4. 数据的拆分、提取和合并具体操作是怎样的?
5. 什么是数据的追加查询?在进行追加查询时需要注意些什么?

五、实训题

1. 请从下列途径获取实训所需数据:
(1) 从网页获取数据。
(2) 从相关网站下载数据(如 Power BI 官网、国家统计局网站、国家数据网站)。
(3) 至少整理出两张数据表,可以满足数据建模的要求。
2. 对获取的数据进行适当的数据整理,以满足后续数据建模与可视化的要求。

第二部分:职业素养测试

☆思考题

1. 在处理大规模数据时,数据整理可能会变得复杂且耗时。在这种情况下,你认为如何平衡数据质量和工作效率?
2. 数据整理和数据分析是否可能影响道德和社会责任?请分享一个案例或思考如何在数据工作中维护道德和社会责任。

项目四评价表

项目五 认识 DAX 语言——Power BI 数据建模

学习目标

知识目标

- 理解数据建模的基本概念，理解维度表、事实表的区别。
- 掌握关系的两种主要模型及创建方法。
- 掌握数据模型中度量值、新建列和计算表的创建方法。
- 掌握常用 DAX 函数。

技能目标

- 能够结合具体案例，通过 Power BI 创建关系模型。
- 能够结合具体案例，通过 Power BI 新建列和各种度量值。

素养目标

- 培养学生在数据建模过程中的逻辑思考能力，确保数据模型的准确性和可靠性。
- 鼓励学生不断优化数据模型，寻找创新的建模方法，提高数据分析的效率和精度。

德技并修

中国自主研发的人工智能大模型首次向公众开放服务

新华社 北京9月3日电 百度的文心一言、抖音的云雀大模型、中科院的紫东太初大模型等8款由中国科技企业或科研机构自主研发的人工智能大模型，8月31日宣布正式面向公众开放服务。

这是中国自主研发的人工智能大模型首次向公众开放服务。业内认为，这意味着中国人工智能大模型将获得更大的数据规模、更广泛的应用空间、更快速的技术迭代机会。

近来，中国人工智能大模型如雨后春笋般涌现，但此前它们一直未面向公众开放。8月15日正式实施的《生成式人工智能服务管理暂行办法》提出，利用生成式人工智能产品向公众提供服务前，应按照《具有舆论属性或社会动员能力的互联网信息服务安全评估规定》向国家网信部门申报安全评估，并按照《互联网信息服务算法推荐管理规定》履行算法备案和变更、注销备案手续。

日前，百度、字节、商汤、百川智能等11家企业或机构的大模型位列首批通过备案。除了8月31日宣布面向公众开放服务的8款，还有3款产品或将择机向公众开放。

“当文心一言向数以亿计的互联网用户大规模开放服务后，能够获得真实世界更多的人工反馈，将有助于基础模型的进一步改进与产品的更快速迭代，创造更优的用户体验。”百度创始人、董事长兼首席执行官李彦宏认为，中国人工智能企业应发挥优势，进一步探索应用场景、构建应用生态。

天眼查提供的数据显示，2023 年上半年中国与大模型直接相关的融资事件超 20 起，中国国内已发布的各类大模型数量超过 100 个，呈现出“百模大战”的态势。中国国内从事大模型研发的“厂商”主要包括百度、腾讯、阿里、商汤、华为等企业，也有智源研究院、中科院自动化所等研究机构。

——资源来自：节选自张漫子发表于新华社 2023 年 9 月 3 日的文章《中国自主研发的人工智能大模型首次向公众开放服务》。

项目导读

通过本项目，学生将学会如何创建精确的数据模型，理解数据表之间的关联，以及如何利用 DAX 语言进行高级计算。这些技能将使学生能够更好地理解数据，为企业的数据驱动决策提供更有力的支持。让我们开始这个令人兴奋的数据建模之旅吧！

学习导图

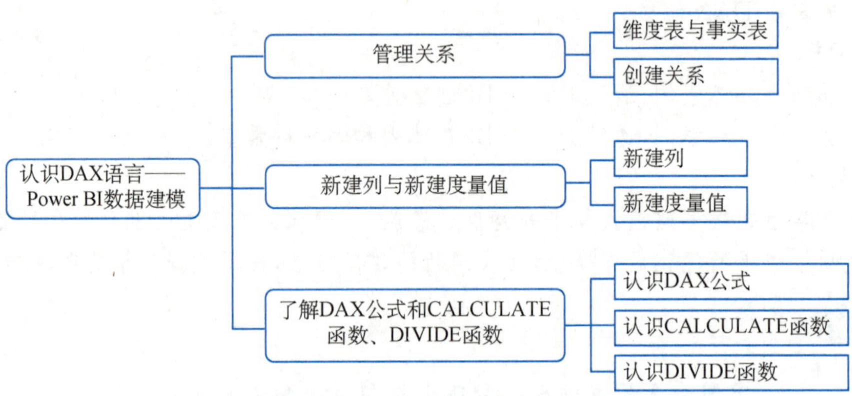

任务一　管理关系

进行数据分析的前提条件之一是建立各查询表之间的关系。这一步骤完成后，为了更好地满足实际工作的需求，我们还需要对这些已创建的关系进行管理和优化。因此，理解和有效管理数据表之间的关系是非常关键的。

子任务一　维度表与事实表

维度表与事实表

理解维度表和事实表的概念和用途，是构建表之间关系的基础。维度表最主要的特点是包含描述性信息，通常用于对事实数据进行分类和分组。这些表包含有关业务实体(如产品、客户、时间等)的详细信息。事实表最主要的特点是包含了可度量的数据，通常是业务的数值性指标或度量值，如销售数量、销售额、利润等，用于支持数据分析和报表生成。事实表通常与维度表建立关联，以便通过维度属性对事实数据进行分析和筛选。Power BI 数据建模，本质是创建维度表与事实表之间的关系，即维度表与事实表之间关联的过程，如图 5-1 所示。

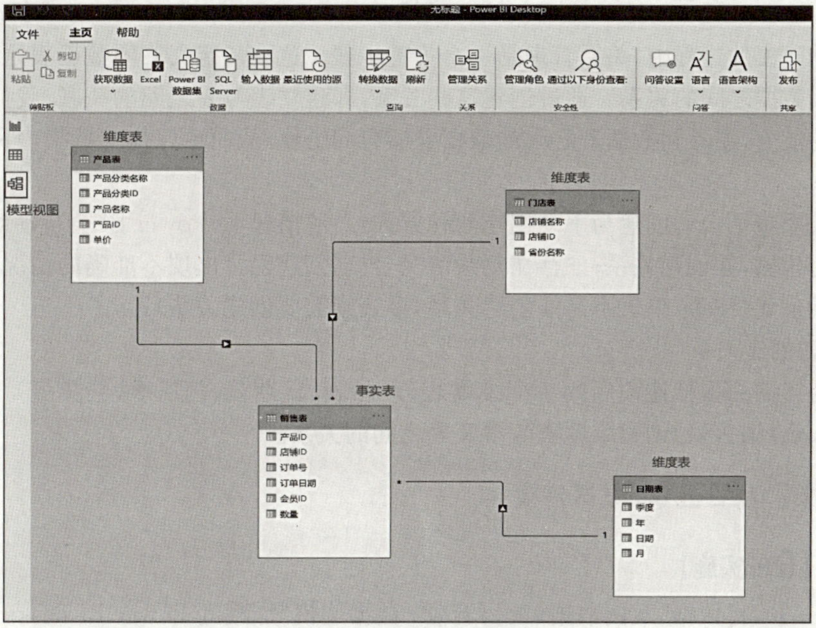

图 5-1 维度表与事实表建立关联

维度表与事实表的主要区别如表 5-1 所示。

表 5-1 维度表与事实表的主要区别

特点	维度表	事实表
存储内容	描述性信息，通常是文本或代码值	可度量的事实数据，通常是数字
包含的属性	维度属性，如产品名称、客户名称、地理位置等	度量值，如销售数量、销售额、成本、利润等
表格大小	通常较小，具有相对较少的行	通常包含大量的行
用途	用于筛选、分组和汇总事实数据	用于执行聚合计算和数值分析
与其他表的关联	用于筛选、分组和汇总事实数据	用于执行聚合计算和数值分析
报表中的作用	通常构建报表的行和列	用于构建报表的值

下面以甜甜蛋糕连锁店的产品表、日期表、门店表、会员表和销售表为例，来了解维度表与事实表之间的关联。

案例数据\项目五\1-数据建模

【任务实施】

【步骤一】 打开“案例数据\项目五\1-数据建模”的文件，查看各个维度表（产品表、日期表、门店表、会员表）的数据显示。

【步骤二】 查看事实表（销售表）。

子任务二　创建关系

在数据建模的过程中，关系管理是一个关键步骤。这涉及定义不同数据表之间的关系，特别是事实数据之间的关系。通过创建这些关系，即建立表与表之间的关联，我们可以增强数据分析的能力，使不同数据表之间的数据能够协同工作，从而更好地支持报表和可视化的构建。

创建关系包括自动创建与手动创建两种方式：一般情况下，Power BI 会自动对加载进来的数据进行检测，并创建关系；如存在复杂情况，自动创建也会出现不准确的情况，此时则需要进行手动创建(注意：单表不需要创建关系，多表则需要创建关系)。

1) 自动创建关系

下面通过甜甜蛋糕连锁店的 4 个维度表(产品表、日期表、门店表、会员表)和 1 个事实表(销售表)创建维度表与事实表之间的关系。

自动创建关系

案例数据\项目五\2-数据建模

【任务实施】

【步骤一】 将数据“案例数据\项目五\2-数据建模”加载到 Power BI desktop 中，单击窗口左侧的模型“”按钮，拖动右下方的放大缩小键“”，即可在模型视图中查看已自动创建关系的报表，如图 5-2 所示。

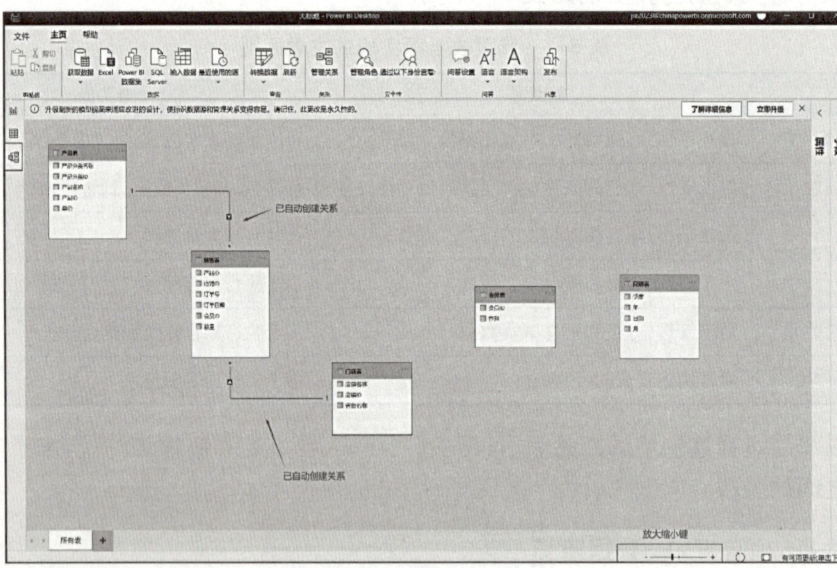

图 5-2　自动创建关系

【步骤二】 从图 5-2 可以看出，在一般情况下，拥有相同字段名称的维度表与事实表(销售表)会自动创建关系(1：*)。这个案例当中的产品表、门店表与销售表自动创建了关系；会员表与销售表没有自动创建关系，而日期表与销售表不存在相同的字段名称，则没有自动创建关系。

2）手动创建关系

当 Power BI 不能自动创建关系，或者自动创建的关系与想要创建的关系不符时，用户可以自己手动创建关系。手动创建关系的方式有两种：一种是直接手动拖动；另一种是使用选项卡。

手动创建关系（直接手动拖动）

（1）直接手动拖动创建关系的步骤如下。

【任务实施】

【步骤一】　在“模型”视图窗口中，日期表中的“日期”与销售表中的“订单日期”可以建立关系。选中日期表中的“日期”字段名称，然后用鼠标将其拖动到销售表中的“订单日期”字段名称上（此时两个表之间会出现一条连接线），即可手动建立日期表与销售表之间的关系（1：*）。用相同的方法，我们可以根据“会员 ID”手动建立会员表与销售表之间的关系（1：*）。结果如图 5-3 所示。

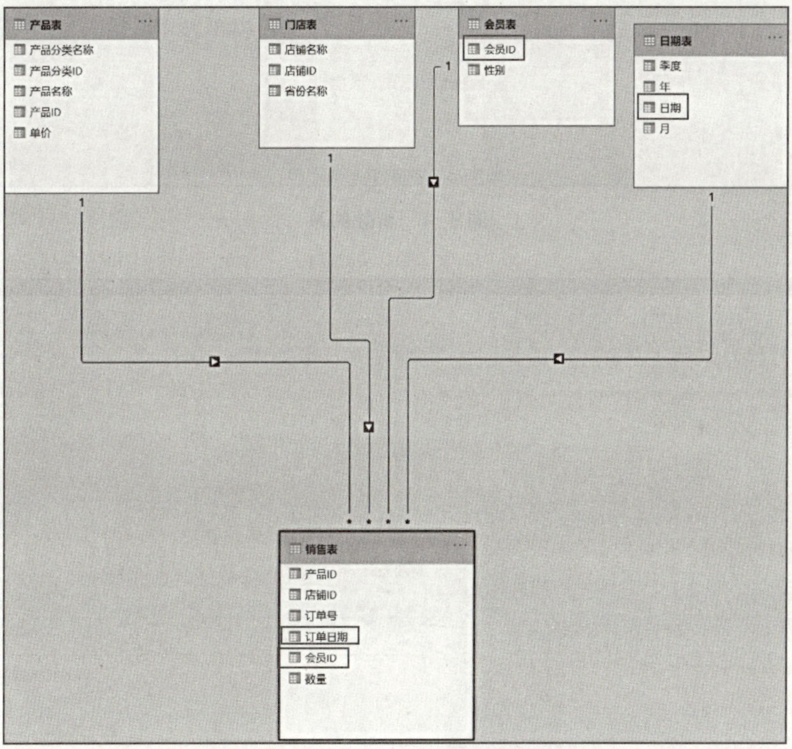

图 5-3　手动创建关系（直接手动拖动）

【步骤二】　在“模型”视图窗口中，选中一条关系连接线，同时单击鼠标右键，可以从弹出的菜单选项中选择“删除”，即可删除建立的关系，如图 5-4 所示。

（2）使用选项卡创建关系的步骤如下。

手动创建关系（使用选项卡）

【任务实施】

【步骤一】　按照上述手动创建关系的方法，将数据导入后，在“模型”视图窗口，选择“主页”选项卡下的“管理关系”选项，在弹出的“管理关系”对话框中，可以看见已自动创建的两条关系记录，然后点击“新建”按钮，如图 5-5 所示。

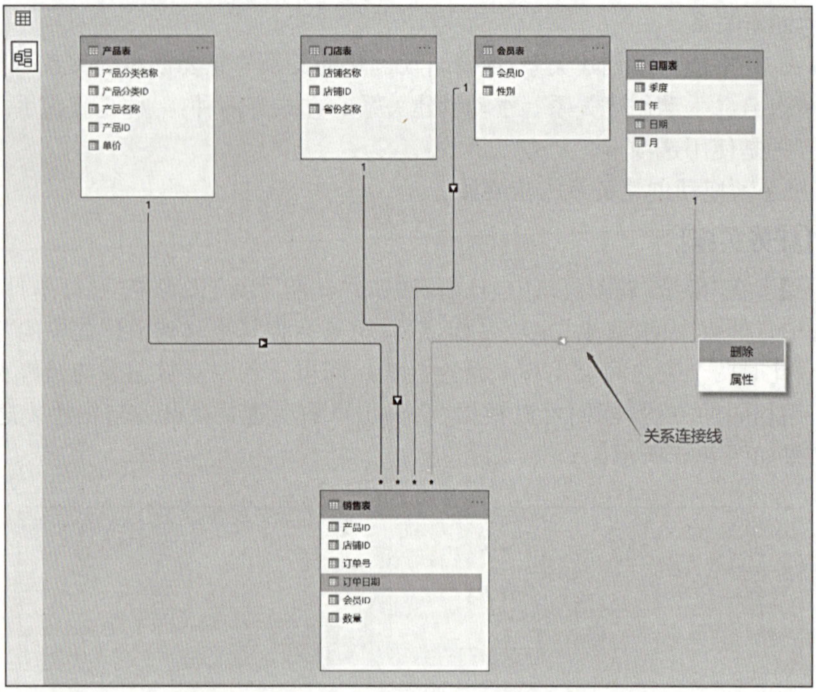

图 5-4　删除关系

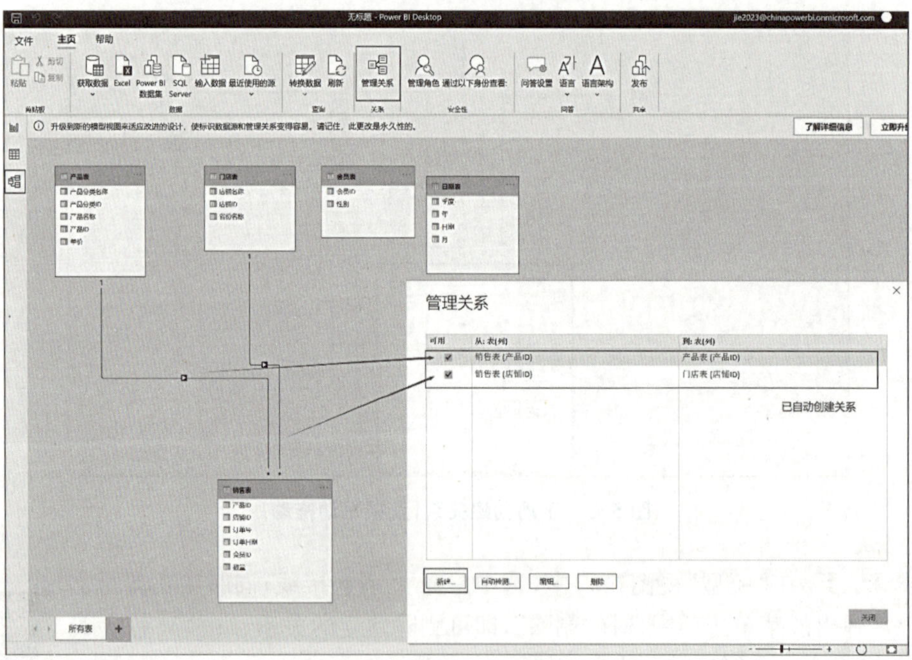

图 5-5　“管理关系”选项

【步骤二】　在弹出的“创建关系”对话框中，第一个下拉列表框中选择“日期表”，在第二个下拉列表框中选择“销售表”，同时双击“日期表”中的“日期”字段名，“销售表”中的“订单日期”字段名，基数自动为一对多，默认勾选“使此关系可用”，如图 5-6 所示。

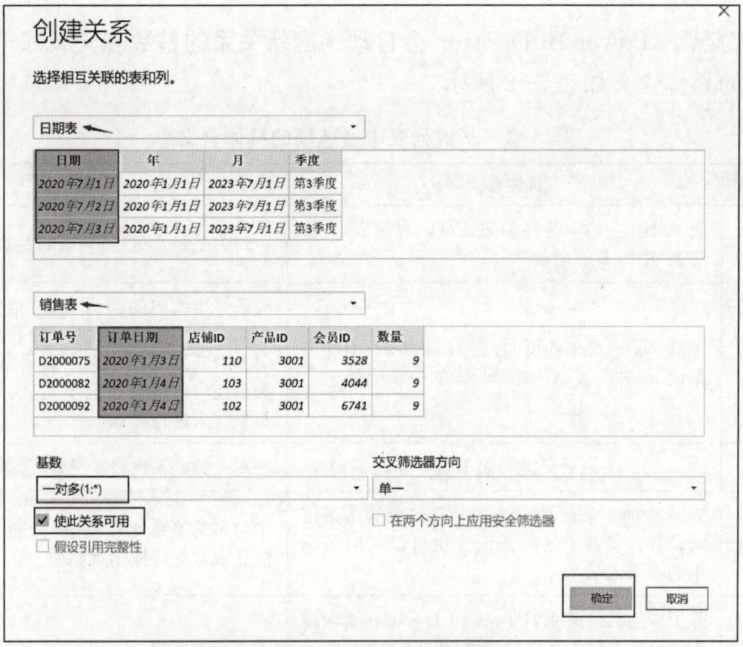

图 5-6 通过选项卡创建关系

【步骤三】 点击“确定”及“关闭”按钮，创建关系后的结果如图 5-7 所示。

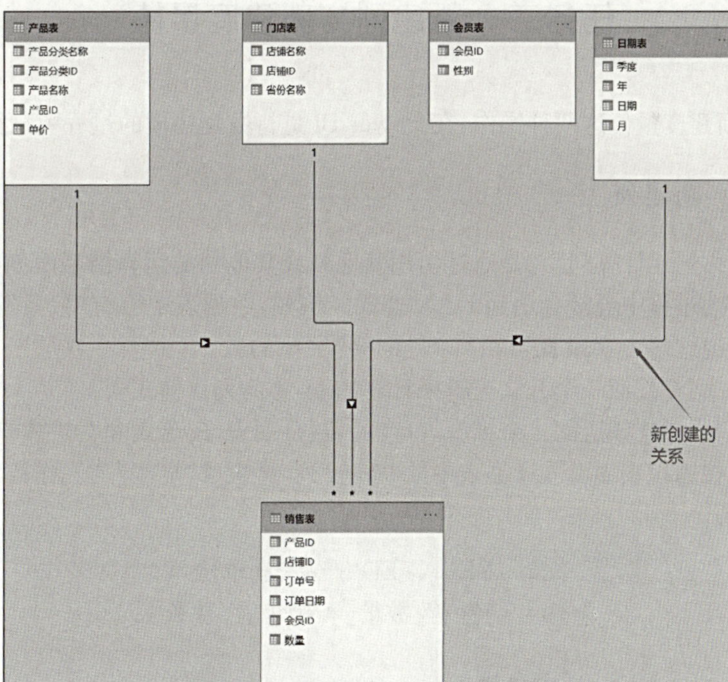

图 5-7 通过选项卡创建关系后的结果

【步骤四】 同样的方法，可以通过“会员 ID”字段名创建“会员表”与“销售表”之间的关系。

在默认的情况下，Power BI Desktop 会自动匹配新关系的基数和交叉筛选器方向，基数列表中各选项的具体含义如表 5-2 所示。

表 5-2 基数列表中各选项的具体含义

基数关系	具体含义	要 点
一对多(1:*)	表 A(维度表)中的一条记录可以对应表 B(事实表)中的多条记录	一对多是最常见、最合适的关系
多对一(*:1)	多对一是一对多的反向，表 B(事实表)中的多条记录，对应表 A(维度表)中的一条记录	关系连接线中的箭头由"1"指向"*"。箭头的方向是交叉筛选器的方向，表示数据筛选的方向。双向箭头表示两个表可互相筛选；单一箭头只能由维度表指向事实表，即只能是维度表对事实表进行筛选
一对一(1:1)	表 A 的一条记录只能与表 B 的一条记录对应	一对一的关系比较少见，特殊情况下才会用到
多对多(*:*)	表 A 中的一条记录可以对应表 B 中的多条记录；同时，表 B 中的一条记录也可以对应表 A 中的多条记录	多对多的关系比较复杂，可能会引起关系的紊乱导致数据建模出现错误
其他	除了以上几种关系，Power BI Desktop 编辑器中还存在一种关系线为虚线的关系，表示此关系不可用	关系线为虚线

任务二 新建列与新建度量值

新建列与新建度量值这两种操作，在 Power BI 进行数据建模的过程中显得尤为重要。

子任务一 新建列

新建列

新建列，也称创建计算列，它是通过引用其他列或其他列的运算结果而创建的新列，在创建的过程中通常会用到 DAX 公式。例如，数据表中已有"数量"与"单价"字段，通过这两个字段就可以得到"金额"字段的数据(金额＝数量×单价)，像这种每一列都按照一个公式逻辑来计算的表，称为列存储式表。

下面以甜甜蛋糕连锁店的 4 个维度表(产品表、日期表、门店表和会员表)和 1 个事实表(销售表)为例，在销售表中引入产品表中的"单价"列，再生成"金额"列。任务实施过程中会用到以下度量值。

单价＝RELATED('产品表'[单价])

金额＝'销售表'[数量]*'销售表'[单价]

案例数据\项目五\3-数据建模

【任务实施】

【步骤一】 将数据"案例数据\项目五\3-数据建模"加载到 Power BI desktop 中，单击窗口左侧的数据"▦"按钮，进入数据视图。然后，选择窗口右侧字段里面的"销售表"，单击"订单号"字段右侧的下拉按钮"⊡"，从弹出的菜单中选择"以升序排序"选项，如图 5-8 所示。

【步骤二】 执行"表工具"—"计算"—"新建列"命令(或者"列工具"—"计算"—"新建列"命令)，如图 5-9 所示。

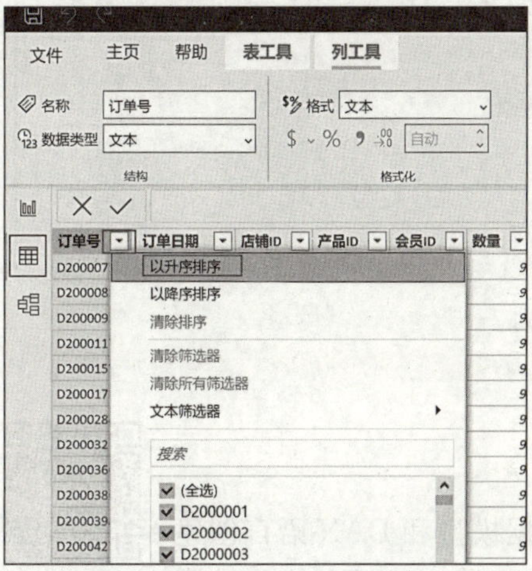

图 5-8 以升序排序界面

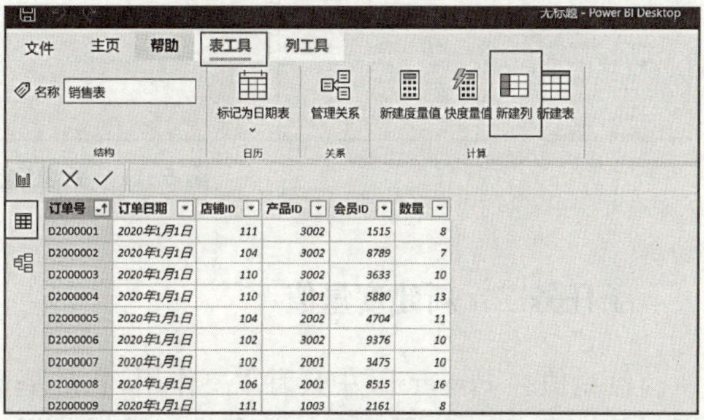

图 5-9 "新建列"命令

【步骤三】 在公式编辑栏输入公式"单价＝RELATED('产品表'[单价])"(要注意输入法切换成英文状态，系统会启动智能感知功能)，结果如图 5-10 所示。

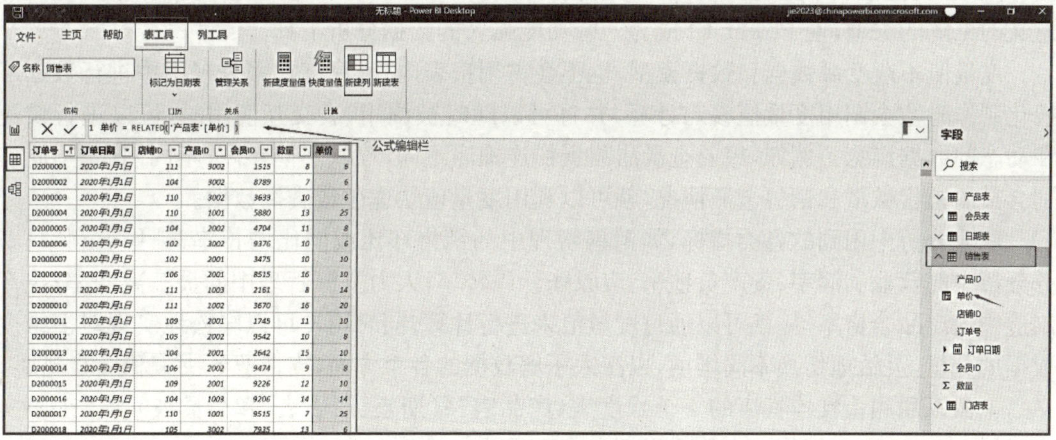

图 5-10 新建"单价"列

【步骤四】 继续新建列，执行"表工具"—"计算"—"新建列"命令(或者"列工具"—"计算"—"新建列"命令)，在公式编辑栏输入公式"金额＝'销售表'[数量]＊'销售表'[单价]"，结果如图 5-11 所示。

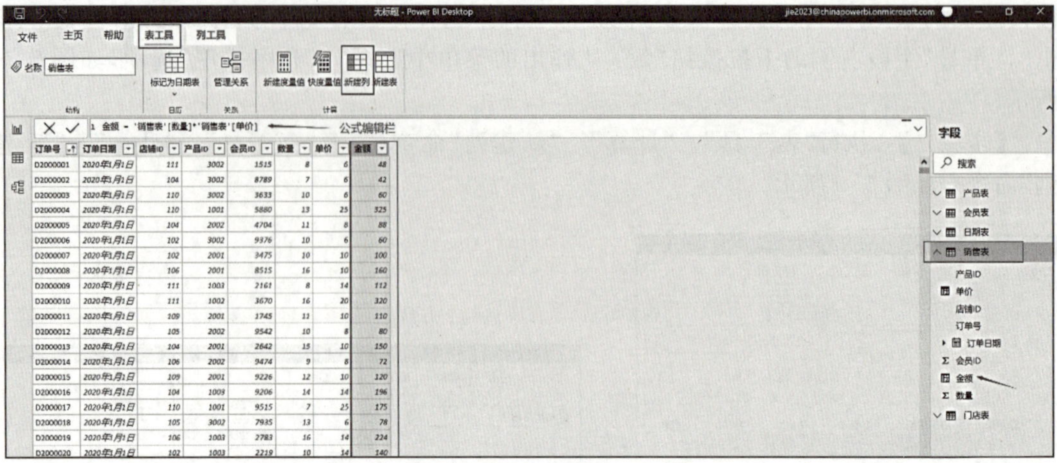

图 5-11　新建“金额”列

子任务二　新建度量值

新建度量值

度量值在 Power BI 中具有重要作用，它是基于数据模型和 DAX 语言创建的计算结果，用于衡量业务绩效和进行数据分析。DAX 是一种强大的公式语言，允许用户编写复杂的计算式，用于生成各种度量值，如总收入、平均销售量、年度增长率等。这些度量值可以为决策制定者提供有关业务情况的深入洞察，帮助他们做出明智的决策。通过 Power BI 中的度量值，用户可以轻松执行各种计算，以更好地理解数据，并在可视化报表中呈现出来，从而支持业务分析和战略决策。度量值是将数据转化为有意义的见解的关键，使 Power BI 成为一个功能强大的数据分析工具。

度量值不改变源数据和数据模型，也不会占用报表内存，只有在报表视图中进行数据可视化制作时才会调用度量值参与计算，并且可以随时被调用，表交互使用时，可以进行快速和动态的数据浏览。例如，想要查看甜甜蛋糕连锁店不同产品、不同年度、不同门店、不同性别会员的销售数量和销售金额情况，就可以利用度量值快速生成查询数据。

商业分析中用到的各类指标，如销售管理中的销售环比或同比增长率、销售毛利率；财务分析中的营业利润率、资产负债率、应收账款周转率；人力资源管理中的员工离职率；生产制造中的产品合格率等，都可以通过度量值来进行计算，同时用户可以轻松地实现对多维度数据的分析，灵活地切换不同维度，以深入了解数据的各个方面，支持业务决策和战略规划。

下面以甜甜蛋糕连锁店的 4 个维度表(产品表、日期表、门店表、和会员表)和 1 个事实表(销售表)为例，在销售表中创建以下 4 个度量值：

销售金额=SUM('销售表'[金额])

销售数量=SUM('销售表'[数量])

营业店铺数量=DISTINCTCOUNT('销售表'[店铺 ID])

单店平均销售额=[销售金额]/[营业店铺数量]

案例数据\项目五\4-数据建模

【任务实施】

【步骤一】 将数据"案例数据\项目五\4-数据建模"加载到 Power BI desktop 中，单击窗口左侧的数据"▦"按钮，进入数据视图。然后，选择窗口右侧字段里面的"销售表"，执行"表工具"—"计算"—"新建度量值"命令，如图 5-12 所示。

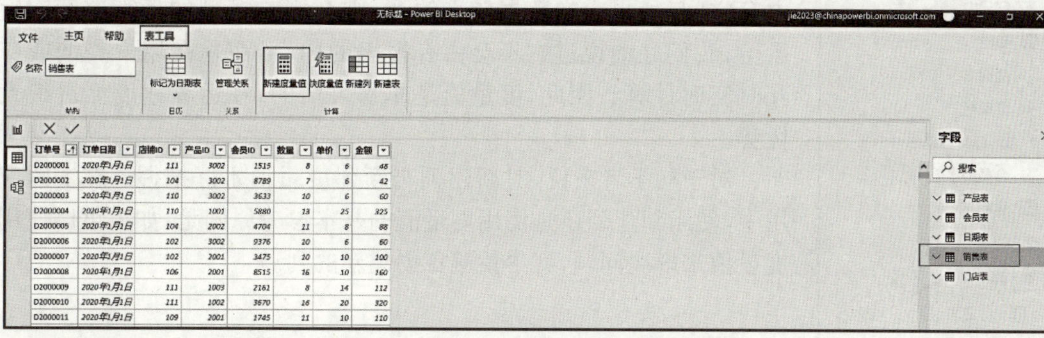

图 5-12 "新建度量值"命令

【步骤二】 在公式编辑栏输入度量值公式"销售金额＝SUM('销售表'[金额])"，如图 5-13 所示。

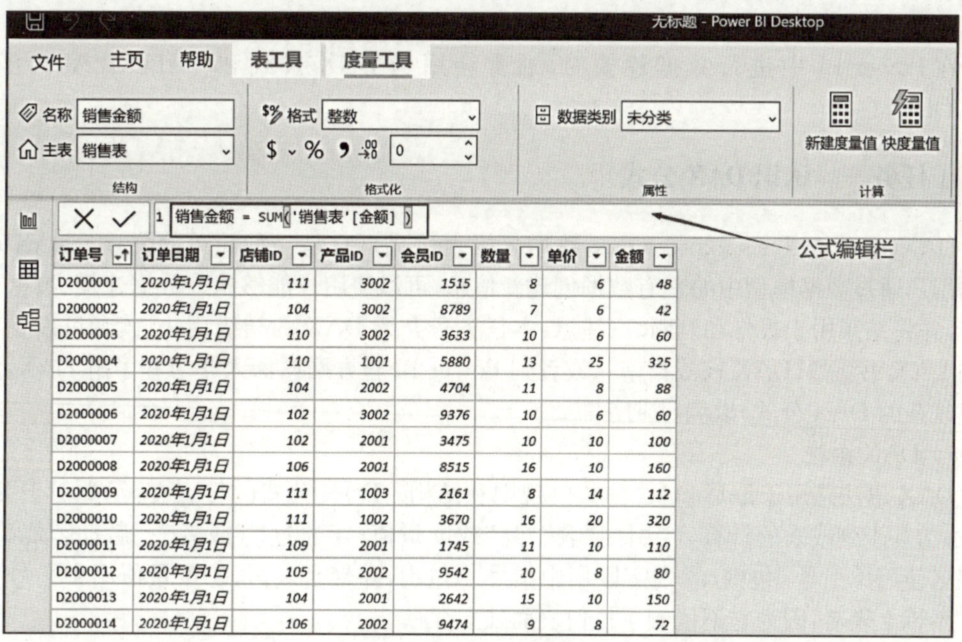

图 5-13 "销售金额"度量值

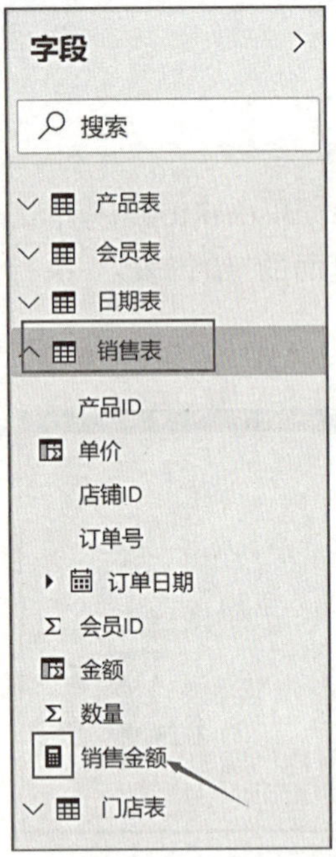

图 5-14 新增的“销售金额”度量值

【步骤三】 在右侧“字段”窗口的下方看到新增的“销售金额”度量值，前有“▦”图标，如图 5-14 所示。

【步骤四】 可以用相同的方法，设置“销售数量”“单店平均销售额”和“营业店铺数量”3 个度量值的公式。

我们在子任务一中新建了“金额”列，在这里也可以用度量值来创建。新建列与新建度量值输入的都是 DAX 公式。新建列在加载数据时会在数据表中存储并成为表的一部分，会占用一定的内存空间，如果表中数据较大的话，则会影响模型的运算速度。度量值，我们之前说过它不会占有报表的内存，而是在用户查询或交互时实时计算。因此，度量值是非常灵活的，在运算速度上占很大优势。

对于初学者来说，对新建列与新建度量值不好把握。在实际应用中，使用新建列还是使用度量值的基本参考原则是：如果可以使用度量值来解决问题，就尽量避免创建新的列。

任务三 了解 DAX 公式和 CALCULATE 函数、DIVIDE 函数

在 Power BI 中进行数据建模时，通常会用到 DAX 公式和 CALCULATE 函数、DIVIDE 函数。

子任务一 认识 DAX 公式

DAX(data analysis expressions，数据分析表达式)，它是一种简单的公式。DAX 可以帮助用户通过数据模型中的现有数据创建新信息，可以使用户能够执行数据建模、数据分析操作，并将结果用于报告和判断。(注意：本任务只介绍 DAX 的初级用法，读者可以参考专门的 DAX 书籍如《DAX 权威指南》，或者到 Power BI 官方网站深入学习和了解 DAX，用于构建复杂的 DAX 公式，以满足业务需要。)

1) DAX 语法

DAX 语法是用于编写 DAX 公式的规则和结构。DAX 公式的特点有：①类似于 Excel 函数；②基于列或表的计算；③引用“表”“列”或度量值；④通过“'”或者“[”启动智能感知；⑤表名使用单引号''包围；⑥列字段用中括号[]包围，并带上表名；⑦度量值用中括号[]包围。不带上表名，因为它不依赖于任何表而独立存在。

下面我们来看一个度量值的 DAX 公式：

销售金额=SUM('销售表'[金额])

从公式结构来看，构成公式的元素包括度量值、等号、引用值和运算符号等。

度量值名称：销售金额。

等号运算符号“＝”，表示公式的开头。

DAX 函数，本示例为求和函数“SUM”，对销售表 “金额”列中的所有数据求和。

引用的表的名称，表名使用单引号包围，如：'销售表'。

引用表中的引用列，列字段使用中括号包围，如：[金额]。

Power BI 通常以“ ' ”启动智能感知，可以感知到当前所有工作表字段和度量值。也可以通过“[”来启动智能感知，使用“[”只能感知当前工作表字段和度量值。DAX 公式中的小括号内包含一个或多个参数的表达式，基本上所有函数都需要至少一个参数，一个参数会传递一个值给函数。

DAX 公式销售金额＝SUM('销售表'[金额])，它的含义是：度量值名称为“销售金额”，计算汇总表“销售表”中“金额”的总和。

2）DAX 运算符

运算符是构成公式的基本元素之一，每一个运算符代表一种运算。DAX 公式中运算符的分类大致分为 4 种：算术运算符、比较运算符、文本串联运算符和逻辑运算符。具体分类和含义如表 5-3 所示。

表 5-3　公式中的运算符

运算符	符号	含义
算术运算符	＋	加
	－	减
	*	乘
	/	除
	^	乘幂
比较运算符	＝	等于
	<>	不等于
	>	大于
	>=	大于等于
	<	小于
	<=	小于等于
文本串联运算符	&	连接字符串
逻辑运算符	&&	且
	||	或

3）DAX 函数

DAX 包含 200 多个函数，根据应用领域的不同，可以分为聚合函数、逻辑函数、信息函数、数学函数、文本函数、转换函数、日期函数、关系函数、高级聚合函数、时间智能函数、筛选器函数等等。

（1）聚合函数。在实际应用中，常见的聚合函数及功能说明如表 5-4 所示。

表 5-4　常见的聚合函数

函　数	功　能
SUM	求和
AVERAGE	求平均值
MEDIEN(2016 版新增函数)	求中位值
MAX	求最大值
MIN	求最小值
COUNT	数值格式的计数
COUNTA	所有格式的计数
COUNTBLANK	空单元格的计数
COUNTROWS	表格中的行数
DISTINCTCOUNT	不重复计数

(2) 逻辑函数。在实际应用中,常见的逻辑函数及功能说明如表 5-5 所示。

表 5-5　常见的逻辑函数

函　数	功　能
IF	根据某个/几个逻辑判断是否成立,返回指定的数值
IF ERROR	如果计算出错,返回指定数值
AND	逻辑关系的“且”即“&&”
OR	逻辑关系的“或”即“I”
SWITCH	数值转换

(3) 信息函数。在实际应用中,常见的信息函数及功能说明如表 5-6 所示。

表 5-6　常见的信息函数

函　数	功　能
ISBLANK	是否空值
ISNUMBER	是否数值
ISTEXT	是否文本
ISNOTEST	是否非文本
ISERROR	是否错误

(4) 数学函数。在实际应用中,常见的数学函数及功能说明如表 5-7 所示。

表 5-7　常见的数学函数

函　数	功　能
ABS	绝对值
ROUND	四舍五入
ROUNDUP	向上舍入
ROUNDDOWN	向下舍入
INT	向下舍入到整数(取整数)

(5) 文本函数。在实际应用中,常见的文本函数及功能说明如表 5-8 所示。

表 5-8 常见的文本函数

函 数	功 能
FORMAT	日期或数字格式的转换
LEFT	从左向右取
RIGHT	从右向左取
MID	从中间开始取
LEN	返回指定字符串的长度
FIND	查找
SEARCH	查找
REPLACE	替换
SUBSTITUTE	查找替换
VALUE	转换成数值
BLANK	返回空值
CONCATENATE	连接字符串，等同于“&”
LOWER	将字母转换成小写
UPPER	将字母转换成大写
TRIM	在文本中删除两个词之间除了单个空格的所有空格
REPT	重复字符串

(6) 转换函数。在实际应用中，常见的转换函数及功能说明如表 5-9 所示。

表 5-9 常见的转换函数

函 数	功 能
FORMAT	日期或数字格式的转换
VALUE	转换成数值
INT	转换成整数
DATE	转换成日期格式
TIME	转换时间格式
CURRENCY	转换成货币

(7) 日期函数。在实际应用中，常见的日期函数及功能说明如表 5-10 所示。

表 5-10 常见的日期函数

函 数	功 能
YEAR	返回当前日期的年份
MONTH	返回 1 到 12 月的整数
DAY	返回月中第几天的整数
HOUR	返回 0 到 23 的整数(小时)
MINUTE	返回 0 到 59 的整数(分钟)
SECOND	返回 0 到 59 的整数(秒)

（续表）

函　数	功　能
TODAY	返回当前的日期
NOW	返回当前的日期和时间
DATE	根据年、月、日生成日期
TIME	根据时、分、秒生成日期时间
DATEVALUE	将文本格式的日期转换成日期格式
TIMEVALUE	将文本格式的时间转换成日期时间格式
EDATE	调整日期格式中的月份
EOMONTH	返回调整后的日期中月份的最后一天
WEEKDAY	返回 1 到 7 的整数(星期几)，返回参数建议使用 2
WEEKNUM	当前日期在一整年中的周数(1 月 1 日开始算)

(8) 关系函数。在实际应用中，常见的关系函数及功能说明如表 5-11 所示。

表 5-11　常见的关系函数

函　数	功　能
RELATED	从关系的一端返回标量值
RELATED TABLE	从关系的多端返回符合要求的所有记录

(9) 高级聚合函数。在实际应用中，常见的高级聚合函数及功能说明如表 5-12 所示。

表 5-12　常见的高级聚合函数

函　数	功　能
SUMX	求和
AVERAGEX	求平均值
MAXX	求最大值
MINX	求最小值
COUNTX	数值格式的计数
COUNTAX	所有格式的计数
MEDIENX	求中位值
RANKX	排名

高级聚合函数中的一些函数也被称为迭代函数，因为它们在计算时会迭代遍历数据表中的每一行，并根据特定条件进行计算。这些迭代函数的特点是它们能够根据不同的行上下文进行计算，以实现更复杂的聚合操作。

(10) 时间智能函数。在实际应用中，常见的时间智能函数及功能说明如表 5-13 所示。

表 5-13　时间智能函数

函　数	功　能
PREVIOUSYEAR/Q/M/D:	上一年/季/月/日

（续表）

函　数	功　能
NEXTYEAR/Q/M/D	下一年/季/月/日
TOTALYTD/QTD/MTD	年/季/月初至今
SAMEPERIODLASTYEAR	上年同期
PARALLELPERIOD	上一期
DATESINPERIOD	指定期间的日期
DATEADD	日期推移

时间智能函数是 DAX 函数中比较核心的函数，也是 Power BI 比 Excel 功能强大的关键原因之一（Excel 函数几乎没有时间智能函数）。

（11）筛选器函数。在实际应用中，常见的筛选器函数及功能说明如表 5-14 所示。

表 5-14　筛选器函数

函　数	功　能
FILTER	按条件筛选数据
VALUES	返回不重复值
TOPN	返回前几名的数据
ALL	所有数据，可以清除筛选
ALLEXCEPT	保留指定列
ALLNONBLANKROW	清除应用于表的所有筛选器

下面将详细介绍 ALL 函数与 FILTER 函数。

ALL 函数是 DAX 中的一个重要函数，该函数的功能是移除一个或多个表的过滤器，从而使得某个计算能够忽略特定的上下文或过滤条件。它的一般语法为：ALL(<table>, [<column1>], [<column2>], ……)。主要用途有两个：重置上下文和创建自定义过滤条件。需要注意的是，ALL 函数不能单独使用，一般需要和 CALCULATE 函数一起使用。

FILTER 函数是 DAX 中的一个关键函数，在 Power BI 中用于根据指定的条件筛选表中的行。该函数的功能是根据一个或多个条件，从表中选择满足条件的行，并返回一个包含筛选结果的表格。它的一般语法为：FILTER(<table>, <filter_expression>)。FILTER 函数常用于创建自定义的筛选条件，以便根据特定需求从数据表中提取所需的信息。例如，我们用 FILTER 函数来筛选出销售额大于某个阈值的销售记录。

子任务二　认识 CALCULATE 函数

认识 CALCULATE 函数

CALCULATE 函数是 DAX 中的一个非常灵活多变的函数，主要用于修改或重写计算上下文，从而在计算度量值或表达式时应用不同的过滤条件。该函数的作用在于为特定的计算创建新的过滤条件，以影响度量值的计算结果。它的一般语法为：CALCULATE(<expression>, <filter1>, <filter2>,……)。其中，第一个参数是计算表达式，可以执行各种聚合运算；从第二个参数开始，是一系列筛选条件，可以为空；如果有多个筛选条件，则需要用逗号隔开。CALCULATE 函数是所有筛选条件的交集形成最终的筛选数据集合，最后根据筛选出的数据集合执行第一个参数的聚合运算并返回运算结果。需要注意的是，CALCULATE 函数内部的筛选条件如与外部筛选条件重合，则会强调删除外部筛选条件，按内部筛选条件来执行。

CALCULATE 函数通常与其他 DAX 函数一起使用，以根据特定的条件重新计算度量值。例如，我们可以使用 CALCULATE 函数来计算在某个时间范围内的销售总额等。

下面以店铺销售业绩表为例，使用 CALCULATE 函数统计店铺名称为“益阳市城北街店”的业绩总金额。在任务实施过程中，需要创建度量值“销售总额”“益阳店总金额 1”“益阳市总金额 2”。其公式如下：

销售总额=SUM('店铺销售业绩表'[销售业绩])

益阳店总金额 1=CALCULATE([销售总额],FILTER('店铺销售业绩表',[店铺]="益阳市城北街店"))

益阳店总金额 2=CALCULATE([销售总额],'店铺销售业绩表'[店铺]="益阳市城北街店")

案例数据\项目五\5-数据建模. pbix

【任务实施】

【步骤一】 将数据“案例数据\项目五\5-数据建模. pbix”加载到 Power BI desktop 中，单击窗口左侧的数据“”按钮，进入数据视图。然后，选择窗口右侧字段里面的“店铺销售营业表”，执行“表工具”—“计算”—“新建度量值”命令。

【步骤二】 在公式编辑栏输入度量值公式“销售总额=SUM('店铺销售业绩表'[销售业绩])”，然后同样的方式，再依次创建度量值“益阳店总金额 1”“益阳店总金额 2”，如图 5-15 所示。

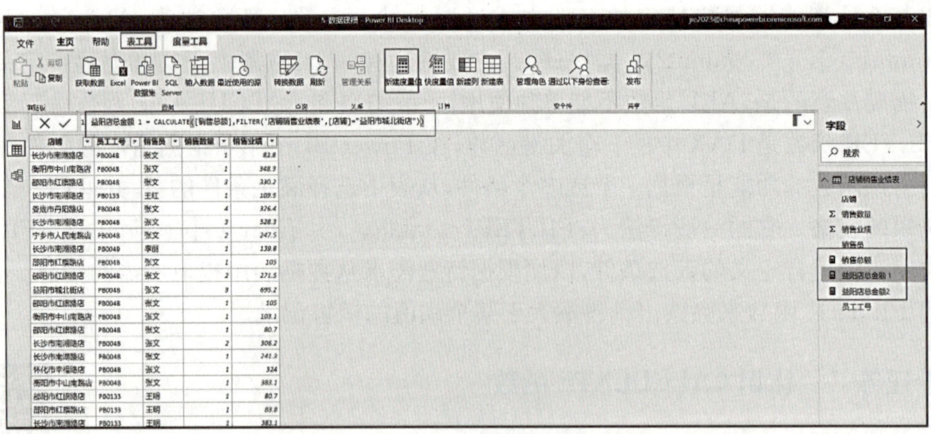

图 5-15 设置度量值公式

【步骤三】 点击窗口左侧的报表“”按钮，进入报表视图，然后插入两个卡片图(点击右侧“可视化”窗口中的卡片图“”按钮)，分别将字段窗口中的两个度量值“益阳店总金额 1”和“益阳店总金额 2”，拖拽到卡片图中。再插入表(点击右侧“可视化”窗口中的表“”按钮)，拖拽“店铺”字段以及以上两个度量值到“值”中，结果如图 5-16 所示。

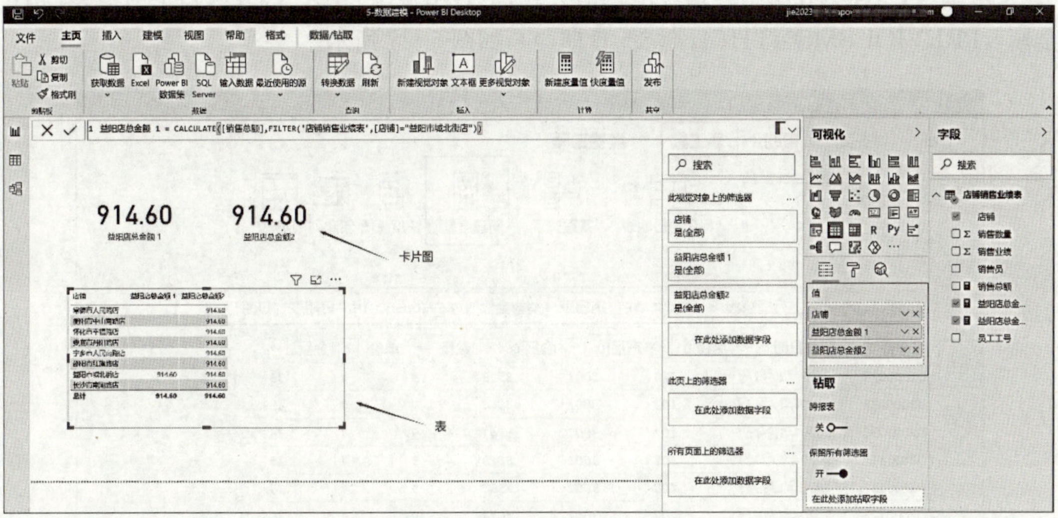

图 5-16　格式及生成的结果

从上图可以观察到，度量值“益阳店总金额 1”和“益阳店总金额 2”从结果来看完全一致，两者都使用了 CALCULATE 函数，只是后者没有用 FILTER 函数。如果度量值的筛选条件比较简单，可以不使用 FILTER 函数，当出现复杂的筛选条件时，可使用 FILTER 函数。

子任务三　认识 DIVIDE 函数

认识 DIVIDE 函数

DIVIDE 函数，又叫安全除法函数，主要用于执行除法运算，可以在被 0 除时返回备用结果或空值。它的一般语法为：DIVIDE（<Numerator>，<Denominator>，<AlternateResult>）。DIVIDE 函数的主要作用是执行除法运算，但它具有一个非常重要的特性，即当除数为零时不会引发错误，而是返回一个可选的替代结果。这是处理在计算中可能遇到的零除错误的有效方式。

下面以甜甜蛋糕连锁店的 4 个维度表（产品表、日期表、门店表、会员表）和 1 个事实表（销售表）为例，在“销售表”中创建如下两个度量值，用于计算销售金额的环比增长率：

上月销售额＝CALCULATE('销售表'[销售金额]，PREVIOUSMONTH('日期表'[日期]))

销售金额环比＝DIVIDE('销售表'[销售金额]－'销售表'[上月销售额]，'销售表'[上月销售额])

案例数据\项目五\6-数据建模.pbix

【任务实施】

【步骤一】　将数据“案例数据\项目五\6-数据建模.pbix”加载到 Power BI desktop 中，单击窗口左侧的数据“▦”按钮，进入数据视图。然后，选择窗口右侧字段里面的“销售表”，执行“表工具”—“计算”—“新建度量值”命令。

【步骤二】 在公式编辑栏输入度量值公式:上月销售额=CALCULATE('销售表'[销售金额],PREVIOUSMONTH('日期表'[日期])),如图 5-17 所示。

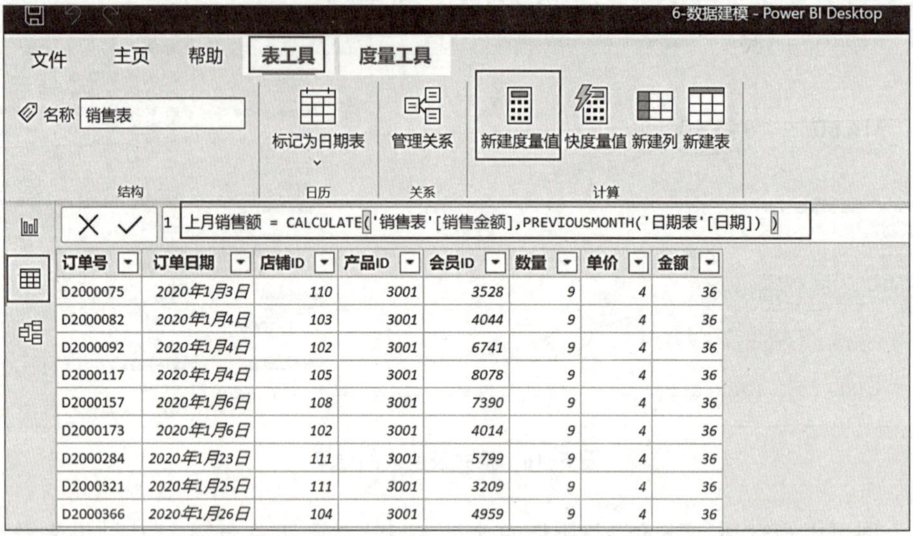

图 5-17 输入“上月销售额”度量值公式

【步骤三】 继续点击“新建度量值”,在公式编辑栏输入度量值公式:销售金额环比=DIVIDE('销售表'[销售金额]-'销售表'[上月销售额],'销售表'[上月销售额]),如图 5-18 所示。

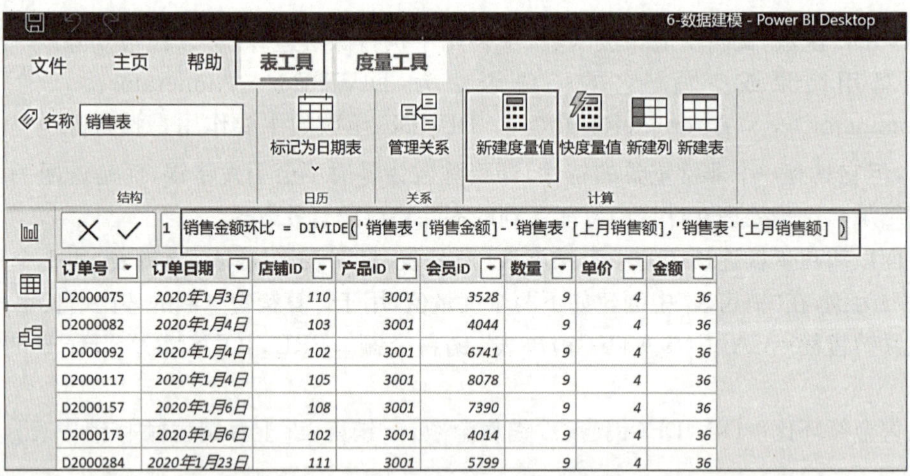

图 5-18 输入“销售金额环比”度量值公式

【步骤四】 点击窗口左侧的报表“📊”按钮,进入报表视图,再单击右侧“可视化”窗口中的表▦按钮,设置表的相关参数,如图 5-19 所示。

【步骤五】 在字段窗口选中“销售金额环比”度量值,在“度量工具”选项卡的“格式化”组中点击%,设置小数位为“2”,如图 5-20 所示。然后,在生成的表中点击月下方的“▲”按钮,最终结果如图 5-21 所示。

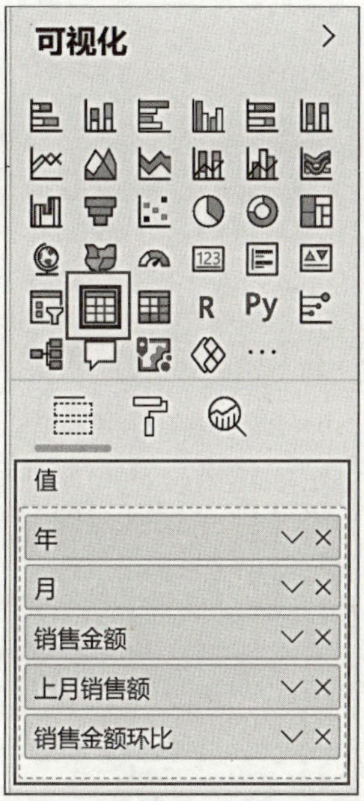

图 5-19 表的设置参数

年	月	销售金额	上月销售额	销售金额环比
2020	1	72097		
2021	1	112995	120814	-6.47%
2020	2	92991	72097	28.98%
2021	2	137117	112995	21.35%
2020	3	122986	92991	32.26%
2021	3	110670	132725	-16.62%
2020	4	118746	122986	-3.45%
2021	4	141318	110041	28.42%
2020	5	115788	118746	-2.49%
2021	5	160281	139941	14.53%
2020	6	109868	115788	-5.11%
2021	6	148500	163175	-8.99%
2020	7	117598	109868	7.04%
2021	7	190993	148624	28.51%
2020	8	117564	117598	-0.03%
2021	8	208695	189105	10.36%
2020	9	113343	117564	-3.59%
2021	9	227440	209933	8.34%
总计		**3584059**		

图 5-21 生成的表

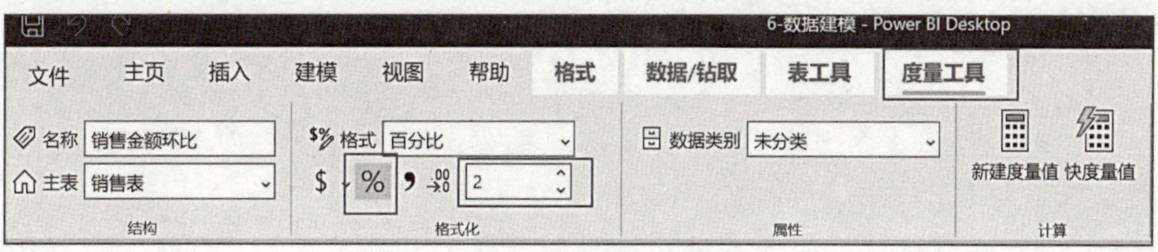

图 5-20 设置数据的格式

☆ 拓展阅读

Power BI Desktop
中的公式编辑器

项目测试

第一部分：职业能力测试

一、单选题

1. 数据建模的主要目的是（　　）。

A. 数据可视化　B. 数据整理　C. 数据分析　D. 数据获取

2. 在 Power BI 中，维度表的主要特点是（　　）。

A. 包含事实数据　B. 存储文本信息

C. 描述性数据　D. 常用于度量计算

3. 事实表的主要特点是（　　）。

A. 包含事实数据　B. 存储文本信息

C. 描述性数据　D. 常用于维度计算

4. 在数据建模中，维度表和事实表之间的关系是（　　）。

A. 一对多　B. 多对多　C. 一对一　D. 无关系

5. 度量值是（　　）。

A. 一种维度数据　B. 一种事实数据　C. 一种数据类型　D. 一种计算指标

6. 在 Power BI 中，度量值通常使用（　　）语言来定义。

A. SQL　B. M 语言　C. DAX　D. Python

7. DAX 公式中的（　　）函数用于对表中的列进行过滤。

A. SUM　B. COUNT　C. FILTER　D. AVERAGE

8. 下列（　　）这种 DAX 函数可用于在计算中更改行上下文。

A. SUMX　B. COUNTX　C. DIVIDE　D. ALL

9. 在数据建模中，星型模式是（　　）。

A. 一种图表类型　B. 一种数据建模方法

C. 一种度量值　D. 一种数据获取工具

10. 为了建立有效的数据关系，应该关注（　　）

A. 表的数量　B. 列的数量　C. 列的数据类型　D. 表的颜色

二、多选题

1. 下列（　　）函数可以用于在 DAX 公式中对表中的列进行操作。

A. SUMX　B. FILTER　C. DIVIDE　D. COUNT

2. 在数据建模中，为了建立有效的数据关系，应该关注（　　）等因素。

A. 表的数量　B. 列的数量　C. 列的数据类型　D. 表的颜色

3. 数据建模中，以下描述正确的有（　　）。

A. 事实表包含详细的业务数据，通常是事务性的数据

B. 维度表包含度量值，用于计算指标

C. 数据建模的目标是构建复杂的报表和仪表板

D. 数据建模有助于提高数据分析的性能和可用性

4. 在 Power BI 中,一对多关系是指(　　)。
   A. 它是一种维度表和事实表之间的关系
   B. 一个维度表的一行可以对应多个事实表的行
   C. 一个事实表的一行可以对应多个维度表的行
   D. 一对多关系通常通过外键建立
5. Power BI 中的度量值(Measures)和计算列(Calculated Columns)之间的区别有(　　)。
   A. 度量值通常使用 DAX 语言定义,而计算列使用 M 语言定义
   B. 度量值用于聚合和计算,而计算列用于在数据模型中创建新的列
   C. 度量值通常在数据可视化中使用,而计算列通常在数据建模中使用
   D. 度量值可以用于创建仪表板,而计算列不能

三、判断题

1. 在 Power BI 中,维度表通常包含度量值的数据。(　　)
2. 在数据建模中,创建一对多关系表示一个维度表的每一行对应多个事实表的行。(　　)
3. 在 DAX 函数中,SUM 函数用于计算一列数据的平均值。(　　)
4. 在 Power BI 中,可以使用 CALCULATE 函数来更改数据表的结构。(　　)
5. 新建列(Calculated Columns)通常用于在数据模型中创建可用于可视化的新数据列。(　　)

四、思考题

1. 数据建模中维度表和事实表的区别是什么?为什么需要区分它们?
2. 什么是 DAX 函数?能否提供一些你认为在数据建模和分析中最有用的 DAX 函数的示例?
3. DAX 公式的语法有哪些特点?
4. DAX 函数的种类有哪些?

五、实训题

1. 假设你有一份销售数据表,其中包括产品、日期和销售额等信息。请创建一个数据模型,包括维度表和事实表,并建立相关的关系。然后,使用 DAX 函数计算每个产品的年度销售总额。
2. 根据项目四实训题的数据,进行数据建模,同时建立合适的度量值,以满足数据可视化需要。

第二部分:职业素养测试

☆思考题

1. 请举例说明数据建模为何有助于社会解决问题?
2. 为什么在数据建模中需要考虑数据的时效性?提供一个时效性对决策影响巨大的示例。

项目五评价表

项目六 一图胜千言——Power BI 数据可视化

学习目标

知识目标

- 熟悉 Power BI 常见的可视化元素。
- 掌握常用可视化元素的设置操作。
- 熟悉图表的美化操作。
- 掌握图表的筛选、钻取与编辑交互。

技能目标

- 能够结合具体案例，设计并选择合适的可视化元素。
- 能够根据需要进行图表的筛选、钻取、编辑交互和美化，满足数据分析的可视化需求。

素养目标

- 树立"数据为民"的职业素养，清晰地展示数据。
- 要明确形式为内容服务的宗旨。

德技并修

"点燃"亚运会数字烟花的是啥

璀璨的烟花往往是重大体育赛事开闭幕式的一大看点。于 2023 年 9 月 23 日举行的杭州第 19 届亚洲运动会(以下简称杭州亚运会)开幕式改"实物烟花"为"数字烟花"，以此传递绿色环保理念。当数字烟花在被称为"大莲花"的杭州奥体中心体育场上空惊艳绽放，二者交相辉映，为观众呈现了一场精彩的视觉盛宴。

那么，什么是数字烟花？它是如何被造出来的？科技日报记者就此采访了相关专家。

数字技术"点燃"烟花

相比传统实体烟花，数字烟花具有不会对环境造成破坏，而且还具有成本低、灵活多样、安全等优点。此次在杭州亚运会开幕式上，数字烟花被广泛应用于烟花表演中。而造出数字烟花的，是多种计算机数字技术(以下简称数字技术)。

"通俗来说，数字烟花就是利用数字技术'燃放'的电子烟花。"工业和信息化部信息通信科技委委员、北京理工大学计算机网络对抗研究所所长闫怀志在接受科技日报记者采访时介绍，具体来说，技术人员会用到数学模型、模拟算法、图形渲染、粒子系统、随机性生成、物理模拟和交互控制等诸多计算机数字技术。

闫怀志解释，在数字烟花的制作过程中，首先需要使用计算机图形学技术来创建烟花的 3D 模型。这些模型不仅包括烟花的形状，还包括它的颜色、纹理和爆炸效果等；此后通过物理模拟技术，模拟烟花的爆炸过程，包括烟花粒子的运动、碰撞和能量消散等。

为了使数字烟花在视觉上更加逼真，在制作过程中，工作人员还需要使用实时渲染技术，将 3D 模型和物理模拟结果以图像的形式实时呈现出来。这种渲染技术需要使用高效的渲染引擎，如 Unity 或 Unreal Engine 等。这些渲染引擎能够实时呈现图像的渲染效果，并可以满足复杂的物理模拟需求。

最后，为了实现数字烟花与现场视频图像的合成，还需要使用增强现实(AR)技术。通过增强现实技术，工作人员将数字烟花的图像与现场的视频图像进行合成，使数字烟花看起来更加逼真。

“总之，数字烟花技术是一种综合运用计算机图形学、物理模拟和实时渲染等多种数字技术制作出来的。”闫怀志总结道，这些技术不仅可以模拟出烟花的爆炸效果，而且可以随时调整烟花的形状、颜色、爆炸高度等参数，使烟花更加灵活、多样。

为生活生产带来便利

“点燃”数字烟花只是强大的数字技术的牛刀小试。在生活中，以虚拟现实(VR)、增强现实和混合现实(MR)为典型代表的数字技术已经被广泛应用于很多场景，为人们的日常生活带来了诸多便利。

在卫生领域，虚拟现实和增强现实技术正在被用于手术模拟和培训以及患者康复治疗。通过虚拟现实技术，医生可以在虚拟环境中进行手术模拟和训练，提高其手术技能。增强现实技术则可以被用于智能化的康复训练，提高患者康复的效率。

在教育领域，虚拟现实和增强现实技术正在被用来创造更具吸引力和沉浸式的学习体验。“比如，可以利用虚拟现实技术来模拟复杂的科学实验，或利用增强现实技术将虚拟元素融入现实场景，帮助学生更好地理解和记忆知识点。”闫怀志说。

不仅是在生活中，这些数字技术在生产中也大有用武之地。在工业领域，虚拟现实和增强现实技术已经被广泛应用于原型制作和设计，以及在工业环境中对员工进行培训。例如，设计师可以通过虚拟现实技术来创建和测试产品原型，以及进行产品的模拟生产。同时，增强现实技术可以为工人提供实时的工作指导和说明，帮助其更好地完成工作任务。

虚拟现实技术可以直观地表现虚拟的城市环境，模拟各种天气情况下的城市，以及模拟飓风、火灾、水灾、地震等自然灾害的突发情况。

“这可以帮助政府更好地进行城市规划和管理。”闫怀志认为，在未来，随着技术的不断发展，数字技术的应用领域还将被不断扩展和深化。

——资料来源：节选自陈曦发表于科技日报 2023 年 9 月的文章《中国自主研发的人工智能大模型首次向公众开放服务》。

项目导读

本项目旨在与学生深入探讨数据可视化的世界。数据可视化是一项强大的工具，可以将复杂的数据转化为易于理解的图表和图形，帮助学生发现趋势、模式和见解。通过学习 Power BI 等工具的使用，学生能够创建引人入胜的仪表板和报告，使数据变得生动而有意义。

学习导图

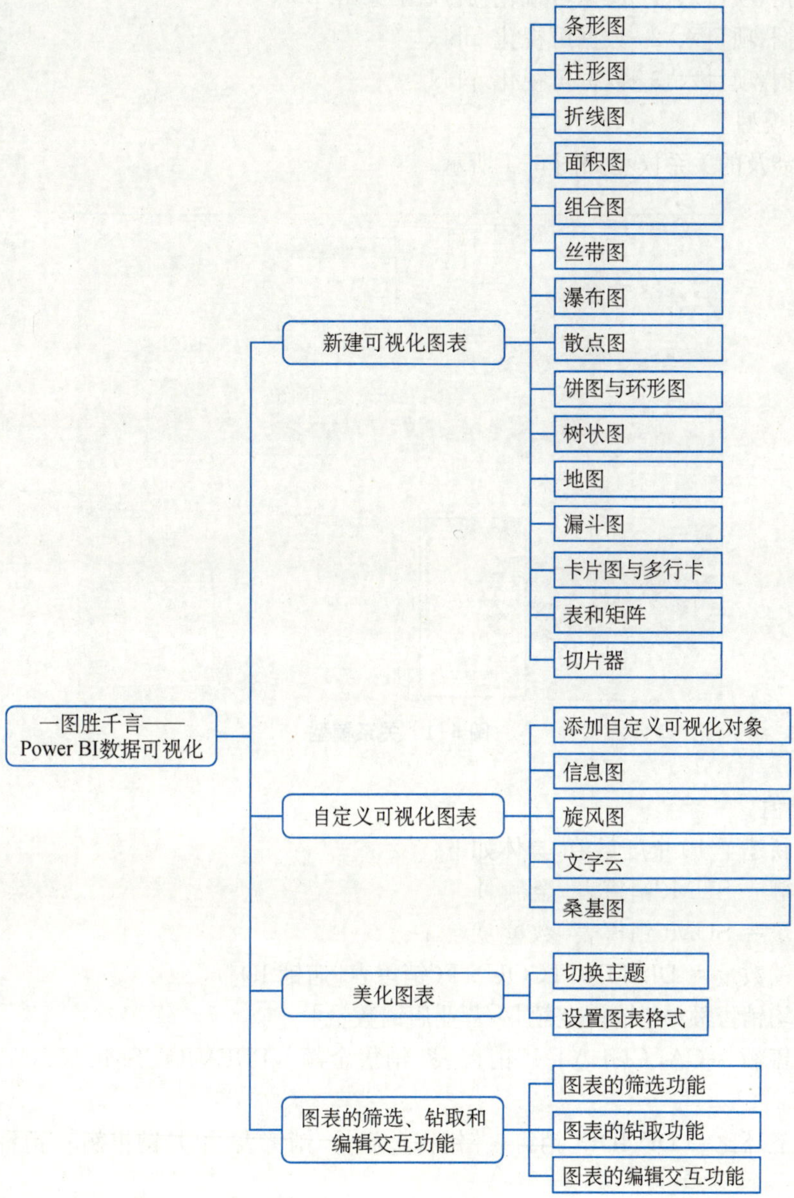

案例说明

本项目主要以"甜甜蛋糕连锁店"案例的数据为基础，对该企业的各项销售数据进一步处理、分析、优化设置，通过数据可视化，将复杂的数据转化为易于理解的图表和图形，从中找到趋势和见解。

1）案例数据

案例所包含的数据内容如下。

案例数据\项目六\1-数据可视化.pbix

案例数据\项目六\1-数据可视化-信息图 原始.pbix

案例数据\项目六\1-数据可视化-旋风图 原始.pbix

案例数据\项目六\2-数据可视化.pbix

案例数据\项目六\3-数据可视化.pbix

2）案例模型

本案例涉及的关系模型如图 6-1 所示。

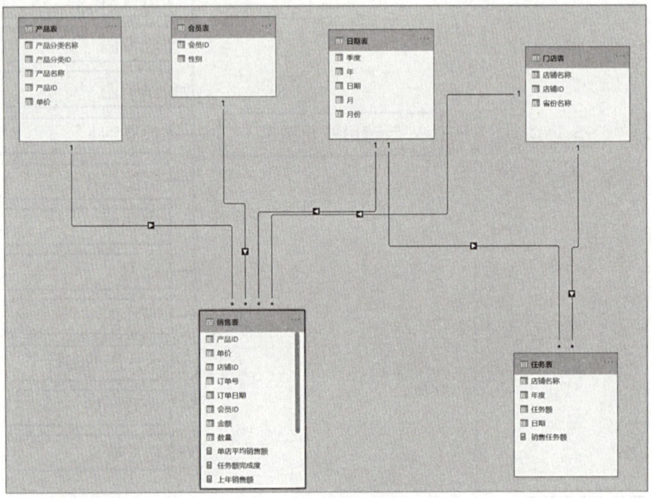

图 6-1　关系模型

3）度量值

本案例新建了 10 个度量值，具体如下：

销售金额= SUM('销售表'[金额])

销售数量= SUM('销售表'[数量])

营业店铺数量= DISTINCTCOUNT('销售表'[店铺 ID])

单店平均销售额=[销售金额]/[营业店铺数量]

上月销售额= CALCULATE('销售表'[销售金额],PREVIOUSMONTH('日期表'[日期]))

销售金额环比= DIVIDE('销售表'[销售金额]-'销售表'[上月销售额],'销售表'[上月销售额])

上年销售额= ALCULATE('销售表'[销售金额],SAMEPERIODLASTYEAR('日期表'[日期]))

销售金额同比= DIVIDE('销售表'[销售金额]-'销售表'[上年销售额],'销售表'[上年销售额])

销售任务额= SUM('任务表'[任务额])

任务额完成度= DIVIDE('销售表'[销售金额],'任务表' [销售任务额])

操作锦囊

(1) 必须选定已生成的可视化图表，再进行该图表的“格式”设置。

(2) 点击格式“”按钮，可设置图表的字体、字号、颜色、边框、数据标签的显示等各种格式。

(3) 在拖拉拽“字段”名称的时候，一定要选择正确的表里面的字段，如：“店铺名称”，必须是选择“门店表”里面的；年、日期等要选择“日期表”里面的，否则影响可视化效果，可能会导致数据无法可视化。

(4) 在进行可视化图表属性设置的时候，字段名不要放错位置，否则也会影响可视化效果。

此案例只是向读者展示可视化图表的展示效果，结果并不是十分精确，仅供参考。

任务一　新建可视化图表

Power BI 自带了 20 多种默认的内置图表，它们可以直接使用，主要有条形图、柱形图、折线图、面积图、组合图、丝带图、瀑布图、散点图、饼图、环形图、树状图、地图、漏斗图、仪表图、卡片图、多行卡、KPI 图、表、矩阵和切片器等等。

子任务一　条形图

条形图

条形图(bar chart)是一种常见的数据可视化图表，通常用于表示不同类别或项目之间的数据比较和分布。应用场景：分类比较、时间趋势、百分比比较、差异比较等。条形图的分类主要是：简单条形图、堆积条形图、簇状条形图、百分比堆积条形图。

1) 新建简单条形图

下面具体介绍如何用条形图来展示甜甜蛋糕连锁店不同产品分类下的销售金额。

【任务实施】

【步骤一】　双击“案例数据\项目六\1-数据可视化-原始. pbix”文件，进入 Power BI 中，点击窗口左侧的报表“”按钮，然后双击下方“第 1 页”，将其改为“条形图”，如图 6-2 所示。

【步骤二】　点击右侧“可视化”窗口中的堆积条形图“”按钮，按图 6-3 设置条形图的属性。然后选中该条形图，点击右侧“可视化”窗口下的格式按钮，按图 6-4 设置条形图的格式，最终生成的简单条形图如图 6-5 所示。

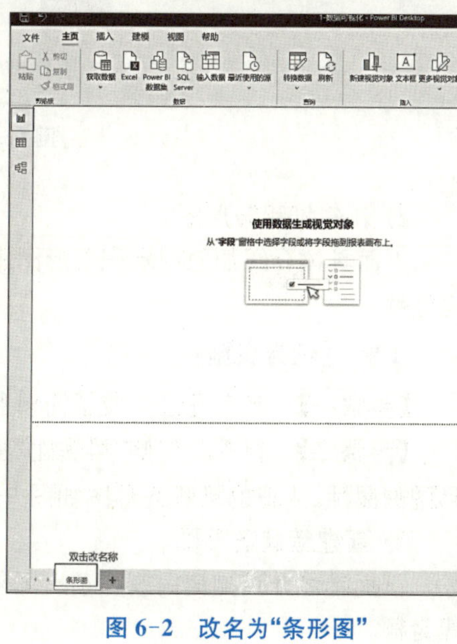

图 6-2　改名为“条形图”

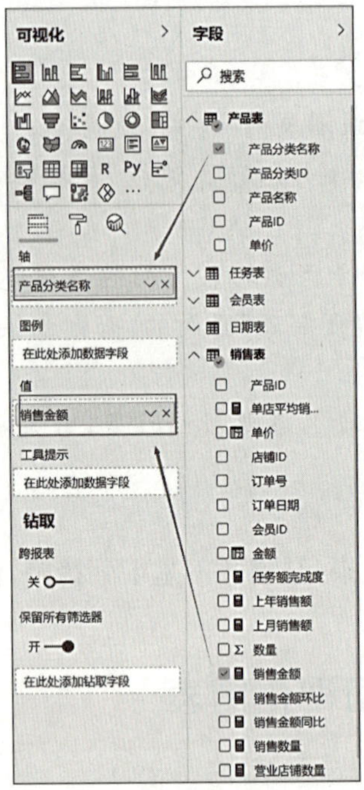

图 6-3　简单条形图的属性设置

图 6-4　简单条形图的格式设置

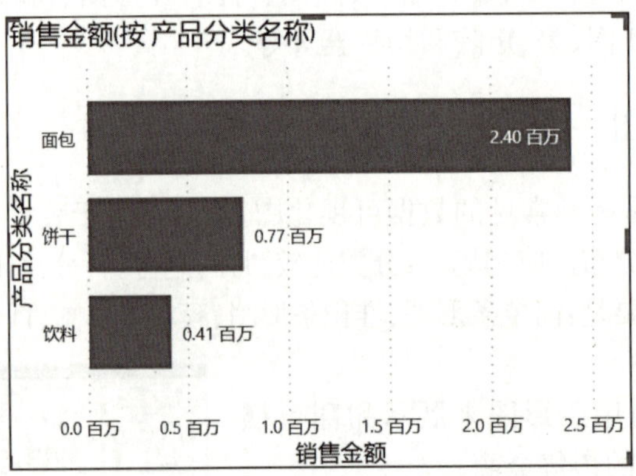

图 6-5　生成的简单条形图

2）新建堆积条形图

下面具体介绍如何用堆积条形图来展示甜甜蛋糕连锁店不同产品分类下不同产品的销售金额。

【任务实施】

【步骤一】　在上述已生成了简单条形图的条形图页面，点击空白处。

【步骤二】　再单击右侧“可视化”窗口中的堆积条形图“ ”按钮，按图 6-6 设置堆积条形图的属性，生成的堆积条形图如图 6-7 所示。

3）新建簇状条形图

下面具体介绍如何用簇状条形图来展示甜甜蛋糕连锁店不同产品分类下不同产品的销售金额。

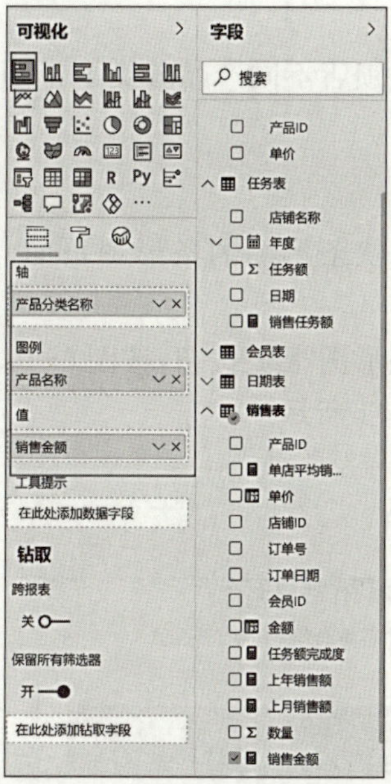

图 6-6　堆积条形图的属性设置

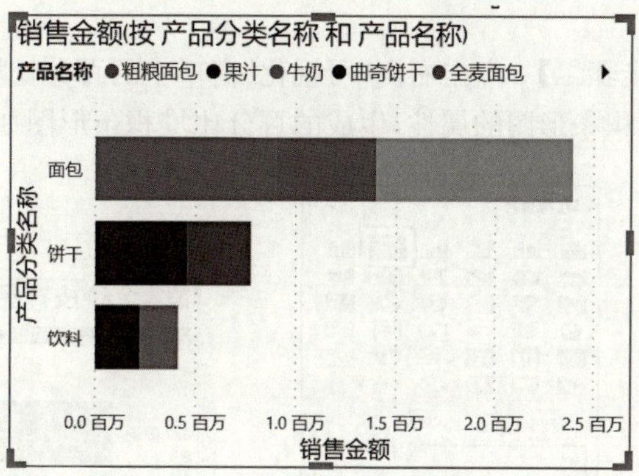

图 6-7　生成的堆积条形图

【任务实施】

【步骤一】　在已生成了简单条形图、堆积条形图的条形图页面，点击空白处。

【步骤二】　点击右侧“可视化”窗口中的簇状条形图“![]”按钮，按图 6-8 设置簇状条形图的属性，生成的簇状条形图如图 6-9 所示。

图 6-8　簇状条形图的属性设置

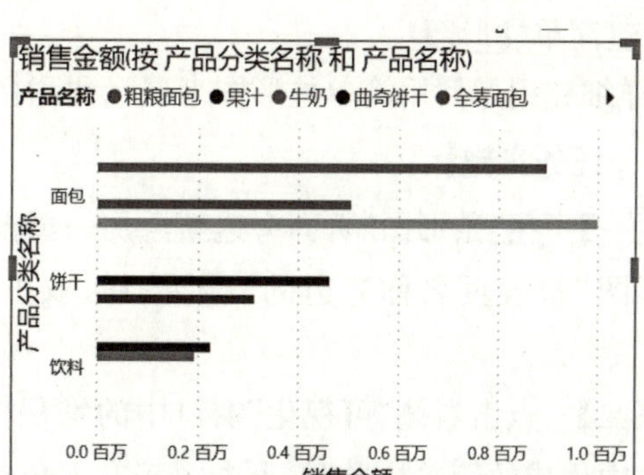

图 6-9　生成的簇状条形图

4）新建百分比堆积条形图

下面介绍如何用百分比堆积条形图来展示甜甜蛋糕连锁店不同产品分类下不同产品的销售金额占总分类金额的百分比。

【任务实施】

【步骤一】 在已生成了简单条形图、堆积条形图、簇状条形图的条形图页面，点击空白处。

【步骤二】 点击右侧“可视化”窗口中的百分比堆积条形图“”按钮，按图 6-10 设置百分比堆积条形图的属性，生成的百分比堆积条形图如图 6-11 所示。

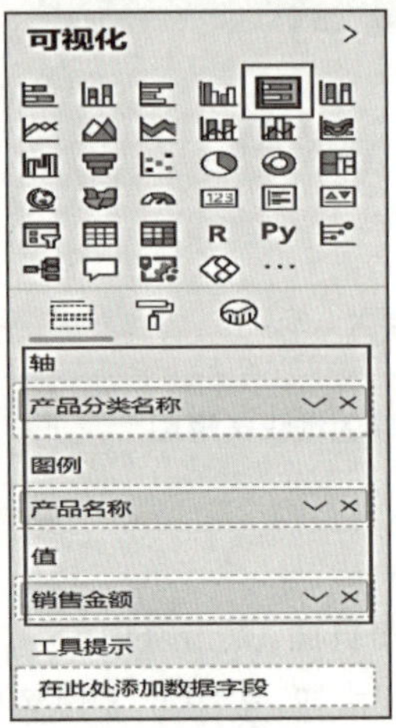

图 6-10 百分比堆积条形图属性的设置

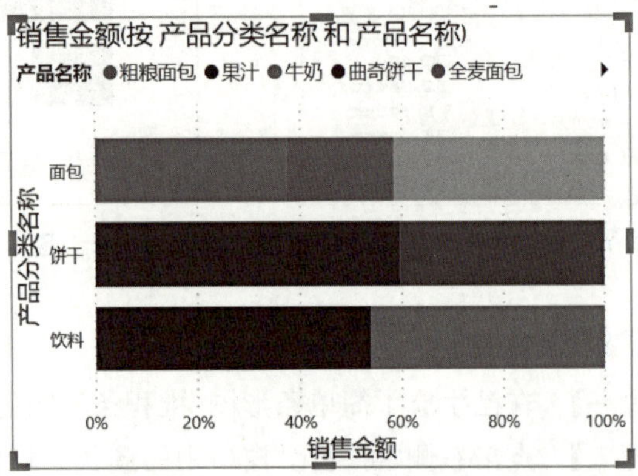

图 6-11 生成的百分比堆积条形图

子任务二 柱形图

柱形图

柱形图(column chart)，通常用来比较不同类别或项目之间的数据大小差异。柱形图由一系列垂直的柱形条组成，每个柱形的高度表示与某个类别或项目相关联的数值大小。应用场景：比较数据、数据趋势、百分比比较、差异比较等等。柱形图可以分为简单柱形图、堆积柱形图、簇状柱形图、百分比堆积柱形图 4 种。

1）新建简单柱形图

下面详细介绍如何用简单柱形图来展示甜甜蛋糕连锁店不同季度的销售金额。

【任务实施】

【步骤一】 在“条形图”页面旁边新添加一页报表页，并将新添加页改名为“柱形图”(即双击“条形图”报表页名称旁边的“+”按钮，双击“第一页”改名为“柱形图”)，如图 6-12 所示。

【步骤二】 点击右侧“可视化”窗口中的堆积柱形图“”按钮，按图 6-13 设置柱形图的属性，选中生成的简单柱形图，点击图表右上角的“···”按钮，选择其下拉菜单下的“以升序排序”选项。最终结果如图 6-14 所示。

2）新建堆积柱形图

下面具体介绍如何用堆积柱形图来展示甜甜蛋糕连锁店不同季度、不同产品分类的销售金额。

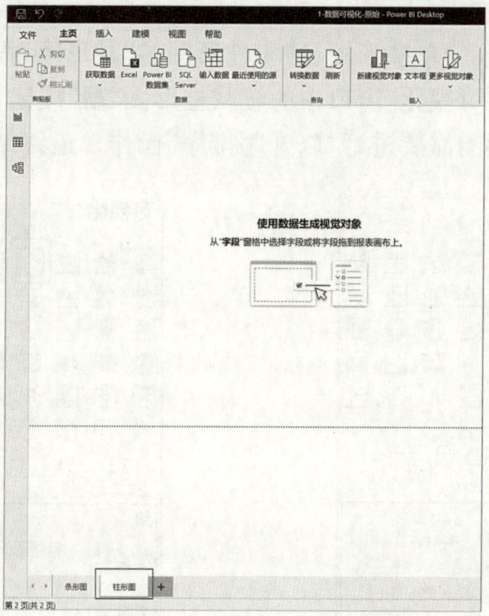

图 6-12　添加"柱形图"报表页

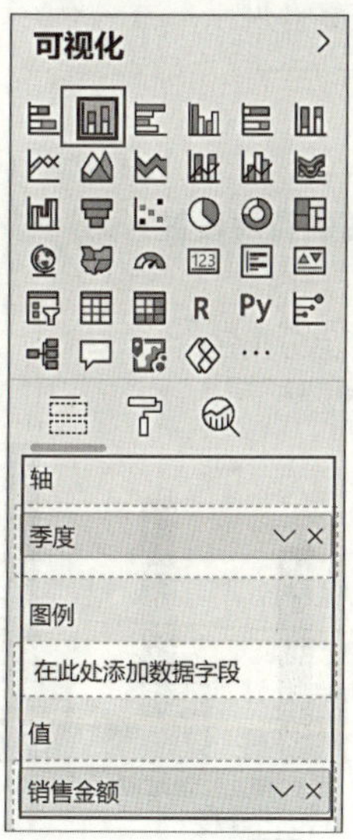

图 6-13　简单柱形图的属性设置

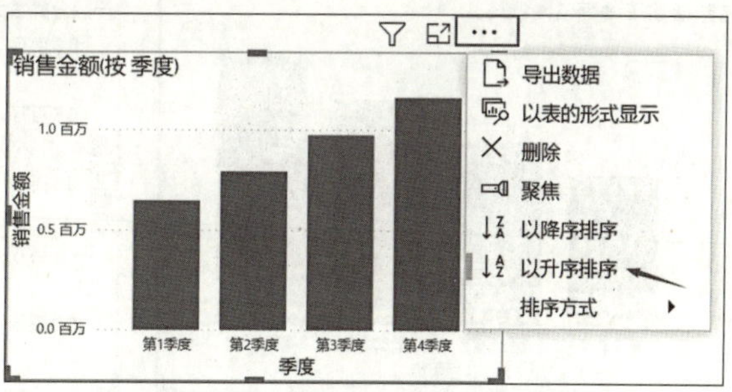

图 6-14　生成的简单柱形图

【任务实施】

【步骤一】　在已生成了简单柱形图的"柱形图"页面，点击空白处。

【步骤二】　点击右侧"可视化"窗口中的堆积柱形图""按钮，按图 6-15 设置堆积柱形图的属性（注意：同样需要进行"以升序排序"操作）。生成的堆积柱形图如图 6-16 所示。

3）新建簇状柱形图

下面具体介绍如何用簇状柱形图来展示甜甜蛋糕连锁店不同季度、不同产品分类的销售金额。

【任务实施】

【步骤一】 在已生成了简单柱形图、堆积柱形图的“柱形图”报表页面，点击空白处。

【步骤二】 点击右侧“可视化”窗口中的簇状柱形图“”按钮，按图 6-17 设置簇状柱形图的属性，生成的簇状柱形图需要进行“以升序排序”操作。最终结果如图 6-18 所示。

图 6-15 堆积柱形图的属性设置

图 6-17 簇状柱形图的属性设置

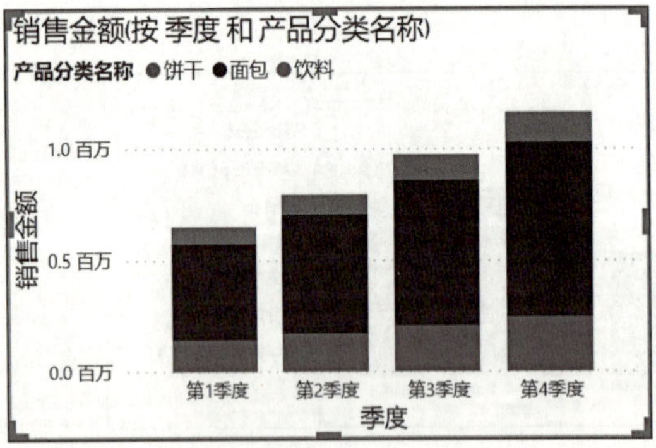

图 6-16 生成的堆积柱形图

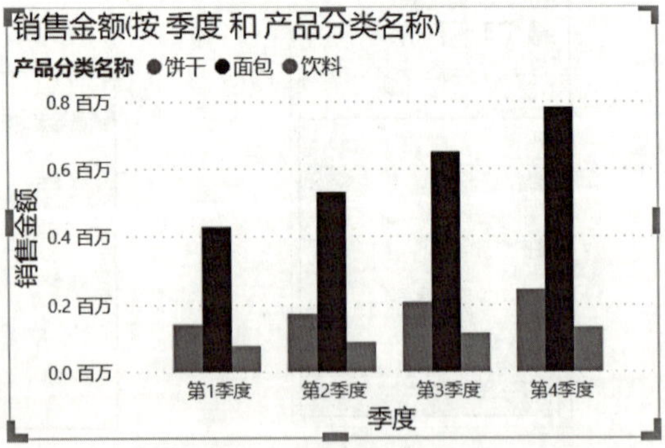

图 6-18 生成的簇状柱形图

4）新建百分比堆积柱形图

下面具体介绍如何用百分比堆积柱形图来展示甜甜蛋糕连锁店不同季度、不同产品分类的销售金额占总分类金额的百分比。

【任务实施】

【步骤一】　在已生成了简单柱形图、堆积柱形图、簇状柱形图的“柱形图”报表页面，点击空白处。

【步骤二】　点击右侧“可视化”窗口中的百分比堆积柱形图“”按钮，按图 6-19 设置百分比堆积柱形图的属性，生成的百分比堆积柱形图需要进行“以升序排序”操作。最终结果如图 6-20 所示。

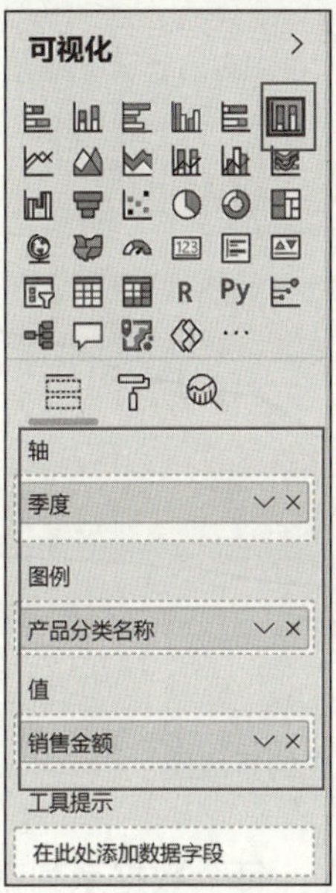

图 6-19　百分比堆积柱形图属性的设置

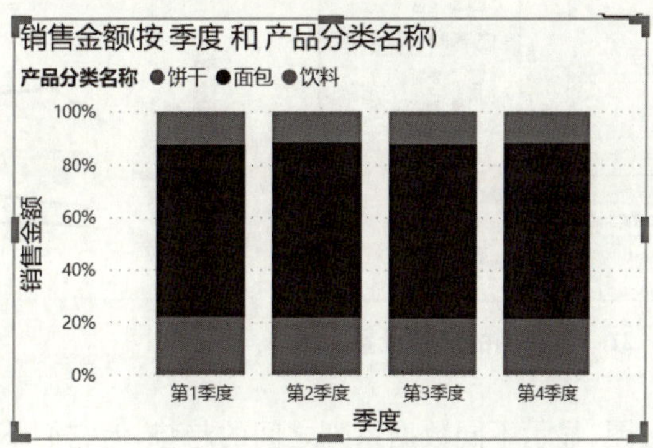

图 6-20　生成的百分比堆积柱形图

子任务三　折线图

折线图(line chart)通常用于表示随时间变化的数据趋势和关系。折线图最常用于展示数据随时间变化的趋势，例如销售额、股价、温度等。折线图中的数据点通常是连续的，代表一段时间内的数据变化，并且通常在折线图上会标记数据点，以便查看具体数值。应用场景：趋势分析、比较多组数据、关联分析、数据预测与趋势预测、异常检测。

折线图

下面详细介绍如何用折线图来展示甜甜蛋糕连锁店不同月份、不同产品分类的销售金额变化趋势。

【任务实施】

【步骤一】　在“柱形图”页面旁边新添加一页报表页，并将新添加页改名为“折线图”(即双击“柱形图”报表页名称旁边的“+”按钮，双击“第一页”改名为“折线图”)。

【步骤二】　点击右侧“可视化”窗口中的折线图“”按钮，按图 6-21 设置折线图的属性(注意：字段“月”，请选择“日期表”里面的)，生成的折线图如图 6-22 所示。

子任务四 面积图

面积图

面积图(area chart)是一种用来表示数据趋势的可视化图表类型。它在折线图的基础上添加了填充区域,以强调数据的累积或分布情况。在 Power BI 默认的可视化对象中,有两种面积图,即分区图和堆积面积图。

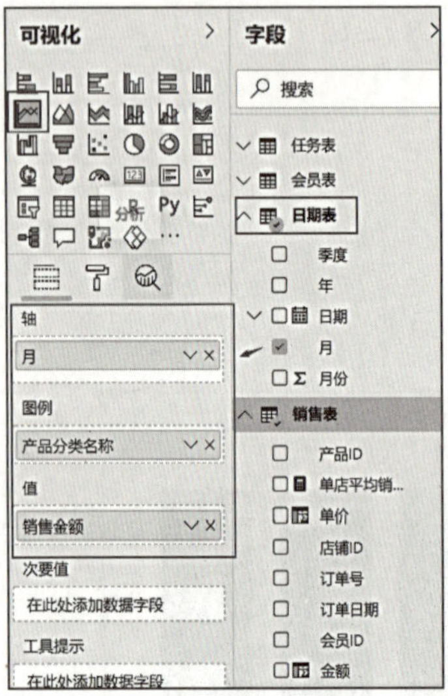

图 6-21 折线图的属性设置

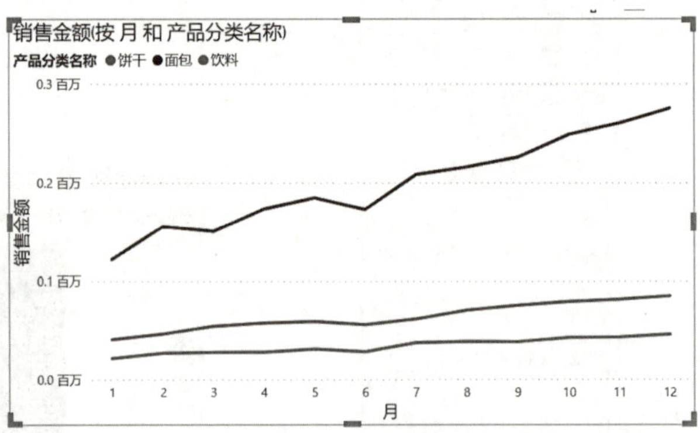

图 6-22 生成的折线图

分区图,显示不同数据系列之间的趋势,但它们不会相互堆叠。每个数据系列都有自己的填充区域,它们并排显示在同一张图表上。应用场景:分区面积图适用于展示多个数据系列的趋势,但通常不需要强调它们的总和。这种图表类型常用于显示多个相关但独立的度量值,例如,不同产品的销售量趋势。

堆叠面积图,显示多个数据系列的趋势,并将它们相互堆叠在一起,以强调它们的总和。每个数据系列的填充区域堆叠在下一个系列之上,总的填充区域表示所有系列的总和。应用场景:堆叠面积图通常用于比较多个数据系列的趋势,并且强调它们的总和。这有助于观察总体趋势以及每个系列对总和的贡献。例如,它可以用于显示多个产品的市场份额趋势,以及每个产品对市场份额的影响。

在实际工作中,选择使用分区面积图还是堆叠面积图时,需要考虑具体要传达的信息和分析目的。如果希望观察多个数据系列的独立趋势,分区面积图可能更适合。如果更关心总体趋势和系列之间的相对贡献,堆叠面积图可能更合适。根据具体情况选择合适的面积图类型可以增强数据可视化的效果。

1) 新建分区图

下面具体介绍如何用分区图来展示甜甜蛋糕连锁店不同月份、不同产品分类的销售金额变化趋势。

【任务实施】

【步骤一】 在“折线图”页面旁边新添加一页报表页,并将新添加页改名为“面积图”(即双击“折线图”报表页名称旁边的“+”按钮，双击“第一页”改名为“面积图”）。

【步骤二】 点击右侧“可视化”窗口中的分区图“”按钮，按图 6-23 设置的分区图的属性，生成的分区图如图 6-24 所示。

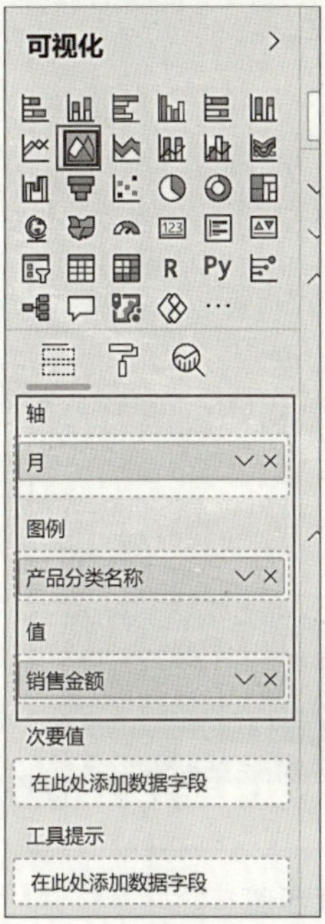

图 6-23 分区图的属性设置

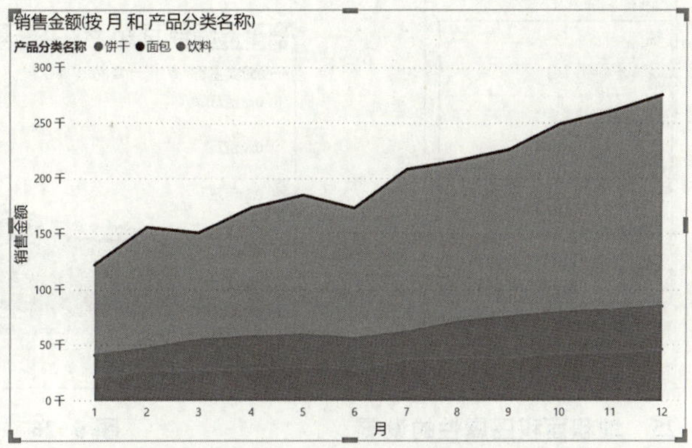

图 6-24 生成的分区图

2) 新建堆积面积图

下面介绍如何用堆积面积图来展示甜甜蛋糕连锁店不同月份、不同产品分类的销售金额变化趋势。

【任务实施】

【步骤一】 在已生成了分区图的“面积图”报表页，点击空白处。

【步骤二】 点击右侧“可视化”窗口中的堆积面积图“”按钮，按图 6-25 设置堆积面积图的属性，生成的堆积面积图如图 6-26 所示。

子任务五 组合图

组合图

组合图是一种数据可视化图表，它结合了不同类型的图表元素，以在同一个图表中同时展示多个数据系列。这种图表类型通常将柱形图、折线图、面积图等不同类型的图表组合在一起，以便更全面地呈现数据的不同方面。

主要的组合图类型包括如下。

(1) 柱形图与折线图组合：这种组合常见于需要同时展示某项指标的数量和趋势的情况。例如，可以将某产品的销售量用柱形图表示，同时将销售额的趋势用折线图表示，以便分析销售情况。

(2) 柱形图与面积图组合：这种组合通常用于比较两个或更多数据系列的数量，并显示它们的变化趋势。柱形图可以表示数量,而面积图可以用来表示相对的趋势。

(3) 多个柱形图组合:需要同时比较多个数据系列的数量,这时可以创建多个柱形图并排显示在同一个图表中。这种方式使得不同系列的数量更容易比较。

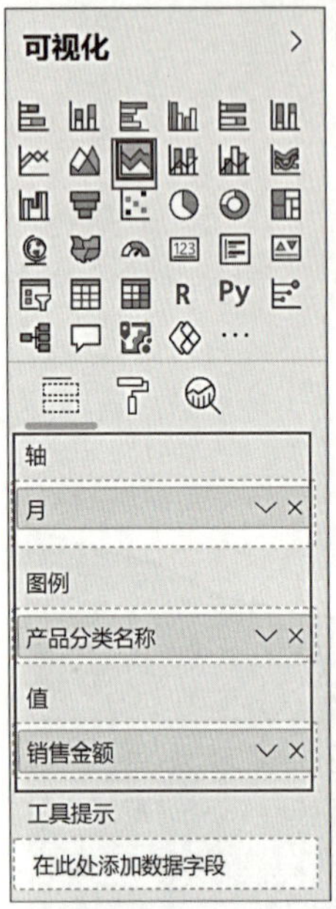

图 6-25 堆积面积图属性的设置

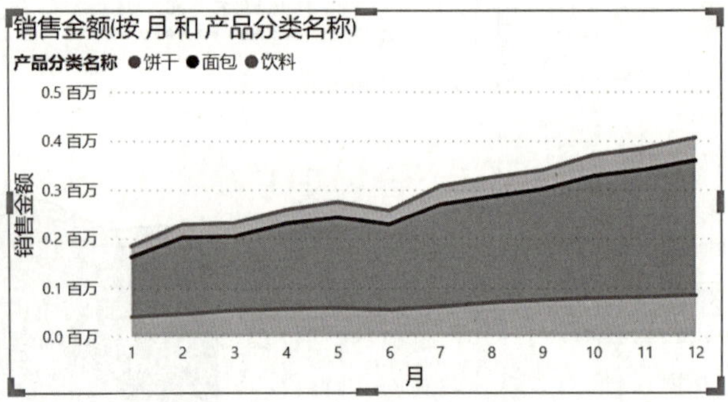

图 6-26 生成的堆积面积图

(4) 多个折线图或面积图组合:当需要展示多个数据系列的趋势时,可以将多个折线图或面积图组合在一起。这有助于观察不同系列的趋势,并比较它们之间的关系。

组合图的优势在于能够在一个图表中呈现更多的信息,有助于数据的全面分析和比较。但需要注意,过多的信息和元素可能会使图表复杂,降低可读性,因此在创建组合图时需要谨慎选择图表类型和排列方式,以确保能够清晰传达所需的信息。

1) 新建折线和堆积柱形图

下面具体介绍如何以折线和堆积柱形图来展示甜甜蛋糕连锁店不同月份、不同产品分类的销售金额及销售数量变化趋势。折线图用于反映销售数量的变化,堆积柱形图用于反映销售金额的变化。

【任务实施】

【步骤一】 在“面积图”页面旁边新添加一页报表页,并将新添加页改名为“组合图”。

【步骤二】 点击右侧“可视化”窗口中的“折线和堆积柱形图”按钮,按图 6-27 设置折线和堆积柱形图的属性,生成的折线和堆积柱形图如图 6-28 所示。

2) 新建折线和簇状柱形图

下面具体介绍如何用折线和簇状柱形图来展示甜甜蛋糕连锁店不同月份、不同产品分类的销售金额及销售数量变化趋势。折线图用于反映销售数量的变化,簇状柱形图用于反映销售金额的变化。

【任务实施】

【步骤一】 在已生成了折线和堆积柱形图的“组合图”报表页,点击空白处。

【步骤二】 点击右侧“可视化”窗口中的折线和簇状柱形图“”按钮，按图 6-29 设置折线和簇状柱形图的属性，生成的折线和簇状柱形图如图 6-30 所示。

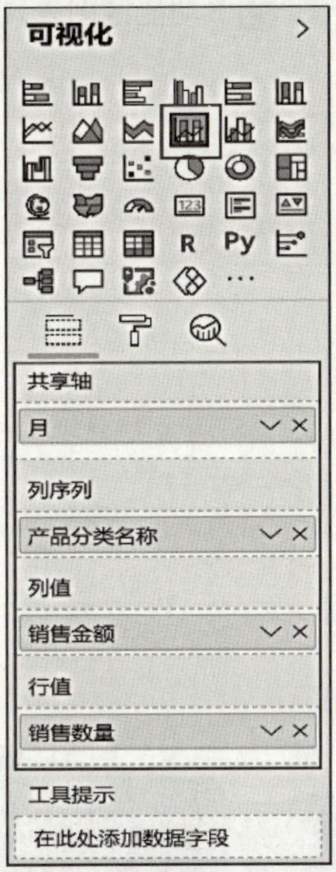

图 6-27 折线和堆积柱形图的属性设置

图 6-29 折线和簇状柱形图的属性设置

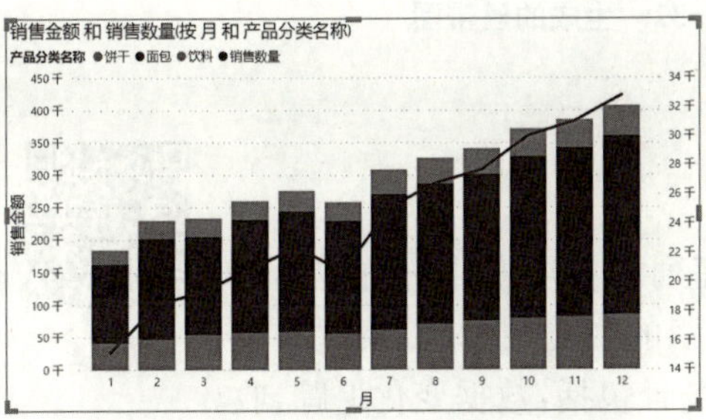

图 6-28 生成的折线和堆积柱形图

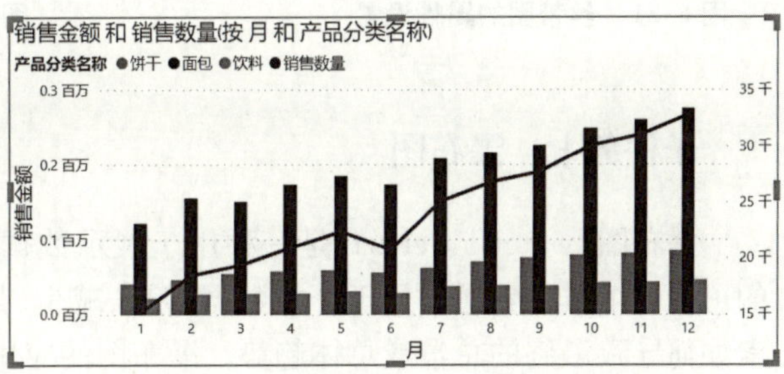

图 6-30 生成的折线和簇状柱形图

子任务六 丝带图

丝带图

丝带图(ribbon chart)，通常用于展示两个或多个类别之间的关系和比较。丝带图的主要特点是水平的带状结构，其中每个带状区域表示一个类别，并且不同类别之间的关系通过连接线或带状区域的宽度来表示。应用场景：类别比较、关联度可视化、趋势展示、多维数据分析。

下面具体介绍如何用丝带图(功能区图表)来展示甜甜蛋糕连锁店不同月份、不同产品分类的销售金额变化排名。

【任务实施】

【步骤一】 在“组合图”页面旁边新添加一页报表页，并将新添加页改名为“丝带图”。

【步骤二】 点击右侧的“可视化”窗口中的丝带图“”(功能区图表)按钮，按图 6-31 设置丝带图的属性，生成的丝带图如图 6-32 所示。

图 6-31　丝带图的属性设置

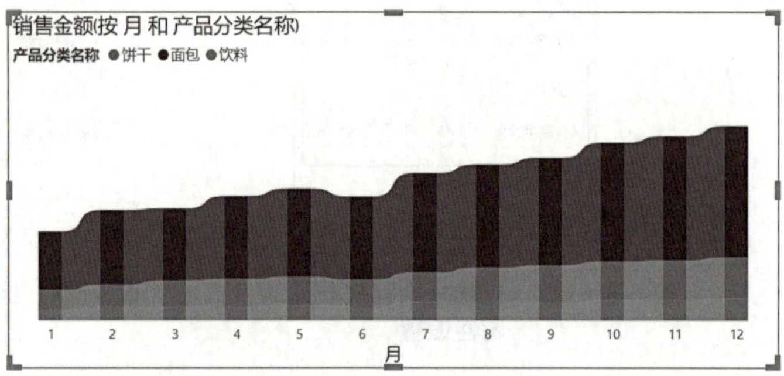

图 6-32　生成的丝带图

子任务七　瀑布图

瀑布图

瀑布图(waterfall chart)是一种用于展示数据序列中各项变化对总体影响的可视化工具。它通常用于分析数据增长、减少、累积的影响因素，以及这些因素如何导致最终的总量或总体趋势。瀑布图的应用场景包括：数据变化追踪、收支分析、项目管理、销售分析、效益分析等。特别适用于需要追踪数据变化路径的情况。

下面具体介绍如何用瀑布图来展示甜甜蛋糕连锁店不同产品的销售金额及总计情况。

【任务实施】

【步骤一】 在“丝带图”页面旁边新添加一页报表页，并将新添加页改名为“瀑布图”。

【步骤二】 点击右侧“可视化”窗口中的瀑布图“”按钮，按图 6-33 设置瀑布图的属性，调整瀑布图的格式，生成的瀑布图如图 6-34 所示。

子任务八　散点图

散点图

散点图(scatter plot)是一种用于可视化两个数值变量之间关系的图表类

型。它将数据以点的形式在坐标系上绘制，其中一个变量沿水平轴，另一个变量沿垂直轴，通过观察点的分布，可以快速识别变量之间的关联性、趋势和离群点。散点图的应用场景包括：关系分析、趋势分析、离群点检测、相关性分析、市场分析等。

图 6-33 瀑布图的属性设置

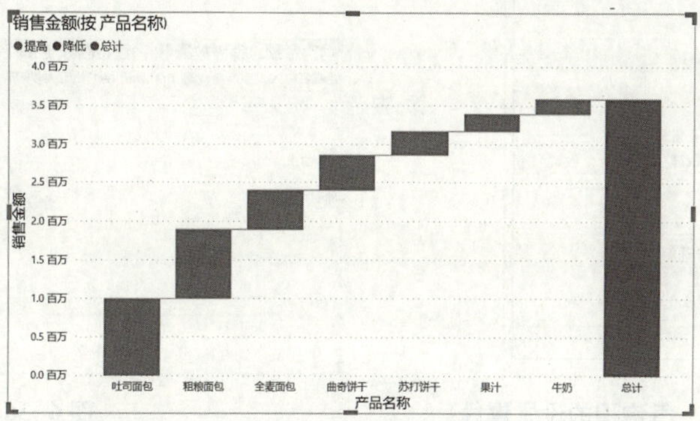

图 6-34 生成的瀑布图

气泡图是一种特殊的散点图，它是将数据点替换为气泡，用气泡大小来表示数据的其他维度。散点图和气泡图添加播放轴后，可将图表做成动态图表，极大提高图表的可视化效果。

下面具体介绍如何用动态气泡图来展示甜甜蛋糕连锁店不同店铺、不同月份的销售金额数量的变化情况。

【任务实施】

【步骤一】 在“瀑布图”页面旁边新添加一页报表页，并将新添加页改名为“气泡图”。

【步骤二】 点击右侧的“可视化”窗口中的散点图“”按钮，按图 6-35 设置气泡图的属性，生成的气泡图如图 6-36 所示。

子任务九 饼图与环形图

饼图与环形图

饼图（pie chart）和环形图（donut chart）都是用于可视化数据分布的图表类型，它们的主要特点和应用场景如下。

饼图：饼图是一个圆形图表，被分成多个扇形区域，每个扇形区域的大小表示数据中某个类别或部分的相对比例。通常，每个扇形区域的大小与所代表的数值的百分比成正比。应用场景：饼图常用于展示数据的占比关系，特别适合呈现数据中各类别的相对比例，例如销售额中各产品的占比、支出中不同费用项的比例等。

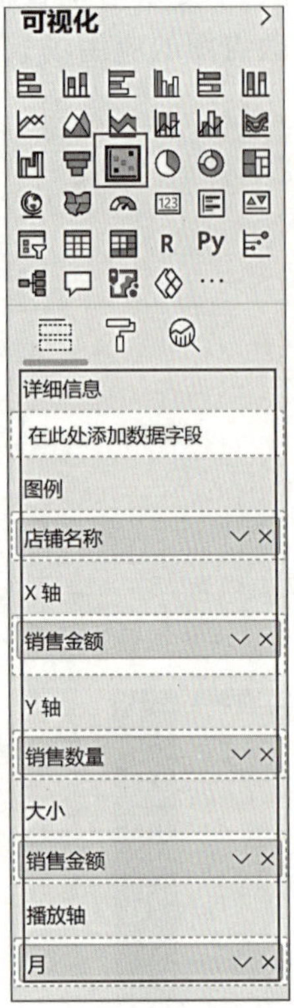

图 6-35　气泡图的设置属性

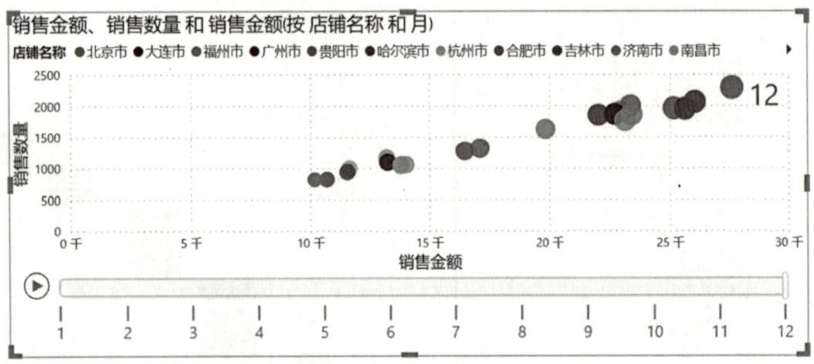

图 6-36　生成的气泡图

环形图:环形图与饼图类似,也是圆形图表,但与饼图不同的是,环形图在中间留有一个圆孔,形成环状。环形图的每个扇形区域的大小表示数据中某个类别或部分的相对比例,而中间的圆孔可以用于添加额外信息或标签。应用场景:环形图通常用于强调数据的总体占比,同时还能够在圆孔处添加附加信息,如总数值或百分比,使数据更易于理解。

饼图和环形图都适用于呈现数据的相对比例,但在选择使用哪种图表时,需要考虑数据的复杂性和可读性。通常情况下,环形图在传达占比信息的同时,还可以提供总体数值,因此在一些情况下更具可视化效果。但在只关注类别占比的情况下,饼图更简洁明了。

1) 新建饼图

下面介绍如何用饼图来展示甜甜蛋糕连锁店不同产品分类的销售金额占比。

【任务实施】

【步骤一】　在“散点图”页面旁边新添加一页报表页,并将新添加页改名为“饼图和环形图”。

【步骤二】　点击右侧“可视化”窗口中的饼图“”按钮,按图 6-37 设置饼图的属性,然后点击“可视化”窗口中的“格式”按钮,调整饼图的格式,将“图例—位置”设为“上”,将“详细信息—值的小数位”设为“2”,生成的饼图如图 6-38 所示。

图 6-37 饼图的属性设置

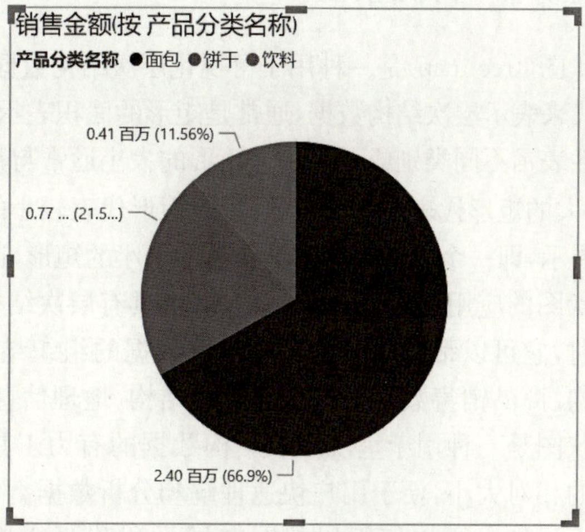

图 6-38 生成的饼图

2）新建环形图

下面介绍如何用环形图来展示甜甜蛋糕连锁店不同产品分类的销售金额占比。

【任务实施】

【步骤一】 在已生成了分区图的“饼图和环形图”报表页，点击空白处。

【步骤二】 点击“可视化”窗口中的环形图“”按钮，按图 6-39 设置环形图的属性。然后点击“可视化”窗口中的“格式”按钮，调整环形图的格式，设置“图例—位置”为“上”，设置“详细信息—值的小数位”为“2”，最后生成的环形图如图 6-40 所示。

图 6-39 环形图的属性设置

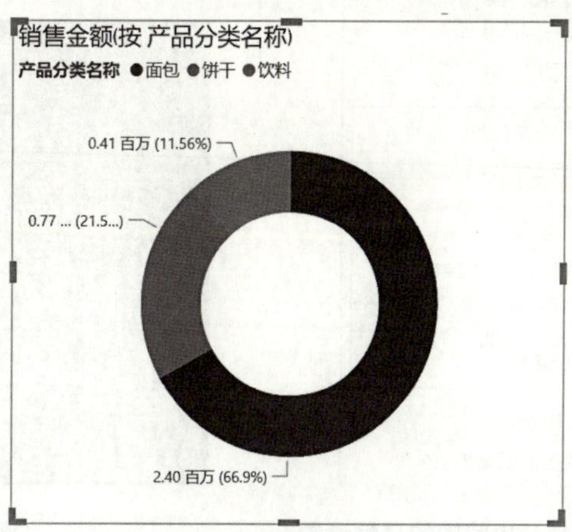

图 6-40 生成的环形图

子任务十　树状图

树状图

树状图(tree map)是一种用于可视化层次结构数据的图表类型,树状图采用矩形的方式来表示层次结构数据,通常是矩形的面积表示数据的大小,而颜色深浅或其他属性表示不同类别或子类别。矩形的大小通常与数据的数量或数值大小成正比,因此大的矩形代表更大的数值,小的矩形代表较小的数值。它的层次结构可以通过矩形的嵌套来展示,即一个大的矩形内部包含多个小的矩形,这些小矩形表示更具体的子类别。

树状图的应用场景:主要适用于展示具有层次结构的数据,特别是在数据的层次关系非常复杂时,它可以帮助用户更好地理解数据的组织结构。常见的应用场景包括金融领域的组织结构、商品销售数据中的产品层次结构、地理信息数据中的区域划分等。

树状图是一种用于呈现层次结构数据的有力工具,能够清晰地展示数据的组织方式和各层级的相对大小,便于用户快速理解和分析数据。

下面详细介绍如何用树状图来展示甜甜蛋糕连锁店不同产品的销售金额及总体的比重。

【任务实施】

【步骤一】　在“饼图和环形图”页面旁边新添加一页报表页,并将新添加页改名为“树状图”。

【步骤二】　点击右侧“可视化”窗口中的树状图“”按钮,按图 6-41 设置树状图的属性。然后单击“可视化”窗口中的“格式”按钮,调整树状图的格式,并将“数据标签”设为“开”,生成的树状图如 6-42 所示。

图 6-41　树状图的属性设置

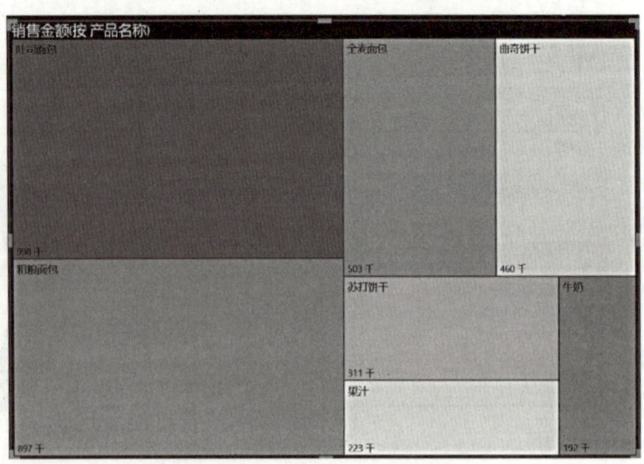

图 6-42　生成的树状图

子任务十一 地图

地图是一种用于可视化地理信息数据的图表类型，通常以地球的形状或地理坐标系来呈现数据，使用各种符号、颜色和层级来表示不同的地理位置或区域。可以包括不同的图层，如地理位置、道路、地形、行政边界等，以便更详细地展示地理信息。通过交互方式来探索数据，例如缩放、平移和点击等操作，以查看不同地理区域的数据。

主要应用场景如下：

地图在地理信息系统(GIS)领域被广泛应用，用于展示地理位置相关的数据，如地图上标记不同城市的销售额、人口密度、气象数据等。

商业领域中，地图可以用于分析销售区域、客户分布、市场覆盖等，帮助企业做出地理相关的战略决策。

在公共卫生领域，地图可以用于追踪疫情传播、医疗资源分布、卫生状况等。

在市政管理中，地图可以用于规划城市交通、土地利用、环保措施等。

在 Power BI 默认的可视化对象中，有两种地图元素：气泡地图和着色地图。

1) 新建气泡地图

气泡地图，用于在地图上显示地理区域的数据，并使用不同大小和颜色的气泡代表不同的数据值，气泡越大，则表示的数据值越大。要注意的是，在使用气泡图时，地名最好写全称，如“北京”应该写为“北京市”。如果要确保位置精准，可以把具体的经纬度添加进来。

下面具体介绍如何用气泡地图来展示甜甜蛋糕连锁店不同门店的销售情况。

【任务实施】

【步骤一】 在“树状图”页面旁边新添加一页报表页，并将新添加页改名为“地图”。

【步骤二】 点击右侧“可视化”窗口中的地图“”按钮，按图 6-43 设置气泡地图的属性，即可实现地图的可视化效果。

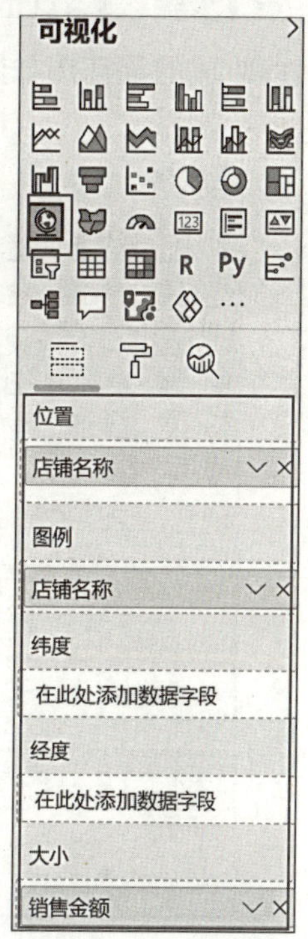

图 6-43 气泡地图的属性设置

2) 新建着色地图

着色地图，通过在地图上使用不同的颜色来表示不同地理区域或地点的数据值或属性。着色地图的核心特点是使用颜色来呈现数据信息。不同颜色通常代表不同的数据范围、分类或属性，这使得用户可以快速识别和比较不同地区或地点之间的数据差异。着色地图通常基于地理坐标系统，以地图的地理区域或地点为基础，将颜色与特定地理区域相关联。

主要应用场景如下：

(1) 人口分布：用颜色表示不同地区或国家的人口密度，使用户可以看到人口集中区域和稀疏区域。

(2) 疫情传播：着色地图可用于显示疫情在不同地区的传播情况，颜色表示感染率或风险等级。

(3) 经济指标：用颜色表示不同地区的经济数据，如 GDP、失业率或平均收入水平。

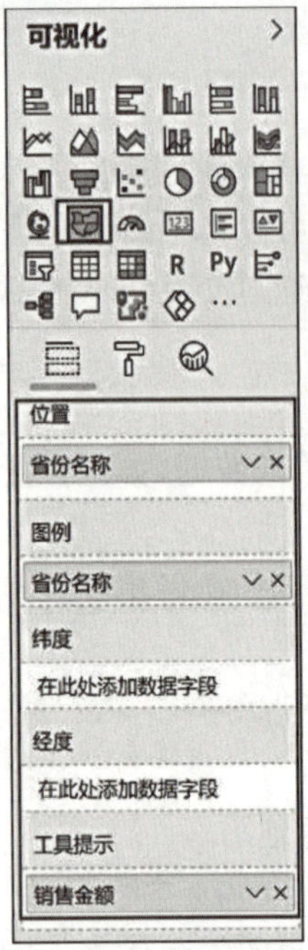

图 6-44　着色地图可视化

下面介绍如何用着色地图来展示甜甜蛋糕连锁店不同门店的销售金额。

【任务实施】

【步骤一】　在已生成了分区图的“地图”报表页,点击空白处。

【步骤二】　点击“可视化”窗口中的着色地图“ ”按钮,按图 6-44 设置着色地图的属性,即可实现着色地图的可视化效果。

子任务十二　漏斗图

漏斗图

漏斗图(funnel chart)是一种数据可视化图表,通常用于表示一系列阶段或步骤中的数据流向和变化情况。漏斗图呈现为上宽下窄的漏斗形状,每个阶段的宽度表示数据量或百分比的变化。通常按照顺序排列一系列阶段,表示数据流向的逻辑关系。应用场景:销售和营销分析、转化率分析、业务流程优化等。

下面具体介绍如何用漏斗图来展示甜甜蛋糕连锁店不同产品的销售金额变化。

【任务实施】

【步骤一】　在“地图”页面旁边新添加一页报表页,并将新添加页改名为“漏斗图”。

【步骤二】　点击右侧“可视化”窗口中的漏斗图“ ”按钮,按图 6-45 设置漏斗图的属性,生成的漏斗图如图 6-46 所示。

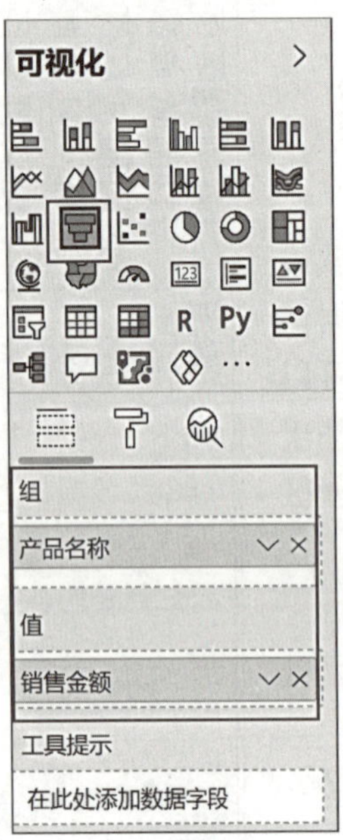

图 6-45　漏斗图的属性设置

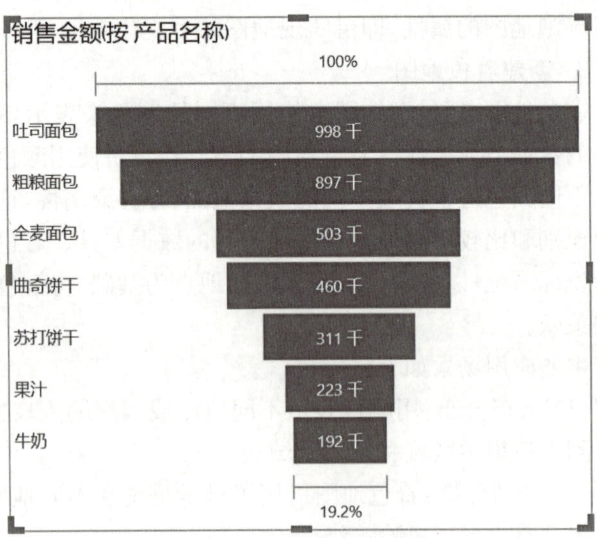

图 6-46　生成的漏斗图

子任务十三　卡片图与多行卡

卡片图与多行卡

卡片图(card)和多行卡(multi-row card)都是 Power BI 中的可视化元素，用于显示数据的关键指标或详细信息。它们有以下特点和区别：

卡片图

特点：卡片图通常用于显示单个数值或文本指标，以突出关键数据。它显示为一个方形或矩形区域，其中包含一个数值或文本。

应用场景：适用于显示单一的、关键的数据指标，如总销售额、总利润、总订单数等。通常用于仪表板的概要部分，以便用户一目了然地了解主要数据。

交互性：通常情况下，卡片图不具备用户交互性，但可以与其他可视化元素结合使用，以响应用户的选择和筛选。

多行卡

特点：多行卡与卡片图类似，但它允许显示多个数值或文本指标，通常以列表形式排列在一个矩形区域内。

应用场景：多行卡适用于需要同时显示多个相关指标或详细信息的情况。它可以用于显示产品列表、销售员列表、客户列表等。用户可以滚动查看所有项目。

交互性：与卡片图一样，多行卡通常也不具备用户交互性，但可与其他可视化元素和筛选器结合使用。

卡片图用于突出单一关键指标的可视化，而多行卡适用于以列表形式显示多个相关数据项的情况。选择使用哪种取决于你想要呈现的数据类型和展示方式。

1）新建卡片图

下面具体介绍如何用卡片图来展示甜甜蛋糕连锁店的销售金额这个指标。

【任务实施】

【步骤一】　在“漏斗图”页面旁边新添加一页报表页，并将新添加页改名为“卡片图和多行卡”。

【步骤二】　点击“可视化”窗口中的卡片图“”按钮，按图 6-47 设置卡片图的属性，调整格式，将“数据标签—值的小数位”设为“2”，将“边框”设为“开”，生成的销售金额卡片图如图 6-48 所示。

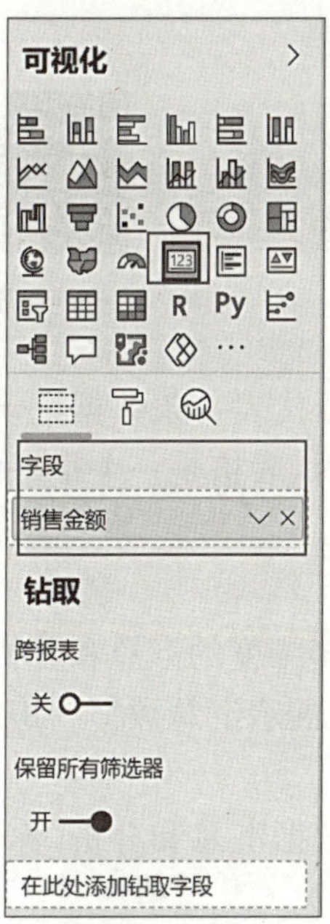

图 6-47　销售金额卡片图的属性设置

图 6-48　生成的销售金额卡片图

2）新建多行卡

下面具体介绍如何用多行卡来展示甜甜蛋糕连锁店的销售金额、销售数量、营业店铺数量、单店平均销售额等指标。

【任务实施】

【步骤一】 在已生成了卡片图的“卡片图和多行卡”报表页，点击空白处。

【步骤二】 点击右侧“可视化”窗口中的多行卡“”按钮，按图 6-49 设置多行卡的属性，生成的多行卡如图 6-50 所示。

图 6-49　多行卡的属性设置

图 6-50　生成的多行卡

子任务十四　表和矩阵

表和矩阵

表(table)和矩阵(matrix)是 Power BI 中常用的两种数据可视化图表，它们各自具有不同的特点和应用场景。

表

表通常以表格的形式展示数据，每一列代表一个数据字段，每一行代表一条数据记录。适合显示详细的数据信息，特别是在需要查看每个数据点的具体数值时，表格是一个很好的选择。表格可以进行排序、筛选，以便用户按照需要查找和分析数据。

矩阵

矩阵也是以表格的形式呈现数据，但它可以更灵活地对数据进行多维度的汇总和分析。通常具有行和列的分组功能，可以将数据按照多个维度进行交叉分析，展示汇总数据。矩阵适合用于创建交叉报表、数据透视表以及进行多维度的汇总分析。

总之，表格适合展示详细的数据记录，而矩阵则更适合多维度的数据汇总和分析，你可以根据具体的数据分析需求和可视化目标选择使用哪种图表。

1）新建表

下面具体介绍如何用表来展示甜甜蛋糕连锁店不同年度和不同月份的销售金额、上月销售额、销售金额环比、上年销售额、销售金额同比等数据。

【任务实施】

【步骤一】 在“卡片图和多行卡图”页面旁边新添加一页报表页，并将新添加页改名为“表和矩阵”。

【步骤二】 点击右侧的“可视化”窗口中的表“”按钮，按图 6-51 设置表的属性。分别选中“销售金额环比”“销售金额同比”两个度量值，在上侧“度量工具”选项中的“格式化”组中，参照图 6-52 设置数据格式(百分比及小数位)。生成的表如图 6-53 所示。

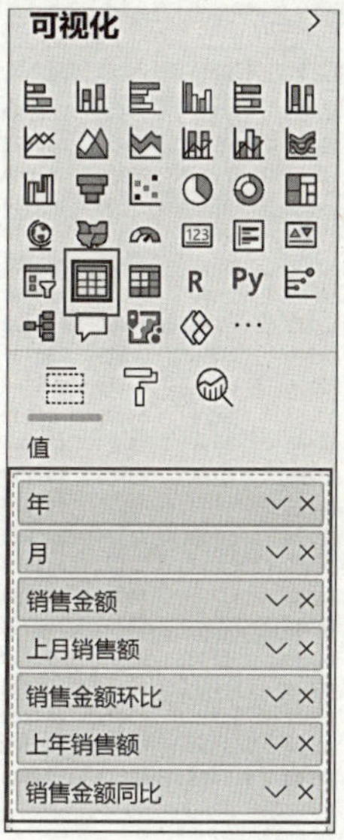

图 6-51 表的属性设置

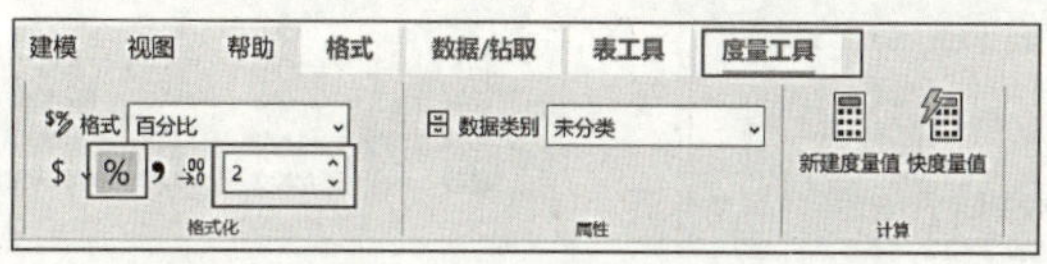

图 6-52 表的数据格式设置

年	月	销售金额	上月销售额	销售金额环比	上年销售额	销售金额同比
2020	1	72097				
2020	2	92991	72097	28.98%		
2020	3	122986	92991	32.26%		
2020	4	118746	122986	-3.45%		
2020	5	115788	118746	-2.49%		
2020	6	109868	115788	-5.11%		
2020	7	117598	109868	7.04%		
2020	8	117564	117598	-0.03%		
2020	9	113343	117564	-3.59%		
2020	10	115417	113343	1.83%		
2020	11	117000	115417	1.37%		
2020	12	120814	117000	3.26%		
2021	1	112995	120814	-6.47%	72097	56.73%
2021	2	137117	112995	21.35%	101077	35.66%
2021	3	110670	132725	-16.62%	118745	-6.80%
2021	4	141318	110041	28.42%	116882	20.91%
2021	5	160281	139941	14.53%	117803	36.06%
2021	6	148500	163175	-8.99%	109009	36.23%
2021	7	190993	148624	28.51%	119165	60.28%
2021	8	208695	189105	10.36%	117075	78.26%
2021	9	227440	209933	8.34%	113446	100.48%
2021	10	256540	222197	15.46%	115903	121.34%
2021	11	268848	255045	5.41%	116386	131.00%
2021	12	286450	270400	5.94%	116624	145.62%
总计		3584059			1334212	168.63%

图 6-53 生成的表

2）新建矩阵

下面介绍如何用矩阵来展示甜甜蛋糕连锁店不同店铺、不同产品的销售金额。

【任务实施】

【步骤一】 在已生成了表的“表和矩阵”报表页，点击空白处。

【步骤二】 点击右侧“可视化”窗口中的矩阵“”按钮，按图 6-54 设置矩阵的属性，生成的矩阵如图 6-55 所示。

图 6-54 矩阵的属性设置

店铺名称	粗粮面包	果汁	牛奶	曲奇饼干	全麦面包	苏打饼干	吐司面包	**总计**
北京市	62120	14904	13644	31710	35308	19304	59300	**236290**
大连市	54220	16152	11820	29240	30072	18168	60650	**220322**
福州市	23260	4914	3756	11380	10234	7216	26900	**87660**
广州市	29020	7128	5668	12830	14532	9736	27200	**106114**
贵阳市	21680	5220	4612	12100	13342	7784	26850	**91588**
哈尔滨市	56640	13740	11880	29150	33138	19352	58725	**222625**
杭州市	26020	6168	4760	14290	14196	8816	29600	**103850**
合肥市	24360	5916	4304	14500	13272	7680	26400	**96432**
吉林市	56420	13842	13548	29740	34930	19456	62825	**230761**
济南市	52380	14622	12028	27150	30856	21256	65475	**223767**
南昌市	24260	7404	4672	10870	13664	9624	29025	**99519**
南京市	30400	6450	6940	12970	18900	8416	33225	**117301**
南宁市	26500	7386	6184	16490	13286	8744	29125	**107715**
上海市	30980	7026	5036	13930	14630	9600	28575	**109777**
沈阳市	58600	14394	12012	30260	32998	18200	61375	**227839**
石家庄市	57540	11328	11728	24470	28448	18824	62175	**214513**
太原市	47540	13212	11532	24100	26656	17704	56950	**197694**
天津市	56580	12264	11948	24490	28980	17648	53400	**205310**
武汉市	21300	6228	4604	15070	14238	8240	27100	**96780**
西安市	24200	6930	5220	14980	14630	7760	30525	**104245**
长春市	58740	14550	14440	33500	37912	25192	73475	**257809**
郑州市	54140	13152	11188	27150	28322	22696	69500	**226148**
总计	**896900**	**222930**	**191524**	**460370**	**502544**	**311416**	**998375**	**3584059**

图 6-55 生成的矩阵

子任务十五 切片器

切片器

切片器(slicer)是 Power BI 中的一个交互式控件，用于帮助用户对数据进行筛选和过滤，以便更好地分析数据和生成自定义视图。切片器通常以选择器或滑块的形式呈现在报表中，用户可以通过它们选择特定的数据子集，从而实现数据的动态筛选和呈现。它的主要作用包括：数据筛选、交互性、自定义视图、过滤数据等。

例如，我们可以用条形图来展示甜甜蛋糕连锁店在 2020 和 2021 年度不同产品类别的销售金额。若想查看某一年度、某一季度、某一月份不同产品类别的销售金额，就可以设置“年”“季度”“月”3 个切片器。下面具体介绍操作过程。

【任务实施】

【步骤一】 在报表视图，选择“条形图”报表页，点击空白处。

【步骤二】 点击右侧“可视化”窗口中的切片器“”按钮，如图 6-56 所示，设置“年”切片器的属性。用同样的方法，分别设置“季度”和“月”切片器的属性。

【步骤三】 点击“可视化”窗口中的“格式”按钮，将 3 个切片器的“边框”都设为“开”，生成的切片器如图 6-57 所示。

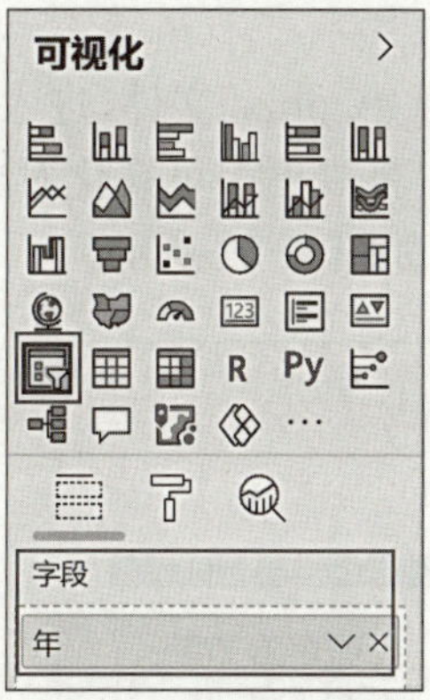

图 6-56　切片器的属性设置

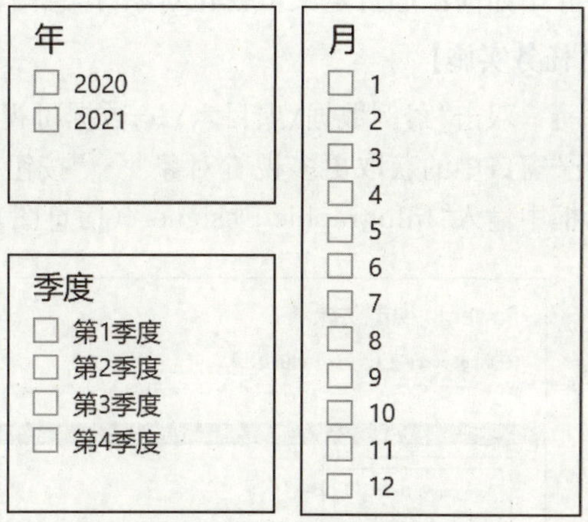

图 6-57　生成的切片器

【步骤四】　通过对切片器的控制，可以筛选出需要的报表数据，如图 6-58 所示。

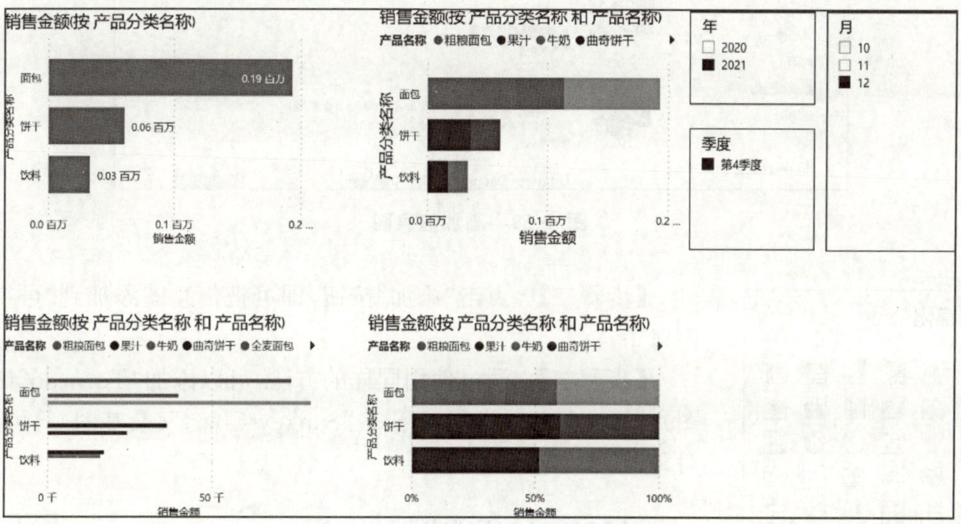

图 6-58　筛选报表数据

任务二　自定义可视化图表

添加自定义可视化对象

子任务一　添加自定义可视化对象

Power BI 不仅有丰富的内置可视化图表，用户还可以通过不同途径添加自定义可视化对象。一般情况下，获取自定义可视化对象的途径有两种：一种是直接在 Power BI Desktop 的“可视化”窗口中直接添加；另一种则登录 Power BI 的官方网站，下载并安装自定义可视化对象（注意：加载自定义可视化对象需要注册账号登录 Power BI）。

下面将介绍如何添加自定义可视化对象(信息图、旋风图、文字云、桑基图等)。

【任务实施】

【步骤一】 双击"案例数据\项目六\1-数据可视化—原始.pbix"文件,进入 Power BI。单击"可视化"窗口中的获取更多视觉对象"···"按钮,选择"获取更多可视化对象"选项,在弹出的对话框中输入"Infographic Designer"(信息图)选项,如图 6-59 所示。

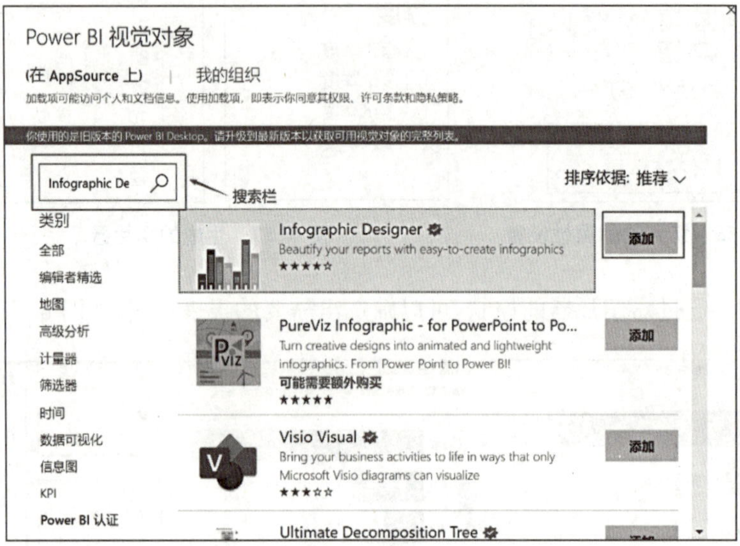

图 6-59 添加信息图

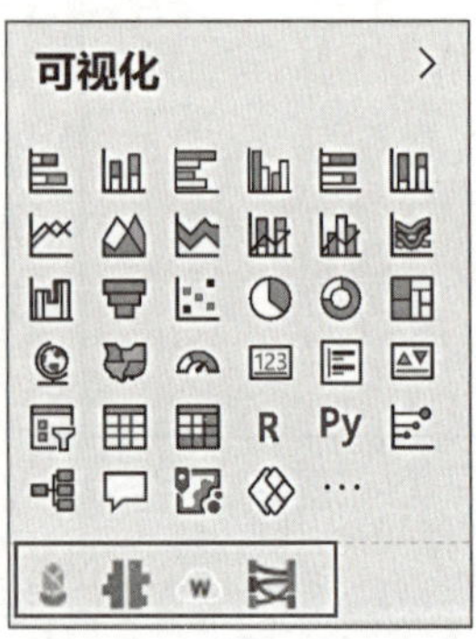

图 6-60 依次添加"旋风图""文字云""桑基图"

【步骤二】 点击"添加"按钮,即可把信息图添加到"可视化"窗口中。

【步骤三】 通过使用同样的方法,可以添加"Tornado"(旋风图)、"Word Cloud"(文字云)、"Sankey Chart"(桑基图)等可视化对象,结果如图 6-60 所示。

子任务二 信息图

信息图

信息图本质上是一种视觉化的图表,它通过柱形图或条形图等图形元素的人物化表达,以更生动形象的方式呈现数据、关系或概念。

柱形图和条形图是信息图中常用的形式之一,它们通过柱状或条状的图形表示不同数据或类别的大小,从而形象地展示数据的相对关系。这种表达方式使得数据更加生动,适用于许多场景,包括统计数据、趋势分析、对比等。

下面介绍如何用信息图来反映分析不同销售经理销售额情况。

【任务实施】

【步骤一】 双击"案例数据\项目六\1-数据可视化—信息图 原始.pbix"文件,进入 Power BI。单击窗口左侧的报表"📊"按钮,新建"信息图"报表页。

【步骤二】 点击右侧“可视化”窗口中的信息图“▣”按钮，将“字段”中的“销售经理”拖入 Category，“销售额”拖入“Measure”选项。鼠标放置信息图上，此时右上角会出现笔形图标（信息图的编辑标记），如图 6-61 所示。单击笔形图标，弹出“Mark Designer”对话框，单击“Delete element”图标，删除原有图示，如图 6-62 所示。

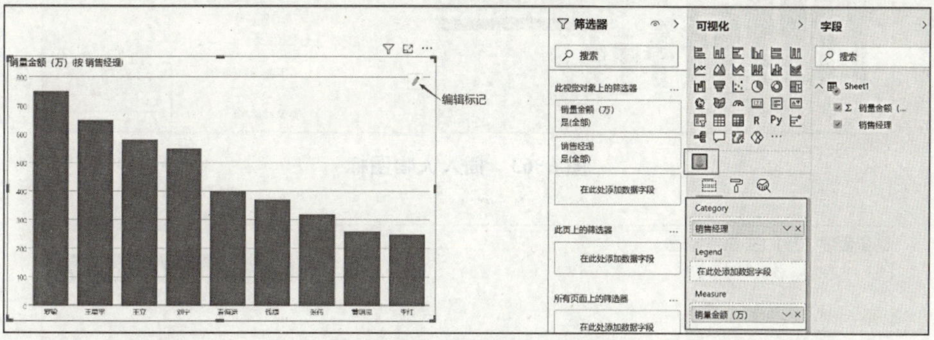

图 6-61 信息图的编辑标记

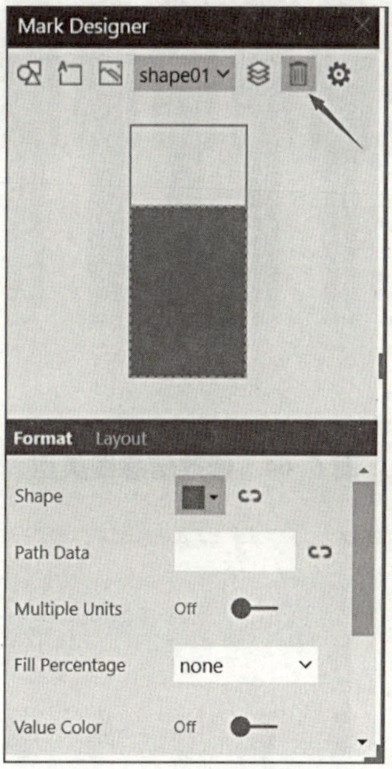

图 6-62 删除原有图示

【步骤三】 单击“Insert shape”选项，选择任务图标（可自行选择），确保可视化格式的 chart 栏为“Column”，如图 6-63 所示。

【步骤四】 将 Layout 页面下“Bound to”设置为“Outer”，如图 6-64 所示。将“Format”页面下的“Fill Percentage”设置为“销售额（万元）”，设置“Value Color”（即人物颜色的选择），如图 6-65 所示。

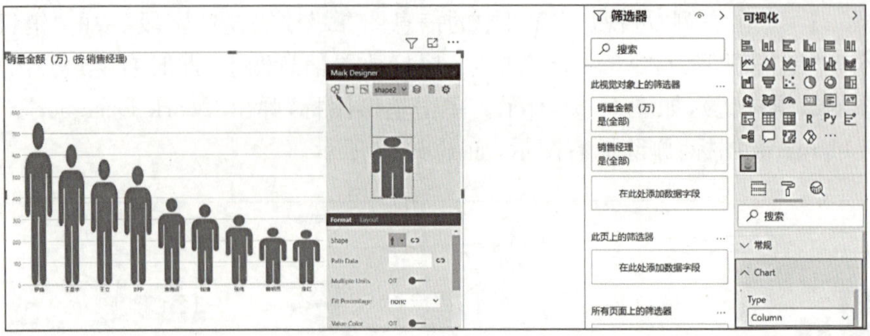

图 6-63　插入人物图标

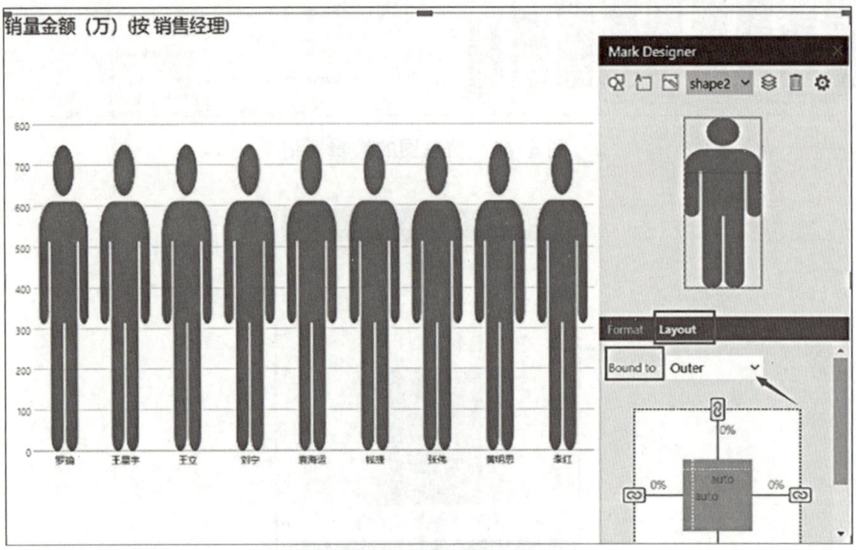

图 6-64　修改信息图类型

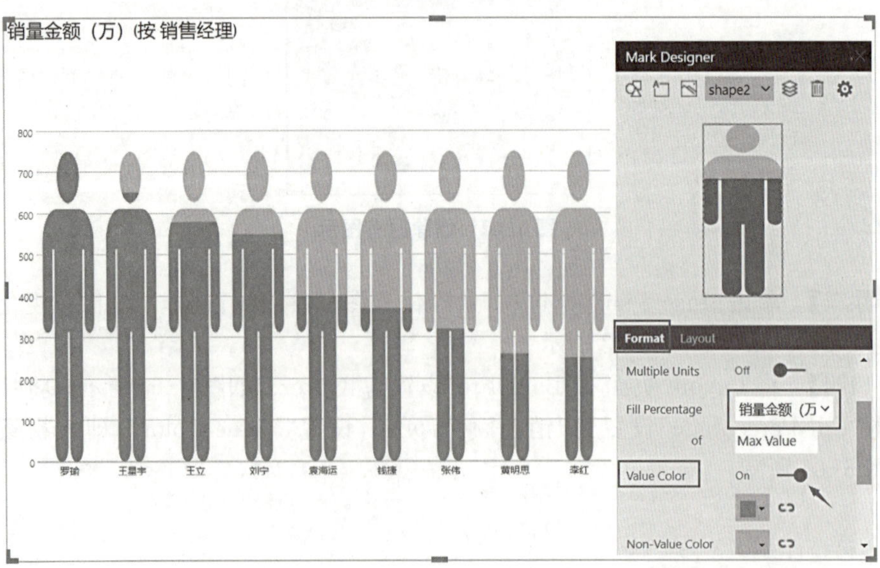

图 6-65　设置人物颜色

【步骤五】　关闭“Mark Designer”窗口，进入格式调整标题、字体、颜色等，最终结果如图 6-66 所示。

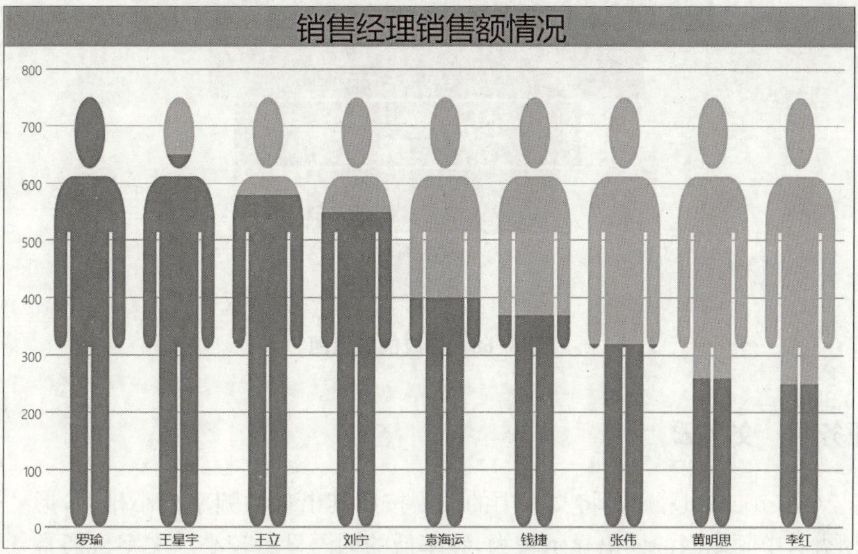

图 6-66　信息图结果

子任务三　旋风图

旋风图

旋风图(tornado)，又称龙卷风图、飓风图，它是一种特殊的条形图，把图例的两种类别(仅限两种)在坐标轴左右两侧对称显示，很容易看出这两种类别的大小差异。主要适用于对比两个群组或个体在一个维度或不同维度值上的某个度量值的大小差异。例如：两个班级的分数对比、国内与国外数据对比、线上与线下数据对比、两个年度产品销售额的对比等等。通过左右方向的布局对比，数据对比更加直观形象。

下面具体介绍如何用旋风图来反映按教育程度与性别不同的收入对比情况。

【任务实施】

【步骤一】　双击“案例数据\项目六\1-数据可视化-旋风图 原始. pbix”文件，进入 Power BI。单击窗口左侧的报表“”按钮，新建“旋风图”报表页。

【步骤二】　点击右侧“可视化”窗口中的旋风图“”按钮，按照图 6-67 设置旋风图的属性。

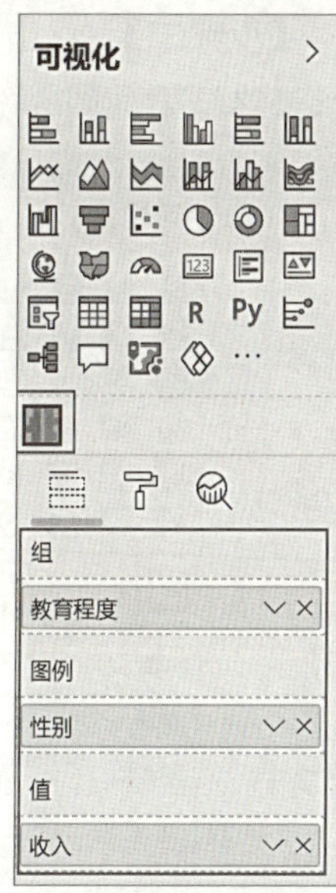

图 6-67　旋风图的属性设置

【步骤三】　切换到格式栏，即点击格式“”按钮，将组的文本大小设置为“14”，修改标题文本、字体颜色、背景色、对齐方式、文本大小及边框等。最终结果如图 6-68 所示。

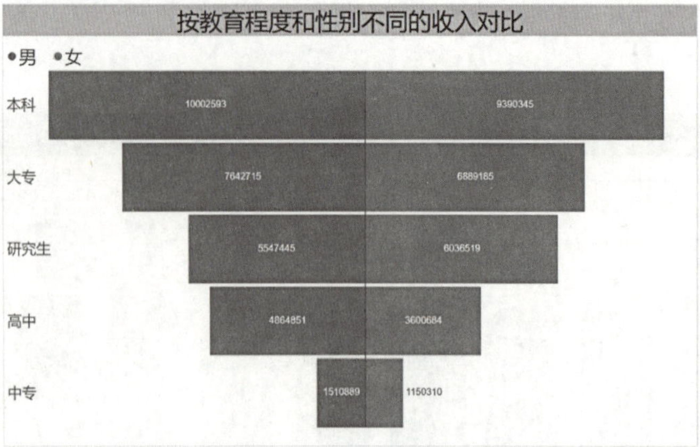

图 6-68　生成的旋风图

子任务四　文字云

文字云

文字云(word cloud),通过将文本中的词语按照其出现的频率大小排列,形成一个图形,其中频率高的词语显示较大,频率低的词语显示较小。文字云通常用于展示文本数据中关键词的重要性和分布情况。

下面具体介绍如何用文字云来反映甜甜蛋糕连锁店中购买金额最大的会员 ID 号。

【任务实施】

【步骤一】　双击“案例数据\项目六\1 -数据可视化 原始. pbix”文件,进入 Power BI。单击窗口左侧的报表“ ”按钮,新建“文字云”报表页。

【步骤二】　点击右侧“可视化”窗口中的文字云“ ”按钮,按图 6-69 设置文字云的属性,最终结果如图 6-70 所示。从中可看出,购买金额最大的会员 ID 是 1233。

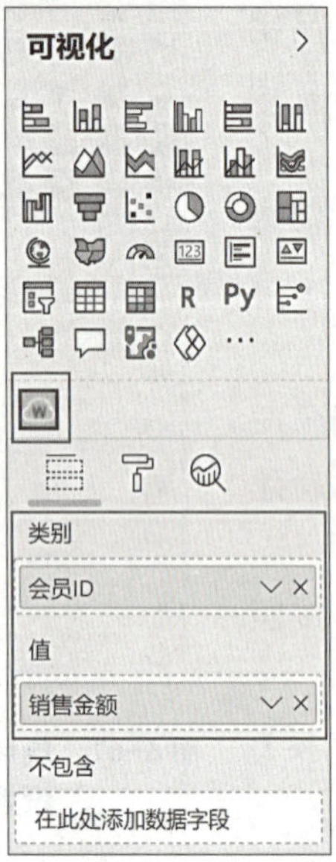

图 6-69　文字云的属性设置

图 6-70　生成的文字云

子任务五 桑基图

桑基图

桑基图(sankey diagram)是一种流程图，用于可视化复杂系统中的流量、能量或资源的流动。这种图表以流程的方式显示物质或信息从一个状态到另一个状态的转移，通过连接带有箭头的节点来表示流动的方向和量。

桑基图的主要组成部分包括：

(1) 节点(node)：表示系统中的不同状态或阶段。节点之间的连接表示物质或信息的流动路径。

(2) 流(flow)：表示物质或信息从一个节点到另一个节点的传递。流的宽度通常与流量的大小成比例。

(3) 箭头(arrow)：表示流的方向。箭头的粗细或长度可以表示流量的相对大小。

桑基图常用于展示能源流、材料流、信息流等复杂系统中的关系，例如在产业分析、网络流量分析、电力系统中的能源传递等方面。

下面介绍如何用桑基图来反映甜甜蛋糕连锁店不同店铺、不同产品分类的销售情况。

【任务实施】

【步骤一】 双击“案例数据\项目六\1-数据可视化 原始. pbix”文件，进入 Power BI。单击窗口左侧的报表“”按钮，新建“桑基图”报表页。

【步骤二】 点击右侧“可视化”窗口中的桑基图“”按钮，按图 6-71 设置桑基图的属性，最终结果如图 6-72 所示。

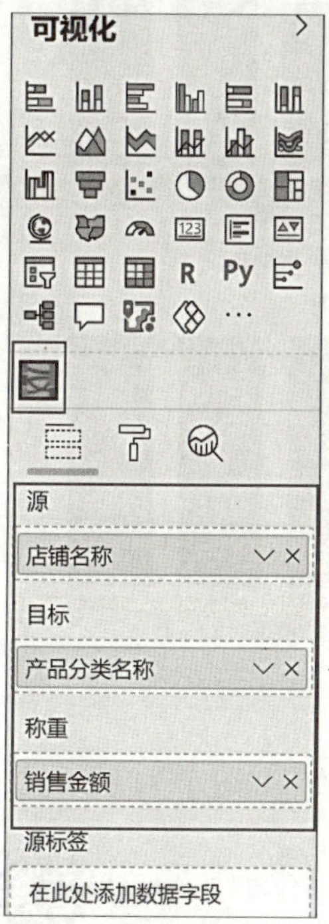

图 6-71 桑基图的属性设置

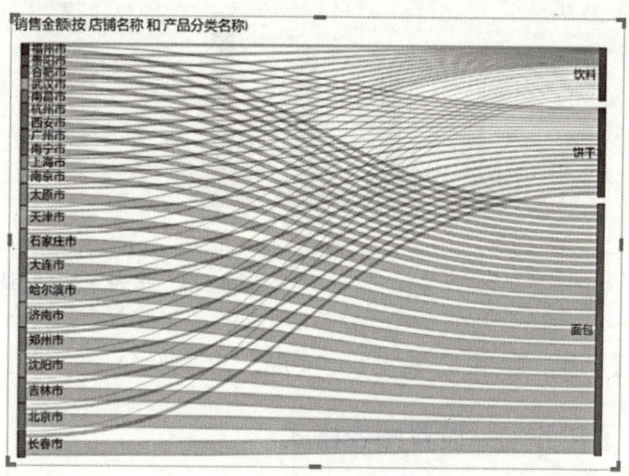

图 6-72 生成的桑基图

任务三　美化图表

为了让可视化图表更加美观，同时又符合企业文化的要求，我们可以从切换主题和图标格式设置这两个方面对图表进行美化。

子任务一　切换主题

切换主题

Power BI 提供了一些内置的主题，包括亮色和暗色主题。用户可以自行选择适合报表风格和需求的主题。

如果用户想要自定义主题，可以使用 Power BI 主题 JSON 文件进行高级定制。用户可以在 Power BI 社区或其他资源中找到可用的主题 JSON 文件，或者创建自己的主题。

下面以甜甜蛋糕连锁店为例来介绍将 Power BI 内置的主题切换为“经典”主题。

【任务实施】

【步骤一】 双击“案例数据\项目六\2 -数据可视化 原始. pbix”文件，点击窗口左侧的“报表”按钮，报表页面的默认显示效果如图 6-73 所示。

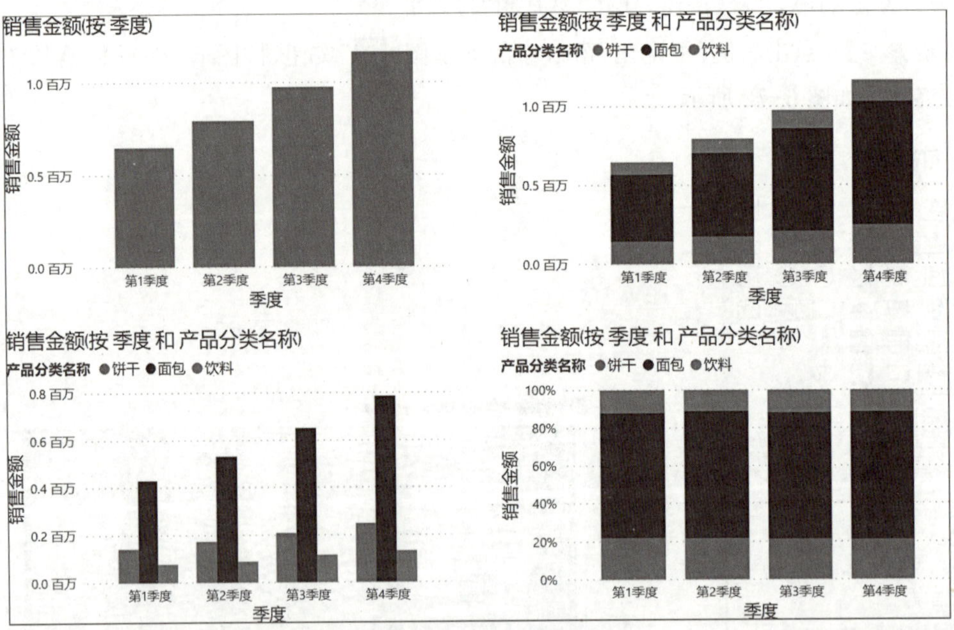

图 6-73　报表主题(默认)

【步骤二】 执行“视图”—“主题”—“经典”命令后，报表页的显示效果如图 6-74 所示。

子任务二　设置图表格式

图表格式设置

在 Power BI 中，用户可以通过图表格式设置功能来调整图表的外观和布局。以下是一些常见的图表格式设置选项：

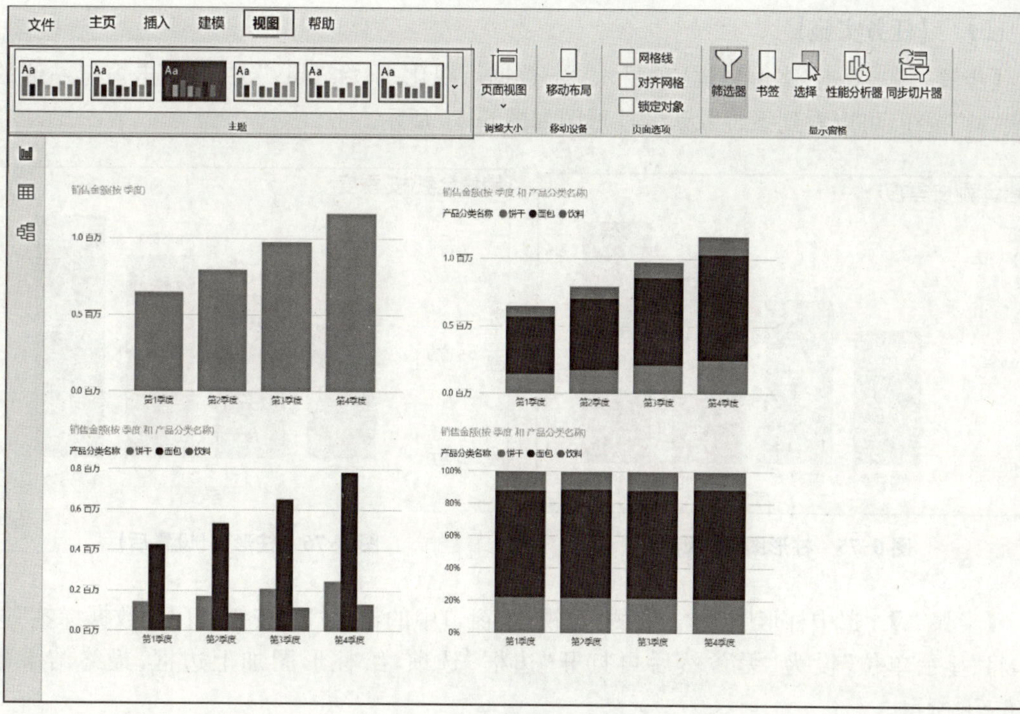

图 6-74 报表主题(经典)

(1) 数据标签:允许用户在图表中显示数据点的具体数值。可以选择在图表的每个数据点上显示数值,这对于柱形图、折线图等图表类型很有用。

(2) 颜色:允许用户更改图表元素的颜色,包括数据系列、轴线、标签等。可以选择内置的配色方案,也可以自定义颜色。

(3) 轴设置:允许用户调整坐标轴的属性,包括刻度、标题、网格线等。可以选择是否显示次要刻度、更改刻度的格式等。

(4) 图例:允许用户调整图例的位置和样式。可以选择在图表的不同位置显示图例,或者隐藏图例。

(5) 数据标尺:允许用户为图表中的数据点设置数据标尺。这对于需要强调某个数据点或数据系列时很有用。

(6) 图表标题:允许用户为图表添加标题,并设置标题的字体、颜色等属性。

(7) 形状:对于一些图表类型,用户可以调整数据点的形状,以使其更易于识别。

(8) 背景:允许用户更改图表的背景颜色或添加背景图片。

(9) 其他:根据图表类型,还可能有其他特定的格式设置选项,如标签位置、线型、透明度等。

要进行图表格式设置,通常用户只需在 Power BI Desktop 中选择相应的图表,然后在右侧的"可视化效果"面板中找到"格式"选项。在该选项中,用户就可以调整各种图表属性。要注意的是,Power BI 的版本可能有所不同,新的功能和选项也会有个别差异。

下面介绍如何对甜甜蛋糕连锁店按季度显示销售金额的柱形图进行图表格式的设置,使可视化图表更加美观。

【任务实施】

【步骤一】 双击“案例数据\项目六\2-数据可视化 原始.pbix”文件,点击窗口左侧的报表“”按钮,可以看到系统默认的柱形图如图 6-75 所示。

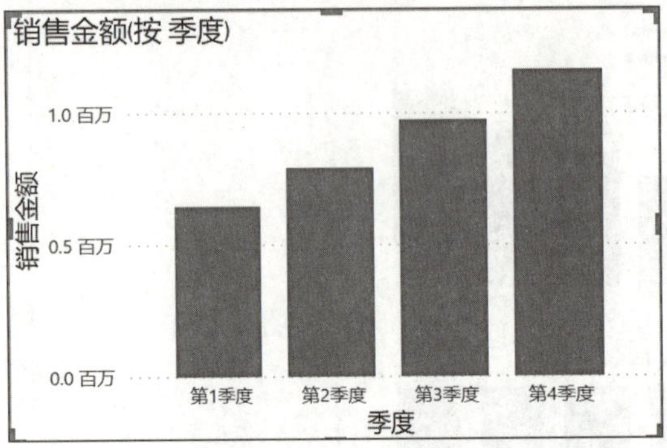

图 6-75 柱形图(默认)

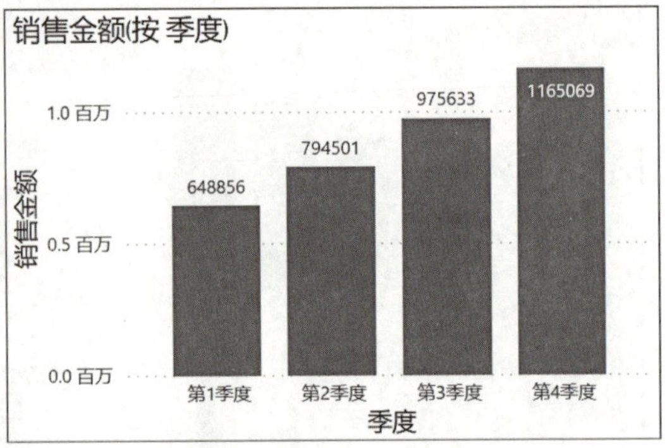

图 6-76 柱形图(设置后)

【步骤二】 选中柱形图,单击右侧“可视化”窗口中的格式“”按钮,打开“数据标签”选项,将“显示单位”设为“无”,然后再打开“边框”选项,给柱形图加上边框,最终结果如图 6-76 所示。

任务四 图表的筛选、钻取和编辑交互功能

Power BI 提供了直观而灵活的方式来进行图表的筛选、钻取和编辑交互操作,可以实现多视角的动态展示效果和更深入的数据洞察。

子任务一 图表的筛选功能

图表的筛选是通过过滤数据,将特定的数据集中显示在图表中,从而帮助用户关注他们感兴趣的部分。在设计报表时,考虑到用户可能关注的关键信息,合理设置筛选条件是确保报表有效传递信息的关键。准确地说,切片器和图表的钻取都属于筛选功能。

筛选器按照其筛选时的影响范围,可以分为视觉级筛选器、页面级筛选器和报告级筛选器。筛选器的主要界面如图 6-77 所示。

(1) 视觉级筛选器:是最常见的一种筛选器,对特定的可视化对象进行筛选后,其他可视化对象不受影响。

(2) 页面级筛选器:对特定的可视化对象进行筛选后,本报表页的其他可视化对象也会受到影响。

(3) 报告级筛选器:对所有报表页的可视化对象均有影响,不仅可以筛选当前页面的全部视觉对象,还可以筛选报表内其他页面的视觉对象。

根据字段类型的不同,筛选器可以分为:文本筛选器、数值筛选器、日期和时间筛选器。3 种筛选器的筛选方式如表 6-1 所示。

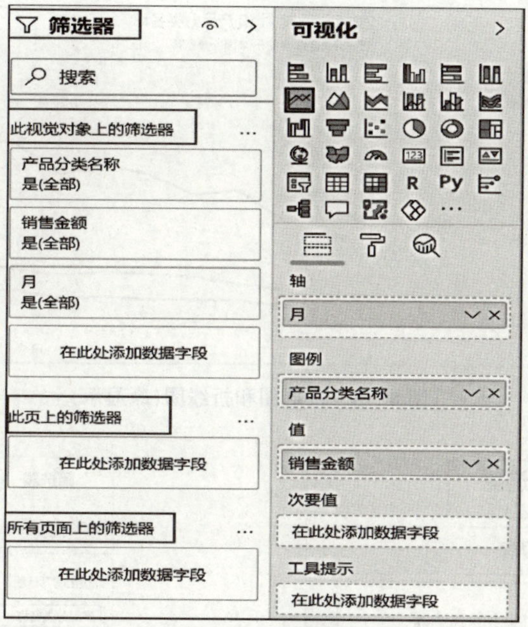

图 6-77 筛选器界面

表 6-1 筛选器的 3 种筛选方式

筛选器名称	筛选主要方式
文本筛选器	基本筛选:列表模式 高级筛选:设置复杂的筛选条件(大于、小于、且、或等) 前 N 个:筛选该字段前 N 个数据 特点:简单又直观
数值筛选器	基本筛选:列表模式 高级筛选:设置复杂的筛选条件(大于、小于、且、或等) 特点:用于精确控制和分析数值型数据
日期和时间筛选器	基本筛选:列表模式 高级筛选:设置复杂的筛选条件(大于、小于、且、或等) 特点:帮助用户有效分析和可视化时序数据

1) 新建视觉级筛选器

下面介绍如何对条形图进行视觉级筛选器的设置(该操作不影响本报表页折线图种数据的显示)。

新建视觉级筛选器

【任务实施】

【步骤一】 双击“案例数据\项目六\3-数据可视化 原始. pbix”文件,点击窗口左侧的报表“”按钮,选择“条形图和折线图”报表页。条形图和折线图都显示了 3 个产品分类的数据。

【步骤二】 选中报表页面中的“条形图”,在右侧 的“筛选器”窗口“此视觉对象上的筛选器”框中,将“产品分类名称”下的“面包”去掉,其他产品分类保留,如图 6-79 所示。

【步骤三】 筛选后报表页显示效果如图 6-80 所示。可以看到,条形图中已没有“面包”数据,但是折线图中仍在。

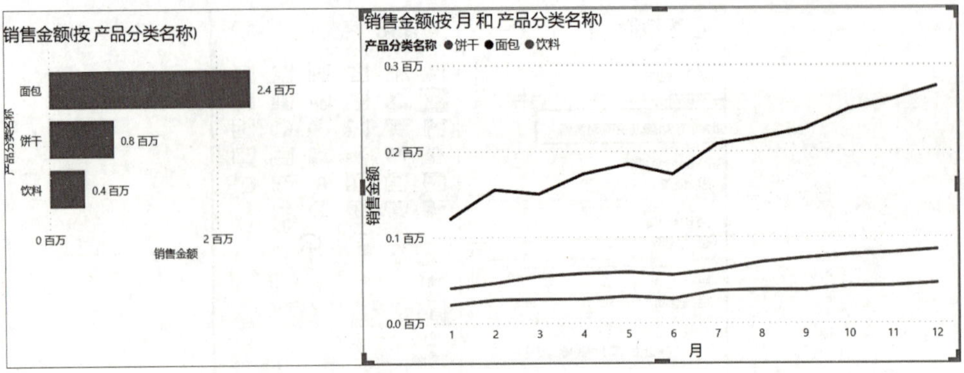

图 6-78　条形图和折线图(原显示)

图 6-79　视觉级筛选器的属性设置

图 6-81　页面级筛选器的属性设置

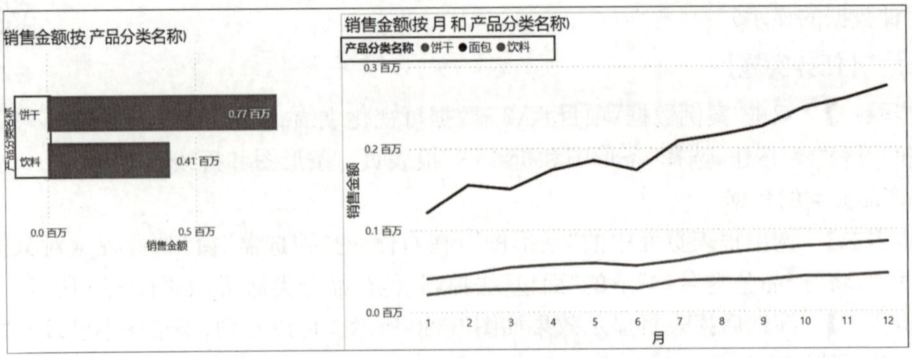

图 6-80　条形图和折线图(筛选后结果)

2）新建页面级筛选器

下面介绍如何对条形图进行页面级筛选器的设置，该操作之后，其结果将影响本报表页折线图数据的显示。

新建页面级筛选器

【任务实施】

【步骤一】　双击“案例数据\项目六\3-数据可视化 原始. pbix”文件，点击窗口左侧的报表“”按钮，选择“条形图和折线图”报表页。条形图和折线图均显示 3 个产品分类数据，如图 6-80 所示。

【步骤二】　将“字段”窗口中的“产品分类名称”选项拖动到“筛选器”窗口中的“此页上的筛选器”框内，然后将“面包”分类去掉，其他产品分类保留，如图 6-81 所示。

【步骤三】　筛选后的报表页面显示效果如图 6-82 所示，可以看到，条形图和折线图中的面包都已被筛选掉了，不再显示。

3）新建报告级筛选器

下面介绍如何对条形图进行报告级筛选器的设置，该操作后其结果将影响本报表页所有可视化对象中的数据显示。

新建报告级筛选器

【任务实施】

【步骤一】　双击“案例数据\项目六\3-数据可视化 原始. pbix”文件，点击窗口左侧的报表“”按钮，可点击查看“条形图和折线图”报表页和“柱形图和饼图”报表页。其中，“柱形图和饼图”报表页的显示如图 6-83 所示。所有报表页均显示 3 个产品分类的数据。

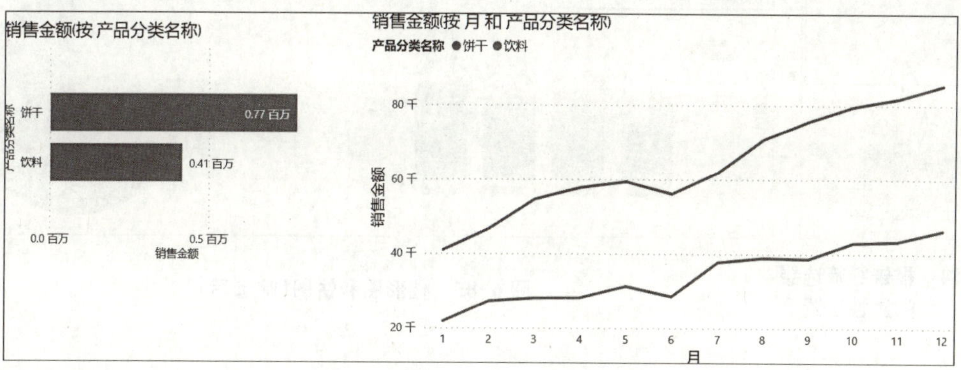

图 6-82　条形图和折线图（筛选后）

【步骤二】　将右侧“字段”窗口中的“产品分类名称”选项拖动到“筛选器”窗口中“所有页面上的筛选器”框内，然后将“面包”分类去掉，其他产品分类保留，如图 6-84 所示。

【步骤三】　筛选后的“柱形图和饼形图”报表页的显示效果如图 6-85 所示。可以看到，报表页的所有可视化对象均没有“面包”数据的显示。

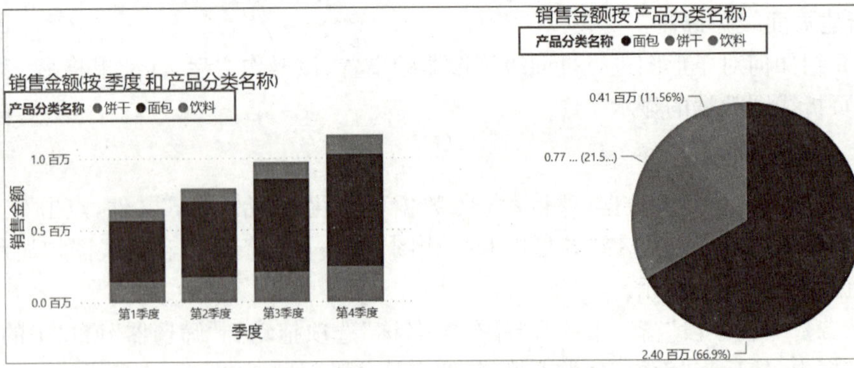

图 6-83　柱形图和饼形图(原显示)

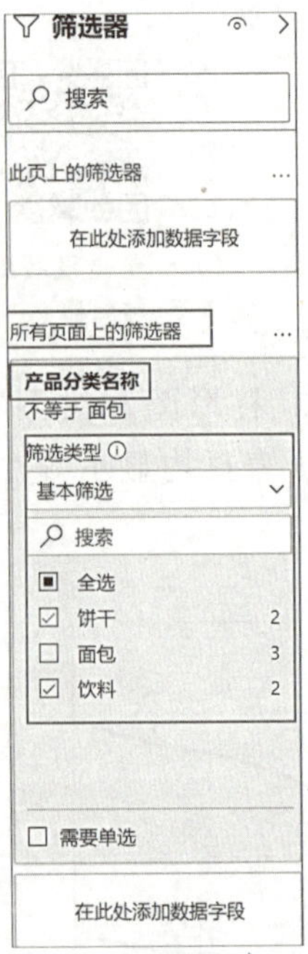

图 6-84　报告级筛选器的属性设置

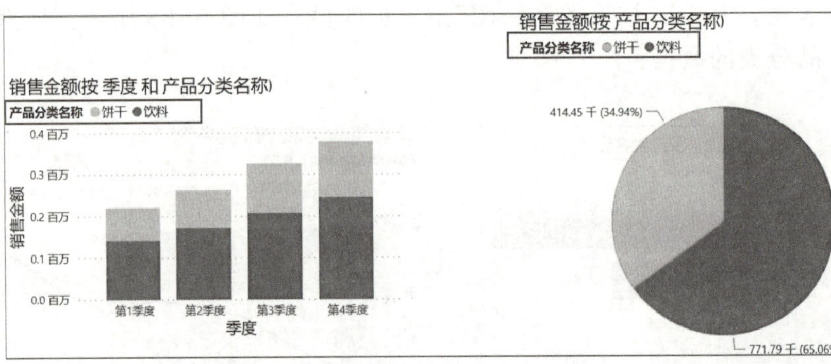

图 6-85　柱形图和饼图(筛选后)

子任务二　图表的钻取功能

图表的钻取

钻取是指用户通过交互式手段，深入到数据的更详细层次，以获取更具体、更精细的信息。在 Power BI 中，图表的钻取功能允许用户通过点击，实现从总览级别到详细数据的逐步展示，提供更深层次的数据洞察。例如，查看某一产品分类下的全部产品信息，就可以使用图表的钻取功能。设置好钻取的层级后，可视化对象的上方会出现钻取按钮的不同样式。钻取按钮的样式及具体含义如表 6-2 所示。

表 6-2　钻取按钮的具体含义

按钮样式	具体含义	按钮样式	具体含义
↑	向上钻取	↓↓	转至层次结构中的下一级
↓	向下钻取		展开层次结构中的所有下一级

下面介绍如何实现图表的钻取功能，对条形图中的“面包”数据向下钻取，查看其具体产品名称的数据。

【任务实施】

【步骤一】　双击“案例数据\项目六\3-数据可视化 原始. pbix”文件，点击窗口左侧的报表“ ”按钮，选择“条形图和折线图”报表页。

【步骤二】　选中条形图，将右侧“字段”窗口中的“产品名称”拖动到“可视化”窗口的“轴”框内，并放到“产品分类名称”下方，如图 6-86 所示。

【步骤三】　点击条形图上方的“↓”按钮，再单击条形图中的“面包”数据，展示出“面包”下级的产品数据信息，如图 6-87 所示。

图 6-86　轴的属性设置

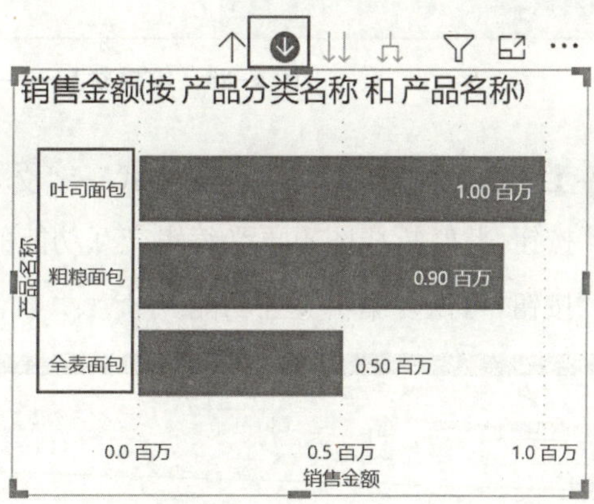

图 6-87　向下钻取

子任务三　图表的编辑交互功能

图表的编辑交互，属于数据的联动分析，当单击某一图表或某个切片器时，被单击的图表对象在本图表中突出显示，而其他图表对象不再显示。简单的说，只要图表设置了编辑交互，有的图表就相当于“冻结”了，不再受切片器筛选的影响。

图表的编辑交互

编辑交互功能按钮的具体含义如表 6-3 所示。

表 6-3　编辑交互按钮的具体含义

按钮样式	具体含义
	无交互。单击此按钮,当前图表不受编辑交互控制
	筛选。单击此按钮,当前图表恢复编辑交互控制

下面介绍如何使用图表的编辑交互功能,对条形图中的“面包”数据突出显示,而折线图的数据显示不受影响。

【任务实施】

【步骤一】 双击“案例数据\项目六\3-数据可视化 原始. pbix”文件,点击窗口左侧的报表“”按钮,选择“条形图和折线图”报表页。

【步骤二】 选中条形图中的“面包”数据,可以看到条形图中的“面包”数据突出显示,而折线图中的“面包”数据并没有突出显示,如图 6-88 所示。

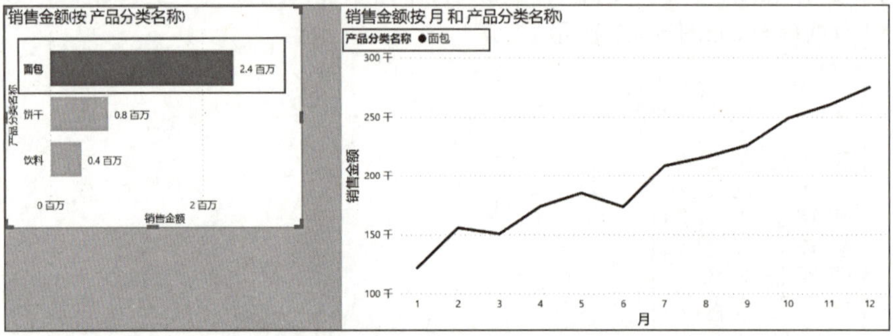

图 6-88　编辑交互——控制状态

【步骤三】 选中条形图,然后执行“格式”—“交互”—“编辑交互”命令,再单击折线图右上角的“”按钮,此时折线图不再受编辑交互功能的控制,如图 6-89 所示。点击折线图右上角的“”按钮,可恢复编辑交互功能。

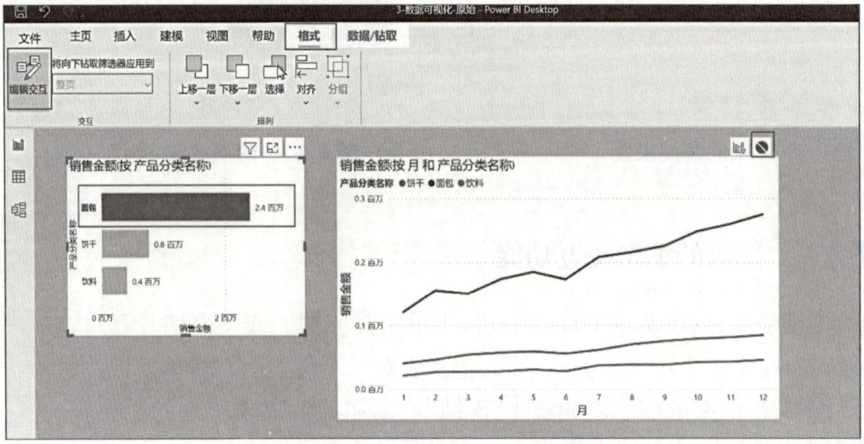

图 6-89　编辑交互——非控制状态

☆ 拓展阅读

10 大关键词
勾勒大数据发展方向

项目测试

第一部分：职业能力测试

一、单选题

1. Power BI 中(　　)适合展示时间趋势。

A. 散点图　　B. 饼图　　C. 折线图　　D. 柱形图

2. 图 6-90 属于(　　)。

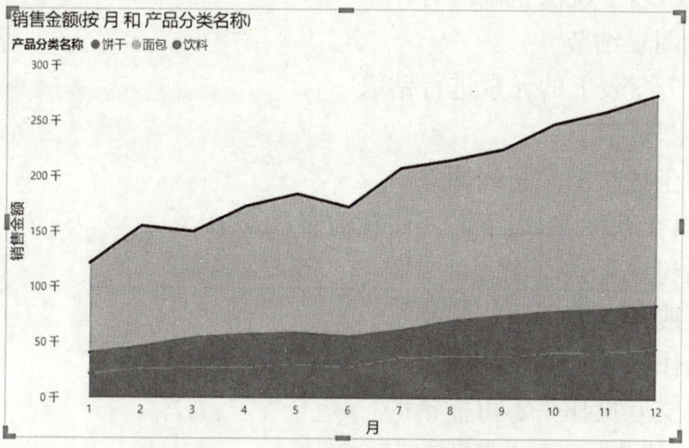

图 6-90　甜甜蛋糕连锁店销售金额

A. 条形图　　B. 瀑布图　　C. 分区图　　D. 漏斗图

3. 气泡地图在 Power BI 中常用于展示(　　)类型的数据。

A. 时间序列　　B. 地理分布

C. 部分到整体的比例　　D. 多维度关系

4. Power BI 中的(　　)适合展示各类别占总体的百分比。

A. 环形图　　B. 饼图　　C. 柱形图　　D. 散点图

5. 在 Power BI 中，(　　)适合展示各类别的数据分布情况。

A. 柱形图　　B. 折线图　　C. 散点图　　D. 雷达图

6. Power BI 的条形图与柱形图的不同点是(　　)。

A. 形状不同，功能相同　　B. 功能不同，形状相同

C. 都是同一类型的图表　　D. 条形图是垂直的，柱形图是水平的

7. Power BI 中(　　)适用于展示两个变量之间的关系。

A. 散点图　　B. 雷达图　　C. 饼图　　D. 瀑布图

8. 在 Power BI 中，(　　)是数值筛选器的特点。

A. 可用于文本字段　　B. 可用于日期和时间字段

C. 可以进行模糊匹配　　D. 仅适用于整数类型字段

9. 在 Power BI 中，(　　)适合展示和反映数据变化趋势。

A. 散点图　　B. 饼图　　C. 桑基图　　D. 折线图

10. 在 Power BI 中,(　　)属于自定义可视化对象。
   A. 散点图　　B. 桑基图　　C. 条形图　　D. 饼图

二、多选题

1. 图表美化的方法有(　　)。
   A. 切换主题　　B. 修改颜色
   C. 调整字体大小　　D. 添加数据标签
2. 以下是图表的筛选方式有(　　)。
   A. 视觉级筛选器　　B. 文本筛选器
   C. 数值筛选器　　D. 日期和时间筛选器
3. 关于图表的钻取,以下说法正确的有(　　)。
   A. 钻取是放大图表细节
   B. 可以通过点击图表上的元素进行钻取
   C. 钻取是缩小图表细节
   D. 钻取只适用于柱状图和折线图
4. 关于图表的编辑交互操作,以下需要注意的有(　　)。
   A. 可以通过右键菜单进行图表编辑
   B. 可以通过拖拽元素进行位置调整
   C. 编辑交互操作不影响图表数据
   D. 图表的编辑交互操作是不可撤销的
5. 图表的编辑交互操作,需要注意的有(　　)。
   A. 编辑交互操作可以影响整个报表
   B. 通过拖拽可以改变图表的大小
   C. 编辑交互操作可以设定在特定条件下生效
   D. 删除某个图表元素不影响整个图表的结构

三、判断题

1. 新建可视化图表一般是在 Power BI 中插入数据并选择可视化方式来展示数据。(　　)
2. 在 Power BI 中,自定义可视化图表是指用户可以根据需要进行图表的个性化设置和调整。(　　)
3. 图标美化主要是指通过调整图表的样式、颜色等来使图表更加美观和易于理解。(　　)
4. 图表的筛选是指通过某些条件对图表中的数据进行过滤,从而实现对特定数据的展示。(　　)
5. 钻取和编辑交互是 Power BI 中一种高级的数据分析功能,可以通过交互方式深入了解数据。(　　)
6. Power BI 中的图表可以直接编辑数据,无需返回原始数据源进行修改。(　　)

四、思考题

1. 在什么情况下你会选择使用自定义可视化图表而不是 Power BI 默认提供的标准图表?请提供一个实际的应用场景和理由。
2. 如何通过图表美化提高数据可视化的效果?请列举至少三种图表美化的方法,并解释它们对图表的影响。

3. 钻取和编辑交互在数据分析中的作用是什么？能否提供一个具体的案例，说明如何使用钻取功能深入分析数据？
4. 在数据可视化中，你认为什么样的图表最适合用于展示趋势变化，而什么样的图表更适合用于比较不同类别的数据？请分别举例说明。
5. 在实际应用中，如何平衡图表的美观和信息传达的效果？你有什么经验或者技巧可以分享吗？

五、实训题

请运用项目五实训题生成的结果，完成下列操作。

1. 自行设计可视化报表页。
2. 选择适当的可视化对象，进行数据可视化制作。

第二部分：职业素养测试

☆思考题

1. 数据可视化如何影响商业决策中的诚信和透明度？
2. 在可视化设计中，如何避免误导性的图表和图形，保持信息的真实性？
3. 数据可视化在社会责任和可持续性方面有何潜在的作用？
4. 数据的收集和使用，特别是在可视化中，如何平衡企业的商业利益和个人隐私的保护？
5. 在多元文化的环境中，数据可视化如何促进跨文化沟通和理解？

项目六评价表

项目七 报告的发布与协作——Power BI 在线服务

学习目标

知识目标

- 了解 Power BI 在线服务的内容。
- 掌握报表和仪表板的分享方法。
- 掌握仪表板的创建方法。
- 了解移动版报表的发布方法。

技能目标

- 能够结合具体案例，运用 Power BI 进行在线服务应用。

素养目标

- 树立"数据为民、数据利民"的服务宗旨。
- 树立数据赋能企业价值增值的宗旨。

德技并修

促进数字技术和实体经济深度融合

智能"防跌衣"通过芯片感知可自动实现跌倒监测，智慧窗帘在雨天能感知湿度自动关窗，智能眼镜通过"读"图帮助视障人群"看"见世界……在2023中国国际智能产业博览会展馆里，各种新技术、新产品、新应用尽显科技魅力，人们真切感受到数字技术带来的巨大变化，从而想象智慧生活的未来图景。

习近平总书记向2023中国国际智能产业博览会致贺信时指出："中国高度重视数字经济发展，持续促进数字技术和实体经济深度融合，协同推进数字产业化和产业数字化，加快建设网络强国、数字中国。"近年来，我国产业数字化进程提速升级，数字产业化规模持续壮大。《数字中国发展报告(2022年)》显示，2022年，我国数字经济规模达50.2万亿元，总量稳居世界第二。数字经济与实体经济的"双向奔赴"，不断催生新产业、新业态、新模式，为经济社会发展注入了澎湃的新活力、新动能。

以数字化赋能，提升商品和服务的供给质量，可以促进供需在更高水平上实现动态平衡。通过"线下生产＋线上数据分析"模式，传统产业能够在规模化生产之外，探索开展个性化定制服务。例如，先生产小批量产品投放市场，再通过数据分析细分需求决定是否扩大生产。这种"轻资产、快反应"的柔性供应链模式，增加了产品研发、制造和流通的弹性，能帮助解决传统供应链模式下机会成本高、运转周期长等问题。这样的生产变革，能够通过精细化运营实现供需精准匹配，是一种更加适合中小企业数字化转型的模式，能让中小企业以"小单快返"的新模式轻装上阵，形成独特的竞争优势。

以数字技术驱动,提高整个产业链条的协作化程度,能促进传统产业联动转型、跨界合作。为了缓解中小企业数字化转型的"阵痛",一批工业互联网企业积极利用新兴技术手段,共同培育行业数字化新生态。例如,有的云平台为超过 5 万家中小微企业提供从研发到生产的全周期服务,突破原有组织、技术、时间与空间的限制,让隶属于不同组织的工程师协同推进这些中小企业的数字化转型,有效解决他们缺资源、缺技术、缺人才、缺方案等难题。

借助数字化力量对传统产业的生产流程进行智能化升级改造,能为实体工厂带来质的改变。例如,浙江省杭州市一家电梯工厂实现智能升级后,目前已经可以做到 2 分钟生产 1 台电梯。在生产端,可通过数字平台对产品进行从设计到发运的全过程在线质量监测和管理,实现制造效率、质量等级与环保效益的多重提升;在售后端,可借助"工程大脑",应用先进的物联网技术,实时对电梯的运行状态进行精准捕捉,以最快速度维修,确保电梯正常运行。积极应用数字技术,既能推进企业设计、生产、制造、运输、服务、售后等全流程变革,也有助于推动企业向智能化、高端化、绿色化转型升级,创造新的发展空间。

当今时代,数字技术日益融入经济社会发展各领域全过程。数字经济是把握新一轮科技革命和产业变革新机遇的战略选择,已成为推动传统产业转型升级、促进高质量发展、持续提升民生福祉的新引擎。促进数字技术和实体经济融合走深走实,就能不断催生具有旺盛生命力的新事物、新技术,推动经济社会发展不断迈上新台阶。

——资料来源:节选自朱海龙发表于人民日报 2023 年 9 月 26 日的文章《促进数字技术与实体经济深度融合》。

项目导读

本项目将带领学生深入探讨 Power BI 在线服务,学习如何有效地使用 Power BI 的在线服务平台,将数据分析和可视化工作更高效地部署到云端。通过这一项目,学生将了解如何将报表发布到 Power BI 服务,与他人共享、调度数据刷新以及利用在线功能来扩展其数据分析及数据共享的能力。

学习导图

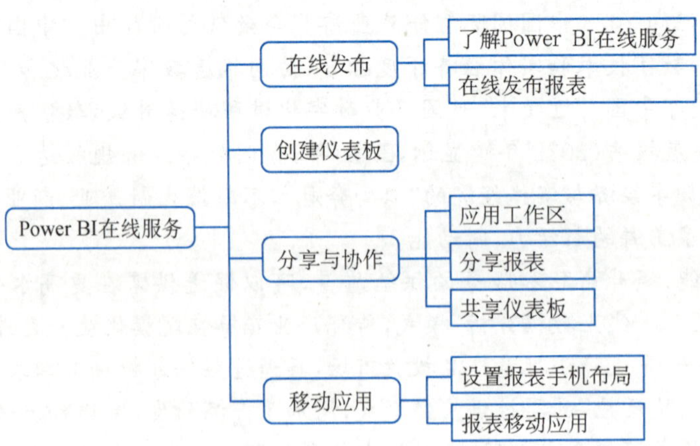

任务一　在线发布

Power BI 提供了在线服务,用户可以将他们创建的报告和仪表板发布到 Power BI 服务中,实现数据的在线共享和协作。这一功能对于团队合作和数据分享至关重要。

子任务一　了解 Power BI 在线服务

Power BI 在线服务是 Microsoft 提供的一种云端服务,它扩展了 Power BI 的功能,使用户能够在云端中创建、共享、协作和发布 Power BI 报告和仪表板。以下是 Power BI 在线服务的一些关键特点。

(1) 报告和仪表板的在线访问:用户可以通过 web 浏览器访问 Power BI 在线服务,从而查看、交互和探索他们的 Power BI 报告和仪表板。

(2) 云端存储和共享:Power BI 在线服务提供了云端存储空间,用户可以将他们在 Power BI Desktop 中创建的报告和仪表板上传到云端,实现在任何地方、任何设备上的访问。

(3) 团队协作:用户可以在 Power BI 服务中创建工作区,将报告和仪表板共享给团队成员。这样,团队可以协同工作,实时查看和分析数据。

(4) 数据刷新和自动更新:Power BI 在线服务支持定期刷新数据,确保报告中的数据保持最新。用户可以设置刷新计划,使数据自动更新。

(5) 嵌入和共享:Power BI 在线服务提供了嵌入代码和共享链接的功能,用户可以将 Power BI 报告嵌入到其他应用程序或网站中,或者通过链接分享给非 Power BI 用户。

(6) 移动端访问:用户可以通过 Power BI 移动应用程序在移动设备上访问他们的报告和仪表板,实现随时随地的数据分析。

如果,用户已拥有了 Power BI 服务的账号(注意:必须使用企业邮箱注册),并且根据具体数据制作了报表,则可登录 Power BI 官网(https://app.powerbi.com),即可看到图 7-1 所示的 Power BI 在线服务主页界面。要注意的是,由于 Power BI 几乎每个月都有更新,版本升级较快,实际界面可能会与图 7-1 所示有所差异。

Power BI 在线服务主页的左侧是导航栏,“我的工作区”是使用最频繁的,从 Power BI Desktop 发布到在线服务中的报表可以在“我的工作区”看到。另外,“我的工作区”还可以创建仪表板,进行数据集管理等操作,如图 7-2 所示。

子任务二　在线发布报表

在线发布报表

Power BI 在线服务也可以利用数据集进行在线报表的制作,包括数据获取与整理、数据建模与数据可视化。但是,其功能没有 Power BI Desktop 强大。一般情况下,建议用户在 Power BI Desktop 内将报表提前制作完成,再发布到 Power BI 在线服务中。

【任务实施】

【步骤一】　双击“1-在线服务-常见可视化图表.pbix”文件,进入 Power BI 界面,点击左侧报表“”按钮。

图 7-1　Power BI 在线服务主页

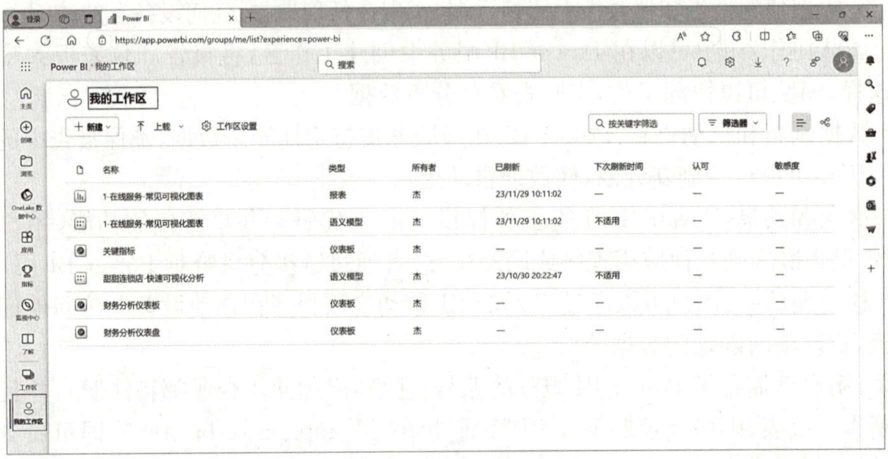

图 7-2　“我的工作区”界面

【步骤二】　执行“主页”—“共享”—“发布”命令，进入“发布到 Power BI”页面，如图 7-3 所示。

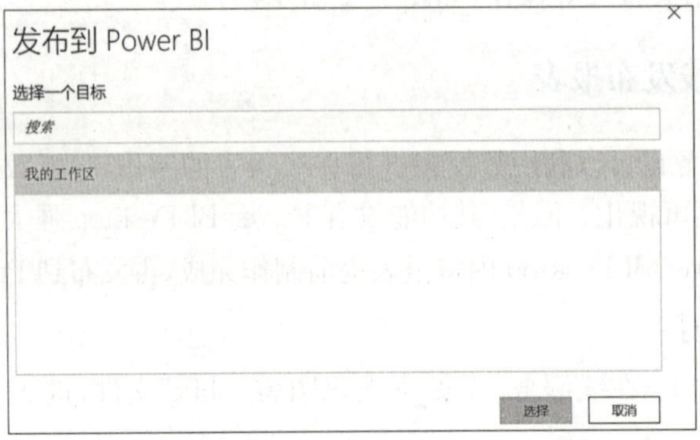

图 7-3　选择工作区

【步骤三】 点击“我的工作区”选项，然后单击“选择”按钮，发布成功界面如图 7-4 所示。

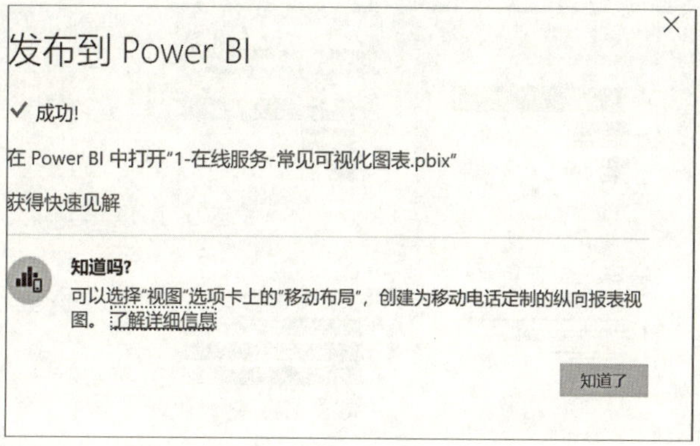

图 7-4 成功发布

【步骤四】 点击“在 Power BI 中打开‘1 -在线服务-常见可视化图表. pbix’”链接，在“我的工作区”即可查看已发布的可视化报表，如图 7-5 所示。

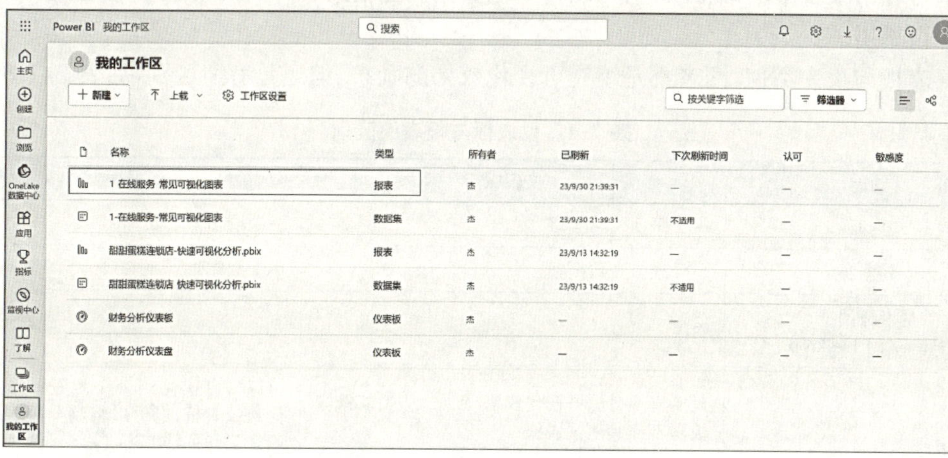

图 7-5 查看“我的工作区”

【步骤五】 选择“1 -在线服务-常见可视化图表. pbix”，即可打开在 Power BI Desktop 中制作的图表数据，如图 7-6 所示。

任务二 创建仪表板

Power BI 仪表板是使用可视化效果讲述故事的单个页面，也被称为画布。因为它被限制为一页，所以设计精良的仪表板仅包含故事的两点。

仪表板的可视化效果被称为“磁贴”。从报表中，可以将磁贴“固定”到仪表板上。仪表板上的可视化效果源自报表，并且每个报表基于一个数据集。使用仪表板，是监控业务及查

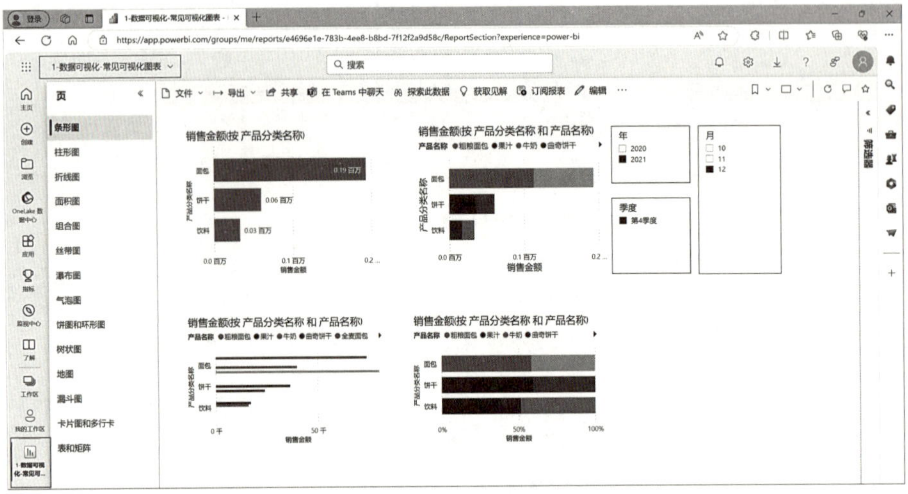

图 7-6　Power BI 在线服务中查看报表

看所有重要指标的绝佳方法。仪表板上的可视化效果可能来自一个或多个基础数据集，也可能来自一个或多个基础报表，它可以将本地数据和运输局合并在一起提供合并视图，无论数据源自哪里。

仪表板与报表类似，两者都是填充可视化效果的画布，但还是有所区别，如表 7-1 所示。

表 7-1　仪表板与报表的区别

功能	仪表板	报表
页面	一个页面	一个或多个页面
数据源	一个或多个数据集	单个数据集
是否适用于 Power BI Desktop	否	是
固定	只能将现有的可视化效果(磁贴)从当前仪表板固定到其他仪表板	可以将可视化效果作为磁贴固定到任何仪表板，也可以将整个报表页面固定到任务仪表板
订阅	是，可以订阅仪表板	是，可以订阅报表页面
筛选	无法筛选或设置切片器	有多种方式来筛选、突出显示和切片
设置警报	是。可在某些情况下用于仪表板磁贴	否
是否可更改可视化效果类型	不可以(删除)	可以
基础数据集和字段	不可查看	可以查看
创建可视化效果	仅限于使用“添加磁贴”向仪表板添加小部件	可以创建许多不同类型的视觉对象。

将 Power BI Desktop 中制作的报表发布到 Power BI 在线服务后，或者直接在 Power BI 中创建报表后，就可以将报表中的关键可视化对象创建到仪表板中。创建仪表板中的可视化对象时以“磁贴”形式存在的，通过鼠标拖动可以改变其显示的大小及位置。

下面以甜甜蛋糕连锁店的报表为例，将报表中的条形图、堆积柱形图、散点图、卡片图和多行卡放入仪表板中。

【任务实施】

创建仪表板

【步骤一】　在“我的工作区”页面，执行“新建”—“仪表板”命令，如图 7-7 所示。

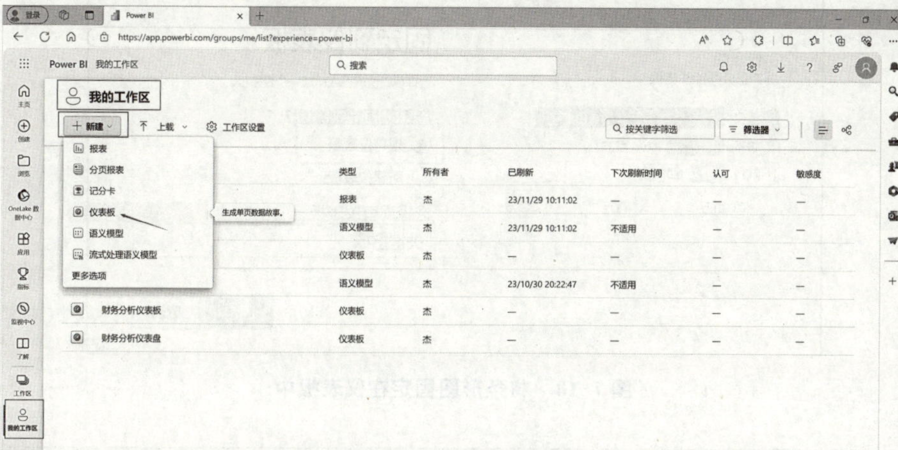

图 7-7　创建“仪表板”

【步骤二】　在弹出的“创建仪表板”窗口输入仪表板的名称“关键指标”，然后点击“创建”按钮，如图 7-8 所示。

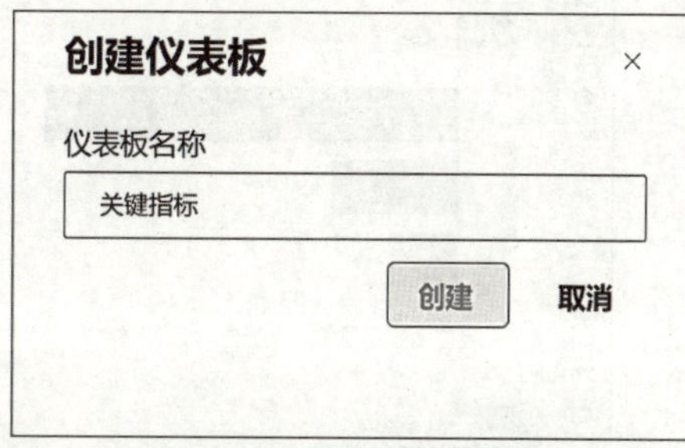

图 7-8　输入仪表板的名称

【步骤三】　选择“我的工作区”，点击“1-在线服务-常见可视化图表. pbix”，选择“条形图”页签，然后单击条形图右上方的“📌”按钮，如图 7-9 所示。

【步骤四】　默认仪表板当前设置，如图 7-10 所示，点击“固定”按钮，即可将条形图固定在仪表板中。

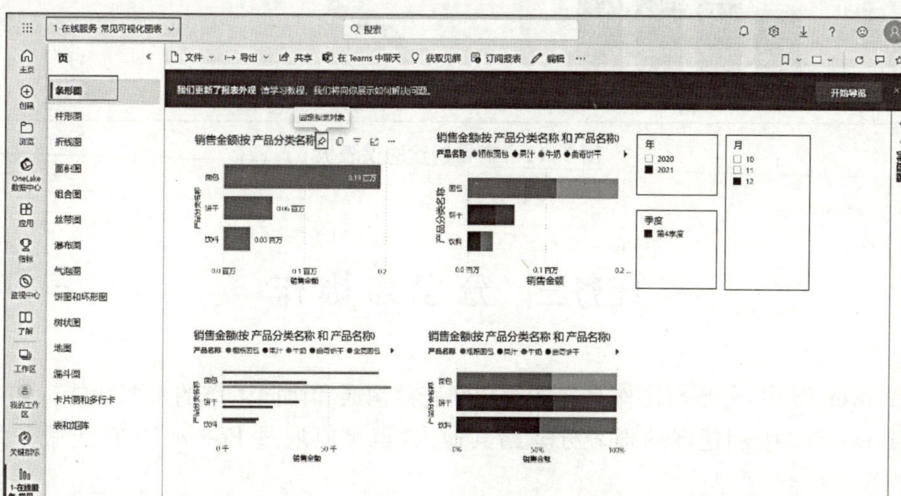

图 7-9　选择条形图

【步骤五】 同样的方法，可以将卡片图和多行卡、堆积柱形图和散点图固定到仪表板中，同时将它们拖动到合适的位置，如图 7-11 所示。点击仪表板中的任一可视化对象，即可快速链接到可视化对象给所在的报表。

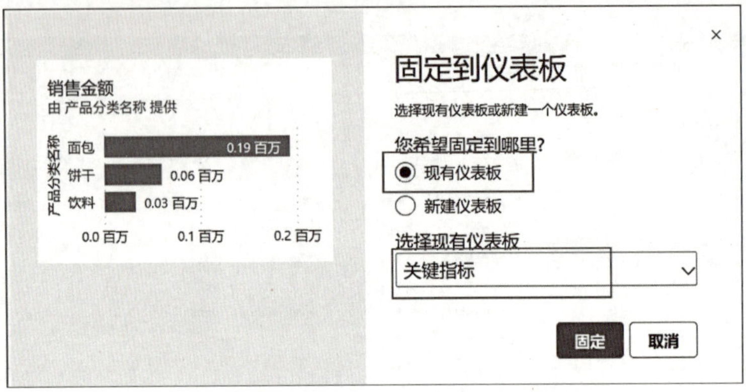

图 7-10　将条形图固定在仪表板中

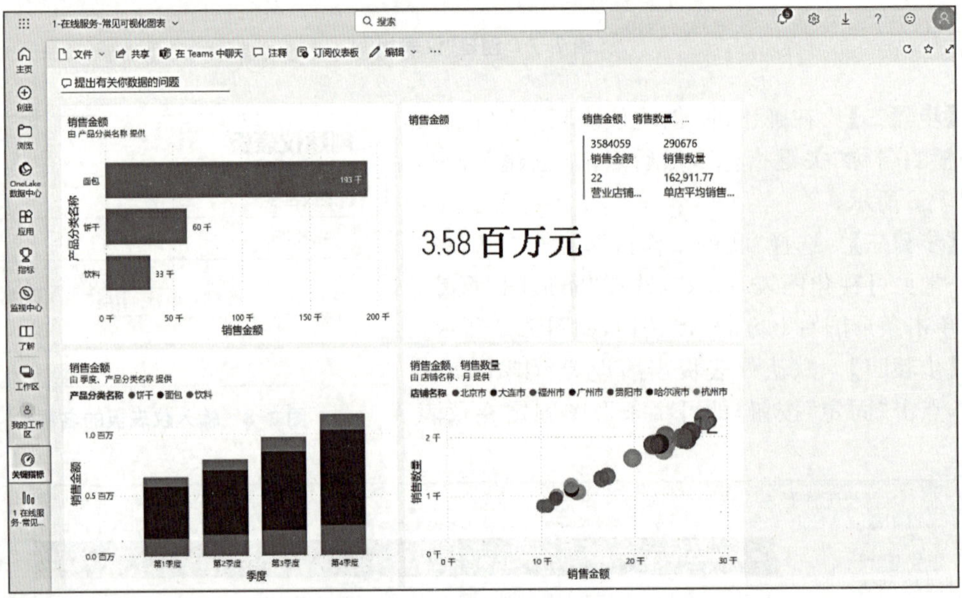

图 7-11　查看创建的仪表板

任务三　分享与协作

在 Power BI 中，分享与协作是实现团队间有效沟通和协同工作的重要功能。如果我们想把在 Power Bi 中创建好的报表分享给其他人，就可以通过 Power BI 在线服务共享该报表。

子任务一　应用工作区

在 Power BI 中，工作区是一种组织和协作的空间，可以帮助团队成员协同工作、分享报表和仪表板，并有效地管理项目。在 Power BI 工作区中，团队能够共享其仪表板、报表、数据集和工作簿的所有权及管理权，需要注意的是，只有具有 Power BI Pro 许可证，才可以创建工作区。

我们可以创建财务、信息技术、销售等部门的工作区，每个工作区内都可以管理相应的仪表板、报表、工作簿、数据集。相应的用户具备查看权限或编辑权限，这样可以更好地进行多用户的共享与协作。

子任务二　分享报表

分享报表

报表分享有两种方式，第一种为公开链接，即发布到 web，没有权限限制，任何人都可以打开链接查看；第二种是通过生成的 QR 码（一种二维码）进行分享，此方法分享的报表用户需要有访问权限。

1）公开链接

下面介绍如何将报表发布到 web 上，以便与他人分享与协作。

【任务实施】

【步骤一】　在 Power BI 在线服务"我的工作区"中，打开"1-在线服务-常见可视化图表.pbix"，执行"文件"—"嵌入报表"—"发布到 Web(公共)"命令，如图 7-12 所示。

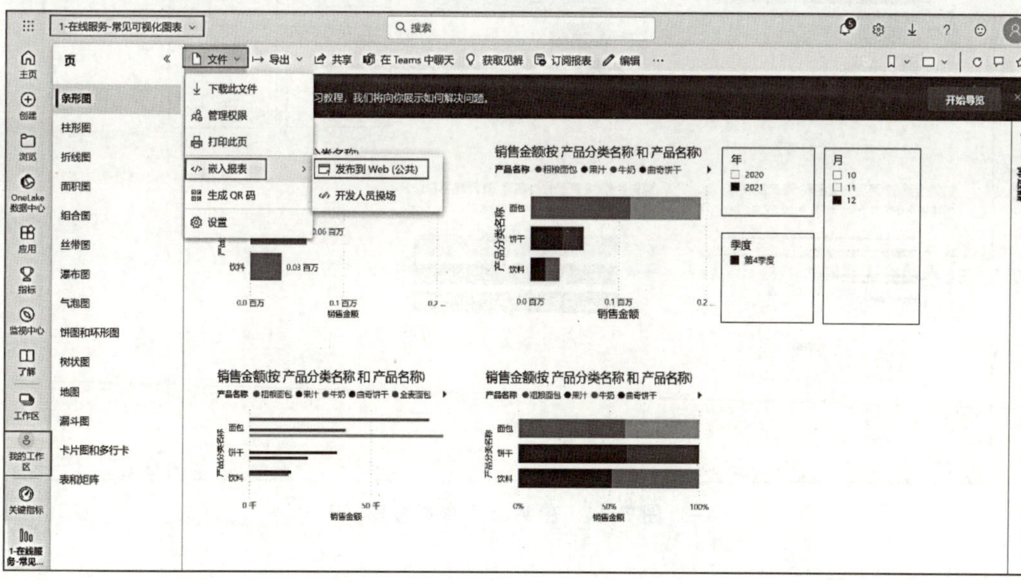

图 7-12　"发布到 Web(公共)"命令

【步骤二】　在弹出的"嵌入代码"窗口中，右侧可显示"1-在线服务-常见可视化图表.pbix"中的可视化对象，点击"复制"按钮，再单击"关闭"按钮，如图 7-13 所示。

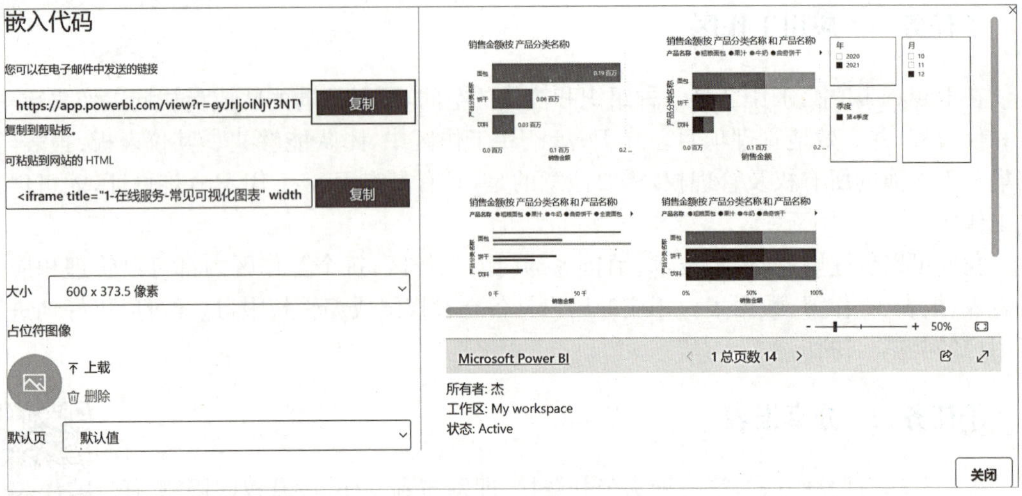

图 7-13　嵌入代码

【步骤三】 将复制的链接粘贴到浏览器的地址栏内,点击<Enter>键,即可在 Web 上查看报表,如图 7-14 所示。

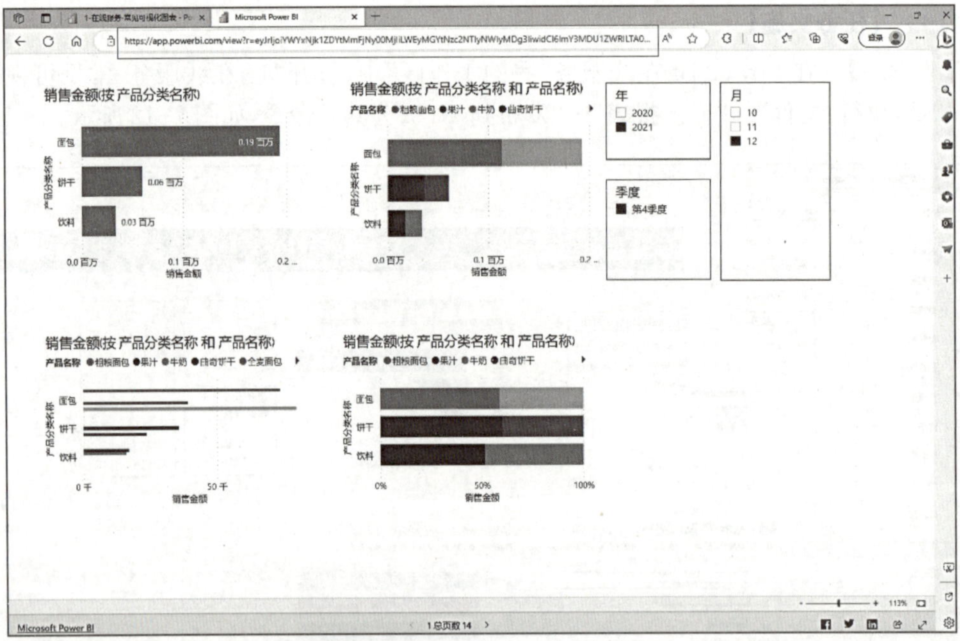

图 7-14　在 Web 上查看报表

2) 生成 QR 码

用户可以把生成的 QR 码打印出来,也可以放在电子邮件中进行分享。用户通过移动端扫描 QR 码,即可访问报表。

下面介绍通过 QR 码访问报表的方法。

【任务实施】

【步骤一】 在 Power BI 在线服务中，打开“1-在线服务-常见可视化图表.pbix”，执行“共享”—“生成 QR 码”命令，如图 7-15 所示。

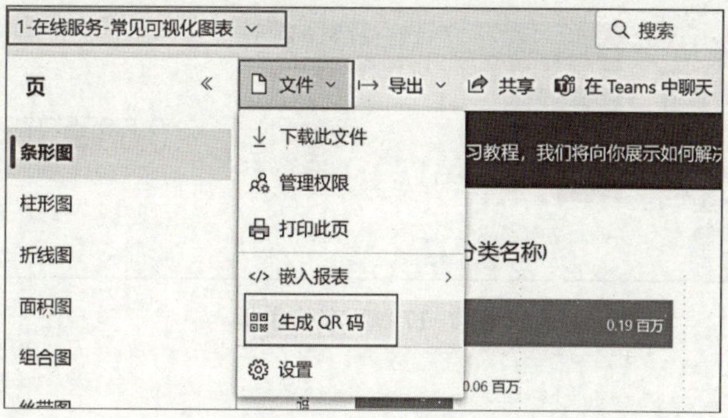

图 7-15 生成 QR 码

【步骤二】 自动生成的 QR 码如图 7-16 所示。用户也可单击“下载”按钮将其保存。

图 7-16 生成的 QR 码

子任务三 共享仪表板

数据共享和数据发布是 Power BI 中两个不同的概念，涉及不同的权限和用途。数据发布侧重于将数据传输到 Power BI 服务中，而数据共享则关注于在 Power BI 服务中共享已经创建的报表和仪表板。这两个过程都是为了实现在团队或组织内协作、共享和利用数据的目标。

组织内的用户可以共享仪表板，这时用户必须具有相同的访问权限。与组织外的人员共享时，用户会收到带有共享仪表板链接的电子邮件，且必须登录到 Power BI 才能查看仪表板。此功能需要用户具有 Power BI Pro 许可证。

仪表板的共享，具体操作步骤即选择“我的工作区”选项卡，点击仪表板操作栏上的“共享”按钮，就可实现仪表板共享，如图 7-17 所示。

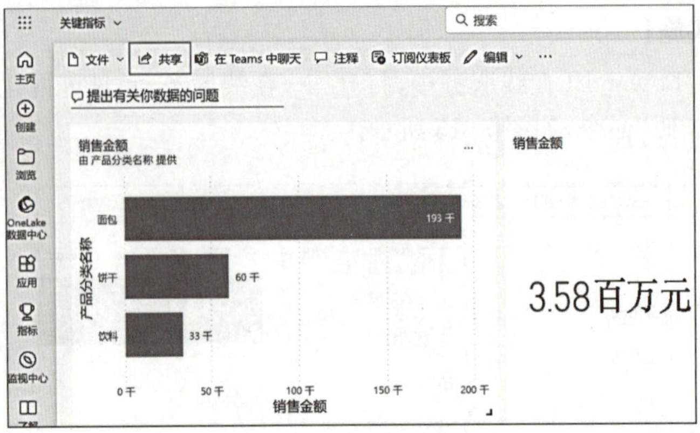

图 7-17　共享仪表板

任务四　移 动 应 用

可视化图表发布到 Power BI 在线服务后,用户即可在手机端的 Power BI App 中进行查看。

子任务一　设置报表手机布局

设置报表手机布局

报表的默认样式与 PC 端制作的报表样式一样。默认的报表样式由于在一页显示内容较多,所以不方便在手机端查看,因此,用户可以从已经制作好的报表对象中选择关键的、主要的报表对象放入手机端显示。

下面介绍如何将条形图的所有可视化对象放入手机端布局中。

【任务实施】

【步骤一】　在 Power BI Desktop 中,打开“1 -在线服务-常见可视化图表. pbix”文件,点击窗口左侧报表“”按钮,再执行“视图”—“移动设备”—“移动布局”命令,如图 7-18 所示。

【步骤二】　在打开的画布上,根据需要,将条形图中所有可视化对象拖动到手机画布中,并调整到相应的位置和大小,如图 7-19 所示。

【步骤三】　将制作的可视化报表文件“1 -在线服务-常见可视化图表. pbix”再次保存,并重新发布到 Power BI 在线服务中。

子任务二　报表移动应用

用 Power BI 账号登录 Power BI App,即可查看移动端(手机或者平板电脑)可视化分析报表。手机端报表同样可以进行编辑交互。

下面介绍如何在手机端查看报表数据。

【任务实施】

【步骤一】　在手机上打开 Power BI App,点击“工作区”按钮,如图 7-20 所示。

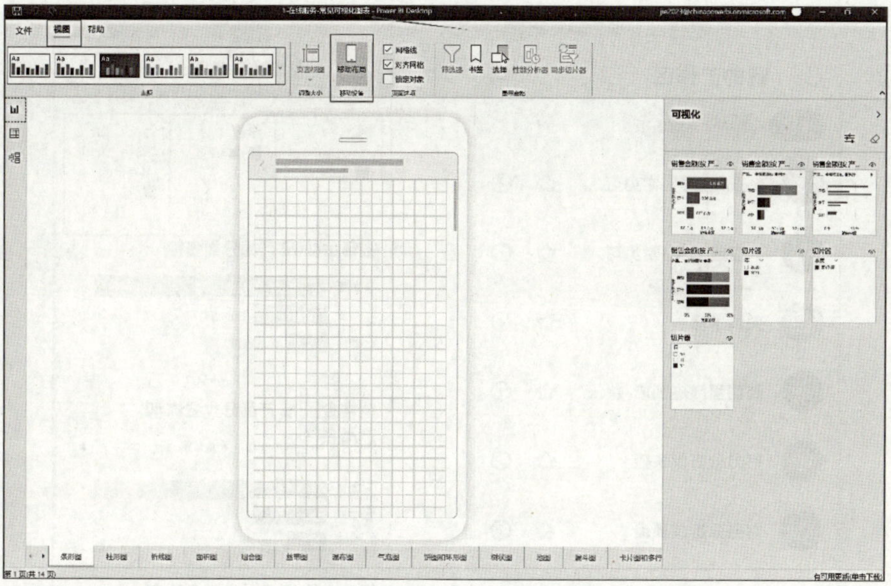

图 7-18　“移动布局”命令

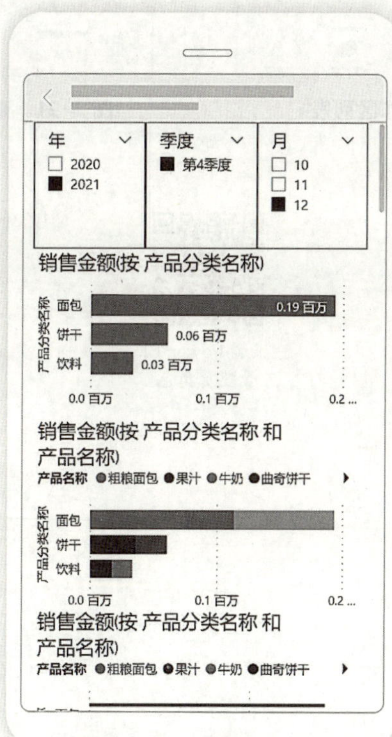

图 7-19　手机端布局效果

【步骤二】　选择“1 -在线服务-常见可视化图表. pbix”，即可看到图 7-21 所示的界面。手机上的可视化对象即可实现编辑交互。

图 7-20　工作区列表

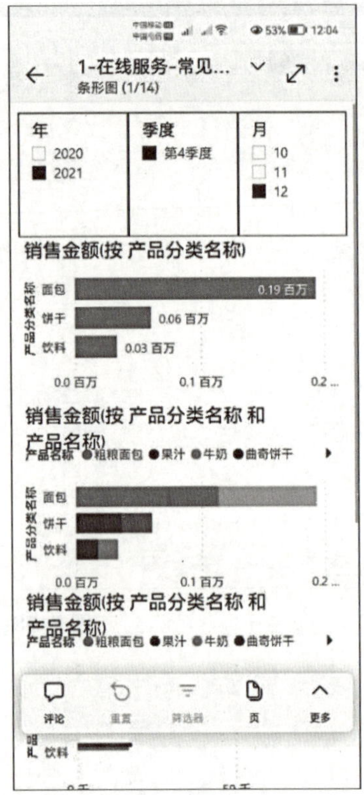

图 7-21　查看手机端报表

☆ 拓展阅读

了解 Power BI
管理员角色

项目测试

第一部分：职业能力测试

一、单选题

1. Power BI 在线服务的主要功能是（　　）。
   A. 数据建模　　B. 可视化图表
   C. 在线共享和协作　　D. 手机布局设计
2. 在 Power BI 中创建仪表板的目的是（　　）。
   A. 更改数据源　　B. 实现数据建模
   C. 生成 QR 码　　D. 对报表和图表进行集中管理和展示
3. Power BI 中的工作区是（　　）。
   A. 在线服务中的存储空间　　B. 数据库连接
   C. 报表的一部分　　D. 用于生成 QR 码的工具
4. 在 Power BI 中设置报表的手机布局是（　　）。
   A. 在报表中添加移动设备插件　　B. 在视图选项卡中选择手机布局
   C. 使用主题切换工具　　D. 在数据建模中进行设置
5. 一般情况下，建议用户在（　　）内将报表提前制作完成，再发布到 Power BI 在线服务中。
   A. Power BI Desktop　　B. Power BI Pro
   C. Power BI Premium　　D. Power BI Enterprise
6. 仪表板的可视化效果被称为（　　）。
   A. 磁贴　　B. 贴板　　C. 挂件　　D. 表盘
7. 在 Power BI 中，（　　）是一种组织和协作的空间，可以帮助团队成员协同工作、分享报表和仪表板，并有效地管理项目。
   A. 仪表板　　B. 工作区　　C. 磁贴　　D. 表盘
8. 在 Power Bi 中，（　　）是实现团队间有效沟通和协同工作的重要功能。
   A. 分享报表　　B. 分享仪表板　　C. 协同工作　　D. 分享与协同
9. 数据共享，关注于在 Power BI 服务中共享已经创建的报表和（　　）。
   A. 仪表板　　B. 关键指标　　C. 工作区　　D. 磁贴
10. 组织内的用户可以共享仪表板，这时用户必须具有相同的（　　）。
   A. 访问权限　　B. 网址　　C. 电子邮件　　D. 仪表板

二、多选题

1. 在 Power BI 中属于仪表板的设计元素有（　　）。
   A. 报表　　B. 图表　　C. 切片器　　D. 文本框
2. Power BI 中在线发布报表的步骤包括（　　）。
   A. 设计图表　　B. 在 Power BI Desktop 中保存报表
   C. 生成 QR 码　　D. 在 Power BI 在线服务中上传报表

3. Power BI 移动应用的功能包括(　　)。

A. 查看报表和仪表板　　B. 编辑报表

C. 生成 QR 码　　D. 接收报表更新通知

4. Power BI 的工作区是指(　　)。

A. 本地计算机上的文件夹　　B. 在线服务中的存储空间

C. Power BI Desktop 的主界面　　D. 数据库连接

5. 以下属于报表分享的方式的是(　　)

A. 公开链接　　B. 生成 QR 码　　C. 制作仪表板　　D. 创建工作区

三、判断题

1. 在 Power BI 中,一个报表可以包含多个仪表板。　(　　)
2. Power BI 移动应用可以用于在移动设备上编辑报表。　(　　)
3. Power BI 在线服务中的工作区是用于保存本地计算机上的报表文件的地方。　(　　)
4. 在 Power BI 移动应用中,用户可以通过扫描 QR 码访问报表。　(　　)
5. Power BI 的数据发布意味着将数据公开分享给所有人,无需登录 Power BI 账户。　(　　)

四、思考题

1. 在什么情况下,你认为使用 Power BI 在线服务是有益的,而不仅仅依赖于桌面版?
2. 在移动设备上查看报表与在桌面上查看相比,有哪些特定的挑战和优势?
3. Power BI 移动应用在业务决策中的角色是什么?

五、实训题

结合项目六实训题的结果,完成下列操作。

1. 将项目六实训题的数据可视化结果发布到 Power BI 在线服务上。
2. 设计仪表板。
3. 将可视化报表发布到 Web 上。
4. 设计手机端报表布局,并在 Power BI App 中查看报表。

第二部分:职业素养测试

☆思考题

1. 在企业决策中,数据可视化对于公司的社会责任和可持续性有何影响?
2. 在数据共享和协作方面,你认为企业应该如何平衡信息透明度和数据隐私保护?
3. 如何利用 Power BI 在线服务,促进企业内部的团队协作和知识共享?
4. 在设计仪表板和报表时,考虑到不同人的文化背景和价值观,应该有何种策略?
5. 移动应用在企业中的推广与使用,如何与员工的工作和生活平衡相协调?

项目七评价表

项目八 业财融合——Power BI 数据分析实战

学习目标

知识目标

- 了解财务领域的业务场景。
- 熟悉中国中车案例数据。
- 掌握报表可视化的常用方法。
- 掌握复杂度量值的表达方法。

技能目标

- 能够根据给出的上市公司案例数据，通过 Power BI 对资产负债表、利润表、现金流量表、财务指标等进行分析。
- 能够根据给出的上市公司案例数据，通过 Power BI 进行行业分析，以及纵向对比、横向对比分析。

素养目标

- 提高视觉审美能力，用简单快捷的方式制作大方美观的 Power BI 报表。
- 拓展知识面并提升技能水平。

德技并修

首个全国性数据要素公共服务平台上线

2023 年，由人民网人民数据打造的首个全国性数据要素公共服务平台上线。人民数据管理有限公司、中国电信集团、湖北数据集团(湖北省数据交易所筹)、数字安徽有限责任公司、浙江大数据交易中心、郑州数据交易中心等 10 家单位共同发起数据要素联盟。同时，人民数据成立“数据资产专家委员会”，集合行业专家智力共同推动数据上链、存证、确权、交易等发展。

过去，“数据不出省”“部门之间不流通”“数据确权难”等问题长期困扰着大数据行业的发展。目前全国已经建成的地方大数据交易所，大多摆脱不了地域限制，难以形成全国性的数据流通和交易。人民数据建成的这一平台，将对数据加工、确权、流通起到关键性的作用。基于人民云、人民链两大技术底座，整合全域全量数据资源，部署全国节点，有利于打通数据确权、数据授权、数据流通交易的全流程，让大数据在全国平台上真正流动流通起来。

数据要素联盟的成立，一方面将推进数据基础制度建设，助力数据确权流通；另一方面，联盟成员单位深度合作，将充分发挥数据要素作用。联盟成员单位将在产品、生态、交易、标准等多维度展开深度合作，包括数据登记、合规等方面的标准共建，数商、生态伙伴等方面的资源对接共享，交易场景、服务等方面的互通互补。

——资料来源：节选自杨雪发表于科技日报 2023 年 9 月的文章《首个全国性数据要素公共服务平台上线》。

项目导读

本项目将带领学生探索上市公司的财务数据,从利润表、资产负债表到现金流量表等各个方面深入分析。通过本项目,学生将学会如何使用 Power BI 等工具进行收集、清理、分析和可视化上市公司的财务数据,以便更好地理解公司的财务状况、经营绩效和风险。此外,他们还将学会如何创建各种财务指标和关键性能指标,以便有效地监控和呈现公司的财务状况。

学习导图

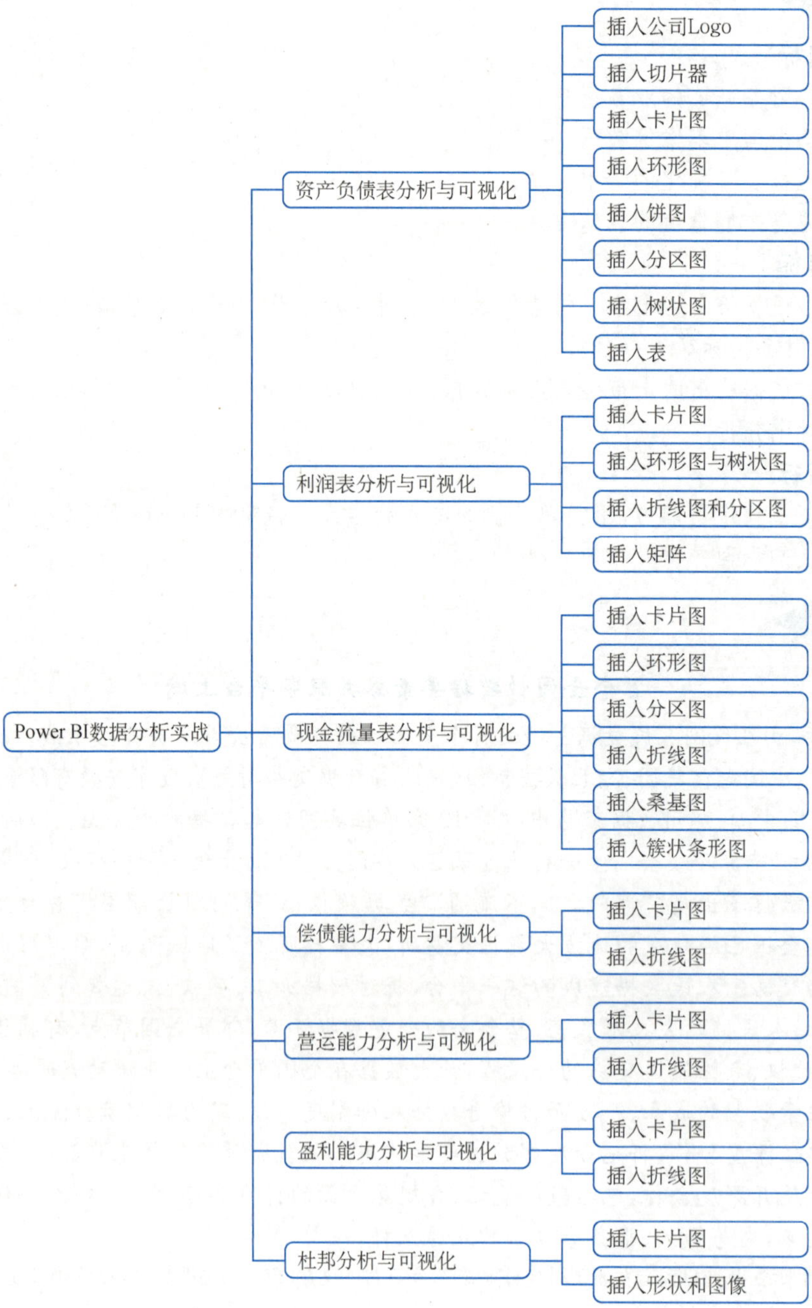

案例说明

1）公司简介

中国中车股份有限公司（中文简称“中国中车”，英文简称“CRRC”）是经国务院同意，国务院国资委批准，由中国北车股份有限公司、中国南车股份有限公司按照对等原则合并组建的 A+H 股上市公司。经中国证监会核准，2015 年 6 月 8 日，中国中车在上海证券交易所和香港联交所成功上市。现有 46 家全资及控股子公司，员工 17 万余人。总部设在北京。

中国中车承继了中国北车股份有限公司、中国南车股份有限公司的全部业务和资产，是全球规模领先、品种齐全、技术一流的轨道交通装备供应商。主要经营：铁路机车车辆、动车组、城市轨道交通车辆、工程机械、各类机电设备、电子设备及零部件、电子电器及环保设备产品的研发、设计、制造、修理、销售、租赁与技术服务；信息咨询；实业投资与管理；资产管理；进出口业务。

2）获取并整理中国中车的财务报表

【案例数据】案例数据\项目八\中国中车-财务报表-初始.pbix

打开“新浪财经”网页，注册并登录“新浪财经”账号。搜索“中国中车”股票，从页面左侧“公司资料”—“相关资料”—“财务数据”—“资产负债表”，结果如图 8-1 所示。点击“资产负债表”页面最下方的链接“下载全部历史数据到 Excel 文件中”，即可下载资产负债表，用同样的方法分别下载中国中车的利润表和现金流量表。

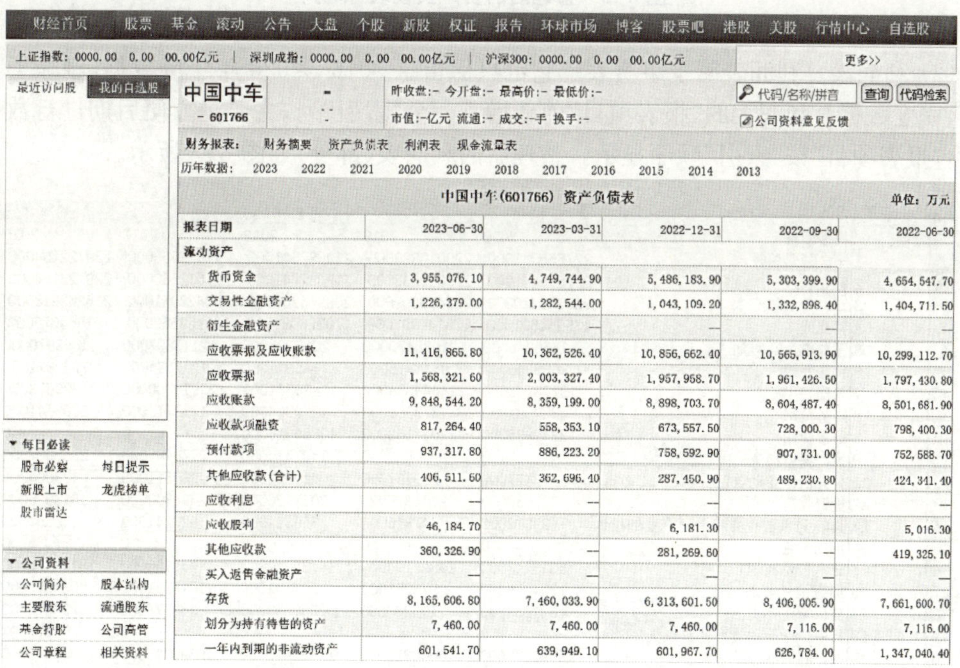

中国中车(601766) 资产负债表　　单位：万元

报表日期	2023-06-30	2023-03-31	2022-12-31	2022-09-30	2022-06-30
流动资产					
货币资金	3,955,076.10	4,749,744.90	5,486,183.90	5,303,399.90	4,654,547.70
交易性金融资产	1,226,379.00	1,282,544.00	1,043,109.20	1,332,898.40	1,404,711.50
衍生金融资产	—	—	—	—	—
应收票据及应收账款	11,416,865.80	10,362,526.40	10,856,662.40	10,565,913.90	10,299,112.70
应收票据	1,568,321.60	2,003,327.40	1,957,958.70	1,961,426.50	1,797,430.80
应收账款	9,848,544.20	8,359,199.00	8,898,703.70	8,604,487.40	8,501,681.90
应收款项融资	817,264.40	558,353.10	673,557.50	728,000.30	798,400.30
预付款项	937,317.80	886,223.20	758,592.90	907,731.00	752,588.70
其他应收款(合计)	406,511.60	362,696.40	287,450.90	489,230.80	424,341.40
应收利息	—	—	—	—	—
应收股利	46,184.70		6,181.30		5,016.30
其他应收款	360,326.90	—	281,269.60	—	419,325.10
买入返售金融资产	—	—	—	—	—
存货	8,165,606.80	7,460,033.90	6,313,601.50	8,406,005.90	7,661,600.70
划分为持有待售的资产	7,460.00	7,460.00	7,460.00	7,116.00	7,116.00
一年内到期的非流动资产	601,541.70	639,949.10	601,967.70	626,784.00	1,347,040.40

图 8-1　中国中车的资产负债表(部分)

获取数据后，将下载的资产负债表、利润表和现金流量表整理到“中国中车-财务报表.xlsx”文件中。除了三大报表，我们还补充了年度表、资产负债表分类、现金流量表分类 3 个维度表。各表介绍如下：

(1) 资产负债表。资产负债表属于事实表。它只保留 2016—2020 年年度数据，删除了其他年度、季度数据，整理后的资产负债表(部分)如图 8-2 所示。

	A	B	C	D	E	F
1	报表项目	2020	2019	2018	2017	2016
2	流动资产					
3	货币资金	33492359000	44904764000	38171008000	60886392000	45594983000
4	交易性金融资产	5799390000	9180616000	7246736000	2569294000	731916000
5	衍生金融资产	0	0	0	0	0
6	应收票据及应收账款	84749019000	73958389000	79680709000	104744000000	89152823000
7	应收票据	12779393000	14245965000	15475106000	27071265000	15099951000
8	应收账款	71969626000	59712424000	64205603000	77672935000	74052872000
9	应收款项融资	8164214000	13085613000	0	0	0
10	预付款项	8481942000	9909219000	9198553000	10677855000	11872252000
11	其他应收款(合计)	4711395000	2599055000	3029887000	3349462000	4486076000
12	应收利息	15946000	45355000	43817000	54849000	25975000
13	应收股利	117946000	148563000	70473000	41680000	39649000
14	其他应收款	4577503000	2405137000	2915597000	3252933000	4420452000
15	买入返售金融资产	0	0	0	0	0
16	存货	62966123000	60833768000	55121500000	55221998000	54416164000
17	划分为持有待售的资产	9877000	2779000	6354000	52443000	0
18	一年内到期的非流动资产	17124785000	14416293000	11646729000	12405187000	8166808000
19	待摊费用	0	0	0	0	0
20	待处理流动资产损益	0	0	0	0	0
21	其他流动资产	5342740000	5820129000	8752763000	5564379000	6168258000
22	流动资产合计	249727000000	251215000000	227512000000	255471000000	220589000000
23	非流动资产					
24	发放贷款及垫款	0	180588000	1880911000	192693000	203144000
25	可供出售金融资产	0	0	0	2805856000	3819162000
26	持有至到期投资	1169010000	1658234000	1622252000	1429188000	966970000

图 8-2 整理后的资产负债表(部分)

(2) 利润表。利润表属于事实表。它也只保留了 2016—2020 年年度数据，删除了其他年度、季度数据。利润表的“报表项目”前新增了一个“索引”列，主要是方便后期进行数据展示时，“报表项目”按“索引”顺序显示。整理后的利润表(部分)如图 8-3 所示。

	A	B	C	D	E	F	G
1	索引	报表项目	2020	2019	2018	2017	2016
2	1	一、营业总收入	227656041000	229010833000	219082641000	211012560000	229722154000
3	2	营业收入	227656041000	229010833000	219082641000	211012560000	229722154000
4	3	二、营业总成本	215346420000	213439699000	208955200000	200422951000	216263818000
5	4	营业成本	176954601000	176149897000	170526021000	163152562000	181964676000
6	5	营业税金及附加	1756246000	1938170000	2038395000	2113897000	1865970000
7	6	销售费用	8683345000	8516415000	7745841000	7217634000	7249871000
8	7	管理费用	13773241000	14444854000	13430881000	23910600000	21828673000
9	8	财务费用	829091000	373201000	1279396000	1253773000	1003641000
10	9	研发费用	13349896000	12017162000	10896916000	0	0
11	10	资产减值损失	0	0	1407475000	2774485000	2350987000
12	11	公允价值变动收益	77121000	233737000	419593000	-330511000	123004000
13	12	投资收益	739658000	2153377000	2053926000	2694308000	1613096000
14	13	其中:对联营企业和合营企业的投资	-93873000	347616000	558314000	526241000	453354000
15	14	汇兑收益	0	0	0	0	0
16	15	三、营业利润	15318113000	15822704000	14734830000	14743158000	15194436000
17	16	加:营业外收入	1304009000	978881000	987581000	1018331000	2034222000
18	17	减：营业外支出	631032000	193260000	380039000	362174000	294079000
19	18	其中：非流动资产处置损失	0	0	0	0	73678000
20	19	四、利润总额	15991090000	16608325000	15342372000	15399315000	16934579000
21	20	减：所得税费用	2168030000	2784624000	2343865000	2387765000	3024670000
22	21	五、净利润	13823060000	13823701000	12998507000	13011550000	13909909000
23	22	归属于母公司所有者的净利润	11331053000	11794929000	11305044000	10798556000	11295596000
24	23	少数股东损益	2492007000	2028772000	1693463000	2212994000	2614313000
25	24	六、每股收益					
26	25	基本每股收益(元/股)	0.39	0.41	0.39	0.38	0.41

图 8-3 整理后的利润表(部分)

(3) 现金流量表。现金流量表属于事实表。它也只保留了 2016—2020 年年度数据，删除了其他年度、季度数据。整理后的现金流量表(部分)如图 8-4 所示。

	A	B	C	D	E	F
1	报表项目	2020	2019	2018	2017	2016
2	一、经营活动产生的现金流量					
3	销售商品、提供劳务收到的现金	242379468000	252542468000	257818110000	227361569000	257731365000
4	收到的税费返还	973703000	1388569000	1294261000	817087000	1116184000
5	收到的其他与经营活动有关的现金	4480394000	3447164000	3461593000	3606317000	3177159000
6	经营活动现金流入小计	247973089000	260160188000	262573964000	232561429000	263224708000
7	购买商品、接受劳务支付的现金	188444202000	173870259000	182025019000	157533078000	185796974000
8	支付给职工以及为职工支付的现金	30858156000	32190753000	29628066000	28373951000	25980731000
9	支付的各项税费	12206794000	14624108000	13957337000	15576537000	15902495000
10	支付的其他与经营活动有关的现金	17041427000	16944532000	17419493000	14868807000	14558129000
11	经营活动现金流出小计	250005482000	237629652000	243704620000	216352373000	242238329000
12	经营活动产生的现金流量净额	-2032393000	22530536000	18869344000	16209056000	20986379000
13	二、投资活动产生的现金流量					
14	收回投资所收到的现金	66837677000	69239448000	56520852000	37364706000	20551955000
15	取得投资收益所收到的现金	686995000	628440000	531474000	430437000	645261000
16	处置固定资产、无形资产和其他长期资产所收回的现金净额	1206900000	2675535000	1335456000	996195000	383720000
17	处置子公司及其他营业单位收到的现金净额	332748000	588830000	630430000	1648598000	505725000
18	收到的其他与投资活动有关的现金	0	0	299793000	242965000	994201000
19	投资活动现金流入小计	69064320000	73132253000	59318005000	40682901000	23104199000
20	购建固定资产、无形资产和其他长期资产所支付的现金	7775493000	8064827000	9041777000	8696807000	10373021000
21	投资所支付的现金	60800183000	69627844000	54320829000	34919820000	37343114000
22	取得子公司及其他营业单位支付的现金净额	0	8450000	66678000	0	0
23	支付的其他与投资活动有关的现金	0	0	0	16700000	0
24	投资活动现金流出小计	68751541000	77701121000	63651329000	43657630000	47812738000
25	投资活动产生的现金流量净额	312779000	-4568868000	-4333324000	-2974729000	-24708539000
26	三、筹资活动产生的现金流量					

图 8-4　整理后的现金流量表(部分)

(4) 年度表。年度表属于维度表。可以在 Excel 中直接添加表，也可以在 Power Query 中添加。添加的年度表如图 8-5 所示。

	A
1	年度
2	2016
3	2017
4	2018
5	2019
6	2020

图 8-5　年度表

(5) 资产负债表分类。资产负债表分类属于维度表。构建的资产负债表分类(部分)如图 8-6 所示。

(6) 现金流量表分类。现金流量表分类属于维度表。构建的现金流量表分类(部分)如图 8-7 所示。

	A	B	C	D	E
1	BS类别1	BS类别2	报表项目	类别1索引	报表项目索引
2	资产	其他	流动资产	1	1
3	资产	流动资产	货币资金	1	2
4	资产	流动资产	交易性金融资产	1	3
5	资产	流动资产	衍生金融资产	1	4
6	资产	流动资产	应收票据及应收账款	1	5
7	资产	流动资产	应收票据	1	6
8	资产	流动资产	应收账款	1	7
9	资产	流动资产	应收款项融资	1	8
10	资产	流动资产	预付款项	1	9
11	资产	流动资产	其他应收款(合计)	1	10
12	资产	流动资产	应收利息	1	11
13	资产	流动资产	应收股利	1	12
14	资产	流动资产	其他应收款	1	13
15	资产	流动资产	买入返售金融资产	1	14
16	资产	流动资产	存货	1	15
17	资产	流动资产	划分为持有待售的资产	1	16
18	资产	流动资产	一年内到期的非流动资产	1	17
19	资产	流动资产	待摊费用	1	18
20	资产	流动资产	待处理流动资产损益	1	19
21	资产	流动资产	其他流动资产	1	20

图 8-6　资产负债表分类(部分)

	A	B	C	D	E
1	CF类别1	CF类别2	报表项目	类别1索引	报表项目索引
2	经营活动	其他	一、经营活动产生的现金流量	1	1
3	经营活动	现金流入	销售商品、提供劳务收到的现金	1	2
4	经营活动	现金流入	收到的税费返还	1	3
5	经营活动	现金流入	收到的其他与经营活动有关的现金	1	4
6	经营活动	现金流入小计	经营活动现金流入小计	1	5
7	经营活动	现金流出	购买商品、接受劳务支付的现金	1	6
8	经营活动	现金流出	支付给职工以及为职工支付的现金	1	7
9	经营活动	现金流出	支付的各项税费	1	8
10	经营活动	现金流出	支付的其他与经营活动有关的现金	1	9
11	经营活动	现金流出小计	经营活动现金流出小计	1	10
12	经营活动	现金流量净额	经营活动产生的现金流量净额	1	11
13	投资活动	其他	二、投资活动产生的现金流量	2	12
14	投资活动	现金流入	收回投资所收到的现金	2	13
15	投资活动	现金流入	取得投资收益所收到的现金	2	14
16	投资活动	现金流入	处置固定资产、无形资产和其他长期资产所收回的现金净额	2	15
17	投资活动	现金流入	处置子公司及其他营业单位收到的现金净额	2	16
18	投资活动	现金流入	收到的其他与投资活动有关的现金	2	17
19	投资活动	现金流入小计	投资活动现金流入小计	2	18

图 8-7　现金流量表分类(部分)

3）案例模型

本案例中，包含 3 个事实表和 3 个维度表：事实表是资产负债表、利润表和现金流量表，维度表为年度表、资产负债表分类和现金流量表分类。同时，我们还新建了一个“度量值”空值，用来存放、管理本案例涉及的所有度量值。

导入的资产负债表在编辑查询中，选中“报表项目”列，对其他列作逆透视，结果如图 8-8 所示。涉及的数据整理操作还有：重命名、检测数据类型等（利润表和现金流量表的整理操作与此类似）。

本案例的关系模型如图 8-9 所示。

报表项目	年度	金额
持有至到期投资	2017	14291880
持有至到期投资	2018	16222520
持有至到期投资	2016	96697000
持有至到期投资	2020	11690100
持有至到期投资	2019	16582340
存货	2018	55121500
存货	2016	54416164
存货	2017	55221998
存货	2020	62966123
存货	2019	60833768

图 8-8　资产负债表编辑查询

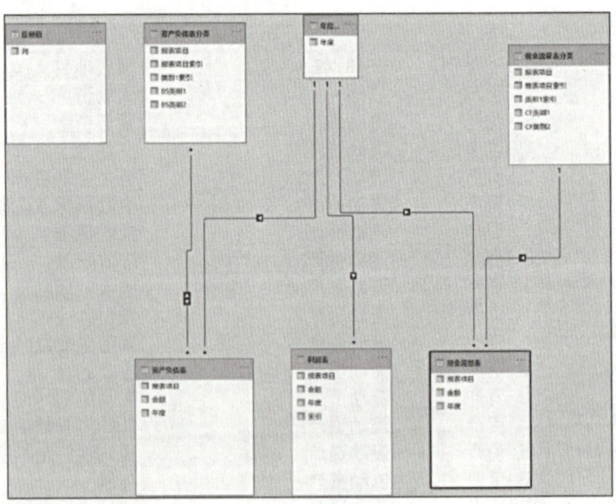

图 8-9　关系模型

任务一　资产负债表分析与可视化

资产负债表分析

资产负债表反映的是企业在某一特定时点(通常为各会计期末,如月末、季末、半年末、年末)的财务状况,表明企业在某一特定日期所拥有或控制的经济资源、所承担的现有义务和所有者对净资产的要求权。本任务中中国中车的资产负债表可视化效果如图 8-10 所示。下面通过 8 个子任务详细介绍资产负债表的可视化实现过程。

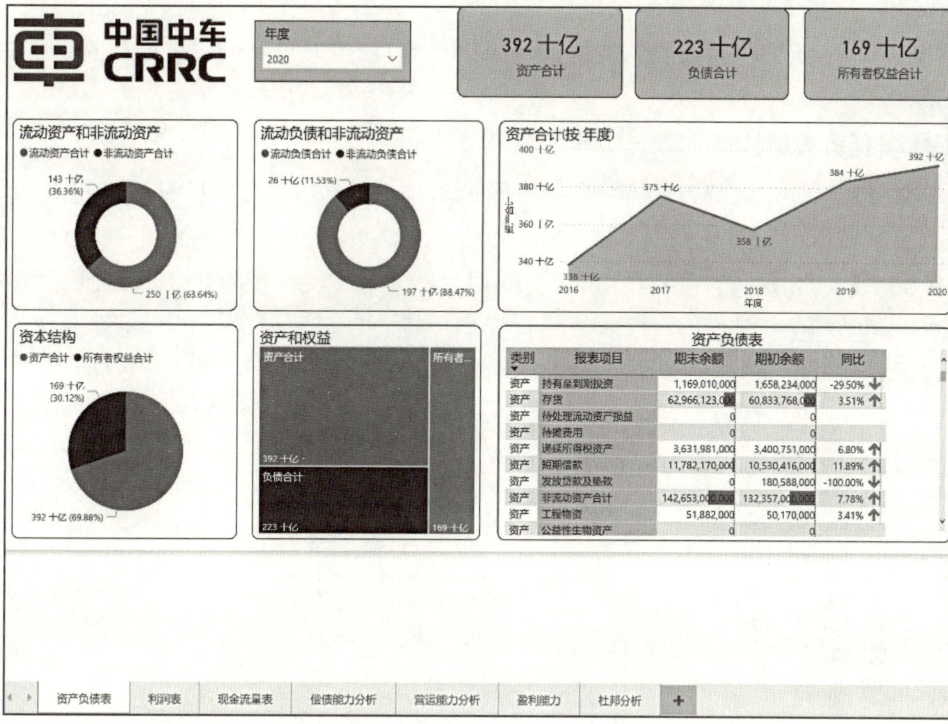

图 8-10　资产负债表的可视化效果总览

子任务一　插入公司 Logo

在 Power BI 报表中插入公司 Logo 是一种常见的操作,通过在报表放置公司 Logo,可以有效地提升报表的专业性和辨识度。公司 Logo 通常是企业品牌形象的象征,将其融入报表中有助于传达企业的标识和价值观。

本任务中将中国中车公司的 Logo 放置在报表左上角,以增加可视化图表的辨识度。

【任务实施】

【步骤一】　双击“案例数据\项目八\中国中车-财务报表-初始. pbix”文件,点击窗口左侧的报表“▥”按钮,并新建“资产负债表分析”报表页,即双击“第 1 页”更改名称为“资产负债表分析”。

【步骤二】　执行“插入”—“元素”—“图像”命令,插入“案例数据\项目八\中国中车-

logo. png”图片，结果如图 8-11 所示。

图 8-11　插入中国中车公司 Logo

子任务二　插入切片器

本报表页中，我们将年度表的数据设置成切片器，希望通过不同年度的筛选，显示相应年度的数据。

【任务实施】

【步骤一】　双击“案例数据\项目八\中国中车-财务报表-初始. pbix”文件，点击窗口左侧的报表“”按钮，选择“资产负债表分析”报表页。

【步骤二】　点击右侧“可视化”窗口中的切片器“”按钮，按图 8-12 设置切片器的属性(注意：年度表里的“年度”)，按图 8-13 设置切片器的显示方式，按图 8-14 设置切片器的格式(包括背景颜色、文本大小等)。生成的切片器如图 8-15 所示。

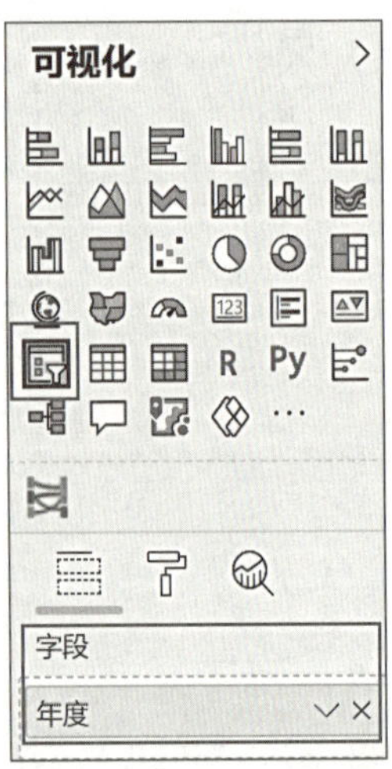

图 8-12　切片器属性的设置

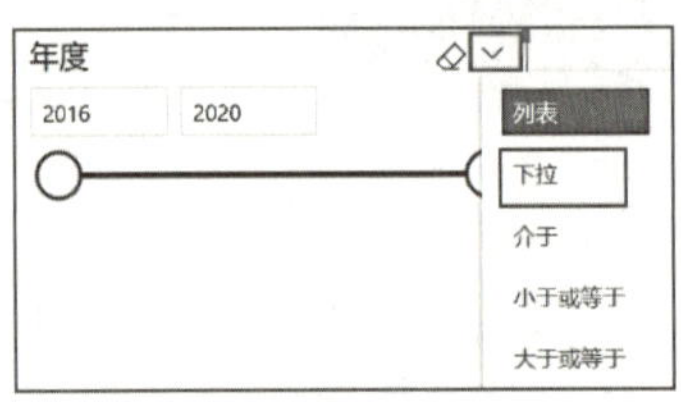

图 8-13　切片器显示方式的设置

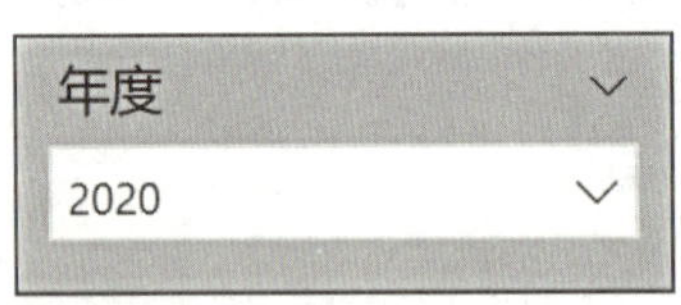

图 8-15　插入“年度”切片器

图 8-14　切片器格式的设置

子任务三　插入卡片图

本报表页面，我们将用卡片图来显示中国中车不同年度资产合计、负债合计、所有者权益合计 3 个关键数据。涉及的度量值设置如下：

资产合计＝CALCULATE(sum('资产负债表'[金额]),'资产负债表分类'[BS 类别 2]＝"资产总计")

负债合计=CALCULATE(sum('资产负债表'[金额]),'资产负债表分类'[BS 类别 2]="负债合计")

所有者权益合计=CALCULATE(sum('资产负债表'[金额]),'资产负债表分类'[BS 类别 2]="所有者权益合计")

【任务实施】

【步骤一】　双击"案例数据\项目八\中国中车-财务报表-初始.pbix"文件,点击窗口左侧的报表""按钮,选择"资产负债表分析"报表页,选择右侧"字段"窗口下的"度量值",新建上述 3 个度量值。

【步骤二】　点击右侧"可视化"窗口中的卡片图""按钮,按图 8-16 设置卡片图的属性,按图 8-17 设置卡片图的格式(包括数据标签的文本大小、背景颜色、边框半径等)。生成的卡片图如图 8-18 所示。

步骤三:同样的方法,可以设置"负债合计"和"所有者权益合计"卡片图。

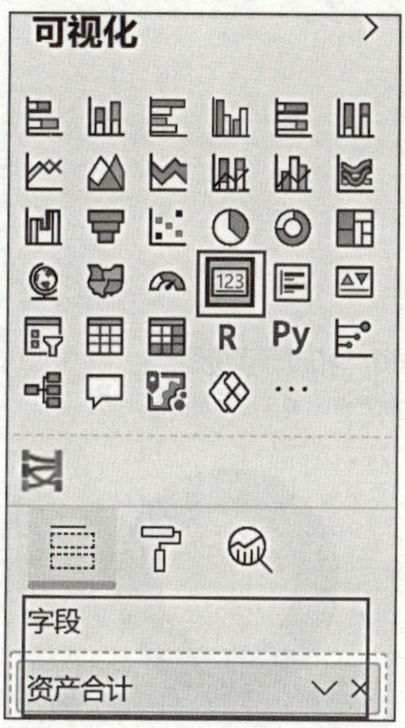

图 8-16　卡片图属性的设置

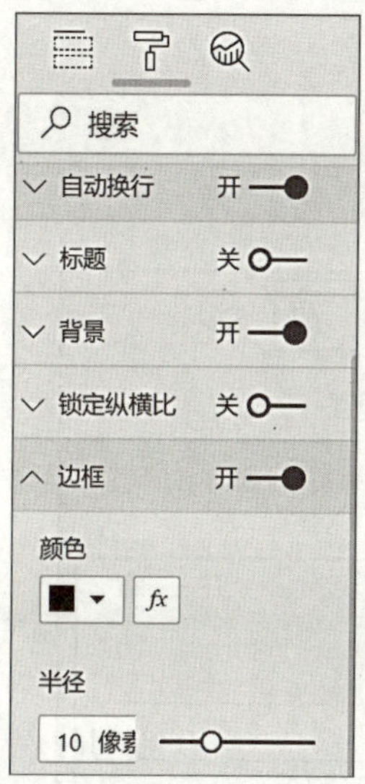

图 8-17　卡片图格式的设置

图 8-18　"资产合计"卡片图

子任务四　插入环形图

本报表页面,我们将通过环形图来反映中国中车不同年度流动资产与非流动资产、流动负债与非流动负债的比例关系。涉及的度量值设置如下:

流动资产合计=CALCULATE(sum('资产负债表'[金额]),'资产负债表分类'[BS 类别 2]="流动资产合计")

非流动资产合计=CALCULATE(sum('资产负债表'[金额]),'资产负债表分类'[BS 类别 2]="非流动资产合计")

流动负债合计=CALCULATE(sum('资产负债表'[金额]),'资产负债表分类'[BS 类别 2]="流动负债合计")

非流动负债合计=CALCULATE(sum('资产负债表'[金额]),'资产负债表分类'[BS 类别 2]="非流动负债合计")

【任务实施】

【步骤一】 双击"案例数据\项目八\中国中车-财务报表-初始.pbix"文件,点击窗口左侧的报表"▥"按钮,选择"资产负债表分析"报表页,选择右侧"字段"窗口下的"度量值",新建上述 4 个度量值。

【步骤二】 点击右侧"可视化"窗口中的环形图"◎"按钮,按图 8-19 设置环形图的属性,按图 8-20 设置环形图的格式(包括标题文本、文本大小、图例位置、边框半径等)。生成的环形图如图 8-21 所示。

图 8-19 环形图属性的设置

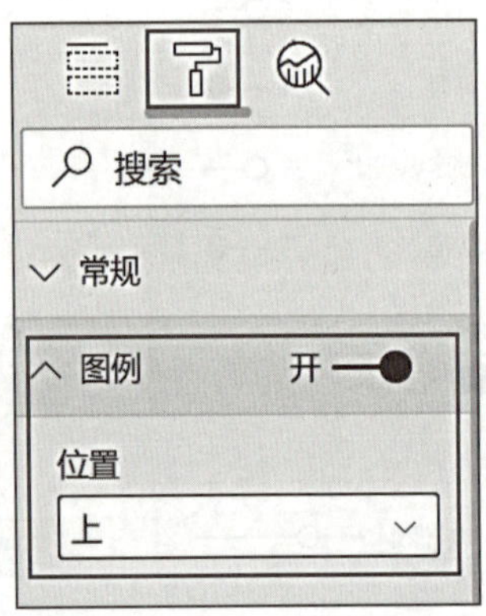

图 8-20 环形图格式的设置

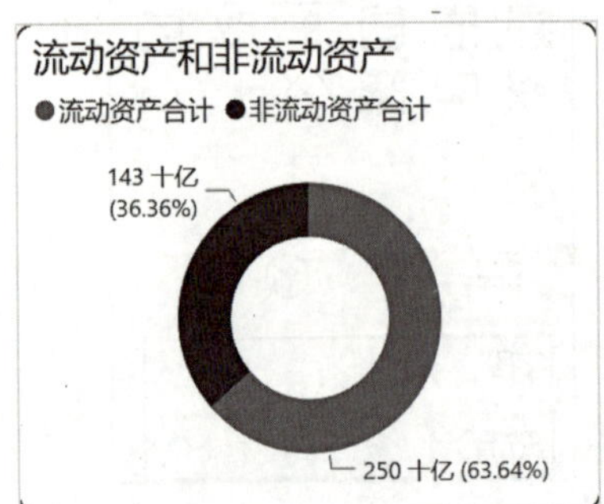

图 8-21 生成的环形图

【步骤三】 同样的方法,设置"流动负债和非流动负债"环形图。

子任务五 插入饼图

本报表页面中,我们将通过饼图来反映中国中车资本结构中负债与所有者权益的比例关系。插入饼图的操作与插入环形图类似,此处不再重复介绍。

子任务六 插入分区图

本报表页面中,我们将通过分区图反映中国中车不同年度总资产的变化趋势。

【任务实施】

【步骤一】 双击“案例数据\项目八\中国中车-财务报表-初始.pbix”文件，点击窗口左侧的报表“”按钮，选择“资产负债表分析”报表页。

【步骤二】 点击右侧“可视化”窗口中的分区图“”按钮，按图 8-22 设置分区图的属性，同时设置分区图的格式（包括数据标签、边框半径等），生成的分区图如图 8-23 所示。

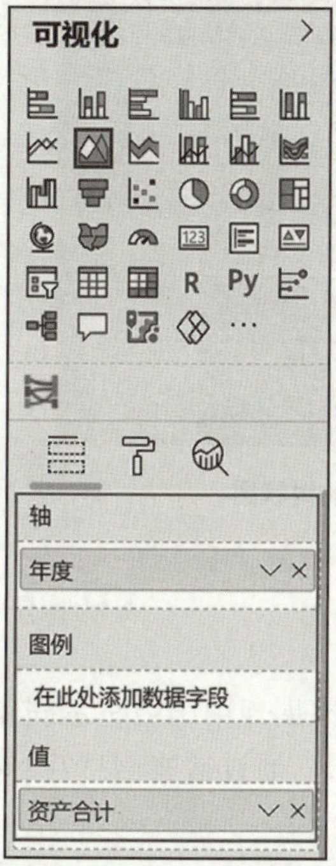

图 8-22 分区图的属性设置

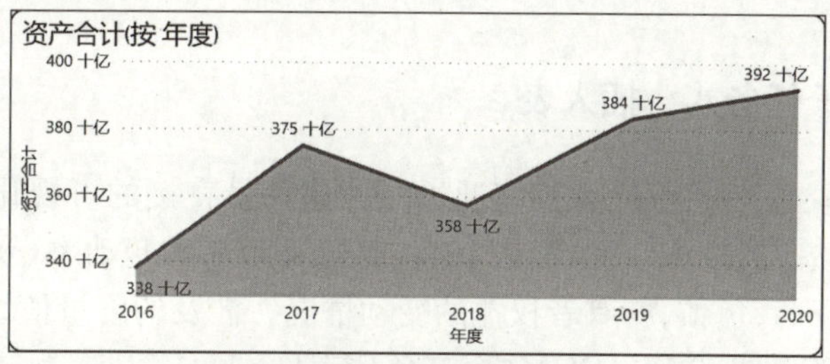

图 8-23 生成的分区图

【步骤三】 选中“切片器”对象，执行“格式”—“编辑交互”命令，再单击“分区图”右上角的“⃠”按钮，使其变成“●”按钮，则分区图不会再随切片器的变化而变化。

子任务七 插入树状图

本报表页面中，我们将通过树状图来反映中国中车不同年度资本、负债与所有者权益的平衡关系。

【任务实施】

【步骤一】 双击“案例数据\项目八\中国中车-财务报表-初始.pbix”文件，点击窗口左侧的报表“”按钮，选择“资产负债表分析”报表页。

【步骤二】 点击右侧“可视化”窗口中的树状图“”按钮，按图 8-24 设置树状图的属性，同时设置树状图的格式(数据标签、边款半径等)，生成的树状图如图 8-25 所示。

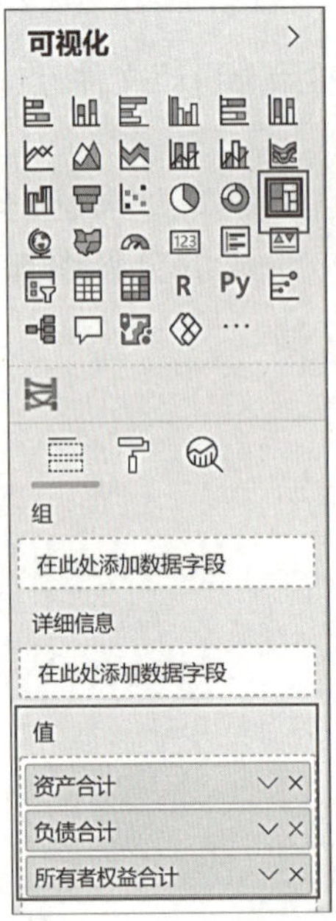

图 8-24　树状图的属性设置

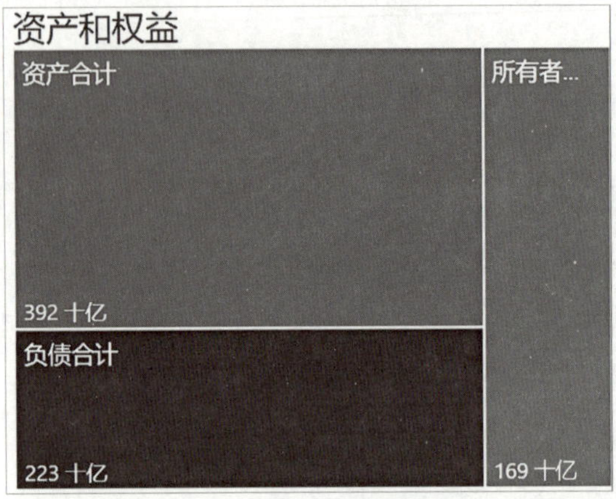

图 8-25　生成的树状图

子任务八　插入表

本报表页面中，我们将通过"表"这种最直接的可视化对象来展现中国中车不同年度资产负债表的期末余额、期初余额、期初及期末的变动率(及同比)。通过这些信息，我们可以发现资产、负债、所有者权益的变动情况。涉及的度量值设置如下：

BS 期末余额＝SUM('资产负债表'[金额])

BS 期初余额 = VAR REPORTYEAR = SELECTEDVALUE('年度表'[年度]) RETURN CALCULATE([BS 期末余额],FILTER(ALL('年度表'),'年度表'[年度]=REPORTYEAR－1

BS 同比＝DIVIDE([BS 期末余额]－[BS 期初余额],[BS 期初余额])

【任务实施】

【步骤一】 双击"案例数据\项目八\中国中车-财务报表-初始. pbix"文件，点击窗口左侧的报表"▥"按钮，选择"资产负债表分析"报表页。

【步骤二】 点击右侧"可视化"窗口中的表"▦"按钮，将"资产负债表分类"中的"BS 类别 1""报表名称"以及"度量值"中的"BS 期末余额""BS 期初余额""BS 同比"拖动到"值"处，并按图 8-26 将其修改为新的名称，同时按图 8-27 设置表的一般格式(包括表格标题、列标题背景色、"报表项目"字段背景色、边框半径等)。

【步骤三】 将"期末余额"和"期初余额"的数据条打开，在条件格式下选择"同比"，点击"高级控件"链接，设置"同比"字段的条件格式，如图 8-28 所示。

【步骤四】 设置后的资产负债表(部分)如图 8-29 所示。

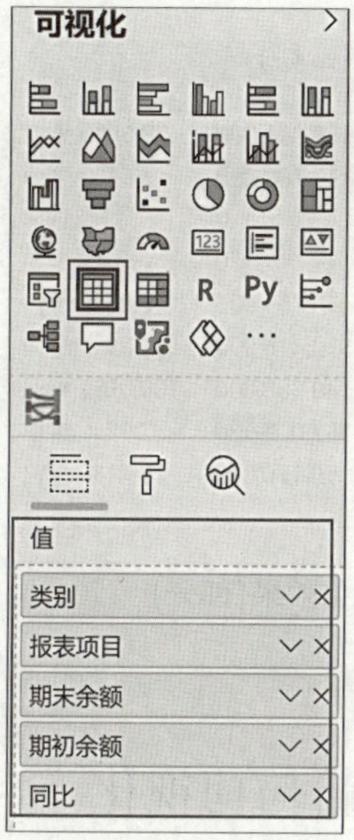

图 8-26　表的属性设置

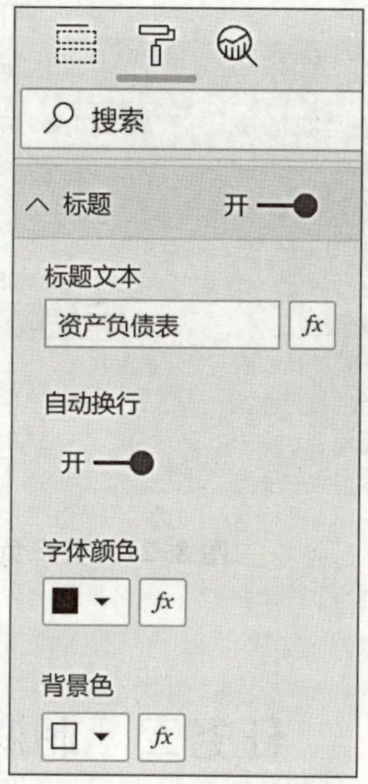

图 8-27　表的格式设置

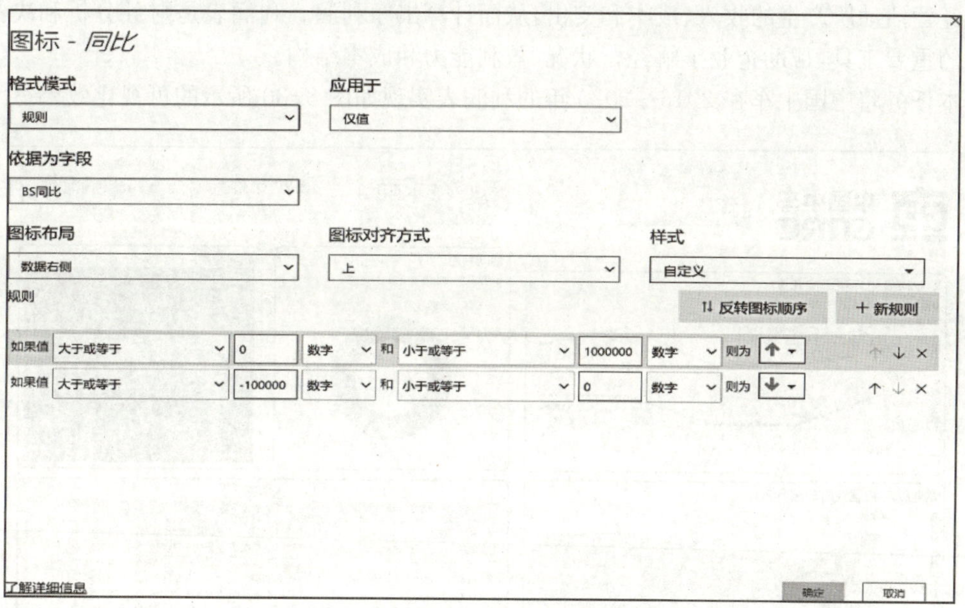

图 8-28　“同比”字段的条件格式设置

最后可以得到如图 8-10 所示的资产负债表可视化效果。通过该图，我们可以直观地看出中国中车在 2016—2020 年每年拥有或控制的经济资源及其分布情况，了解其生产经营能力；可以看出中国中车的负债总额和结构，了解其未来需要用多少资产清偿债务；还可以看出投资者在企业资产中所占的份额，了解其权益结构情况等。

资产负债表

类别	报表项目	期末余额	期初余额	同比
资产	持有至到期投资	1,169,010,000	1,658,234,000	-29.50% ↓
资产	存货	62,966,123,000	60,833,768,000	3.51% ↑
资产	待处理流动资产损益	0	0	
资产	待摊费用	0	0	
资产	递延所得税资产	3,631,981,000	3,400,751,000	6.80% ↑
资产	短期借款	11,782,170,000	10,530,416,000	11.89% ↑
资产	发放贷款及垫款	0	180,588,000	-100.00% ↓
资产	非流动资产合计	142,653,000,000	132,357,000,000	7.78% ↑
资产	工程物资	51,882,000	50,170,000	3.41% ↑
资产	公益性生物资产	0	0	

图 8-29 资产负债表可视化效果(部分)

任务二 利润表分析与可视化

利润表分析

利润表,也称损益表、盈亏表,是企业财务报表中的一种,用于展示在特定时间范围内企业的经营活动所产生的收入、成本和支出,从而计算出净利润。利润表是财务分析和决策制定中的重要工具,帮助企业了解经营状况、盈利能力和成本结构。

本任务将中国中车在 2016—2020 年的利润表实现如图 8-30 所示的可视化效果。

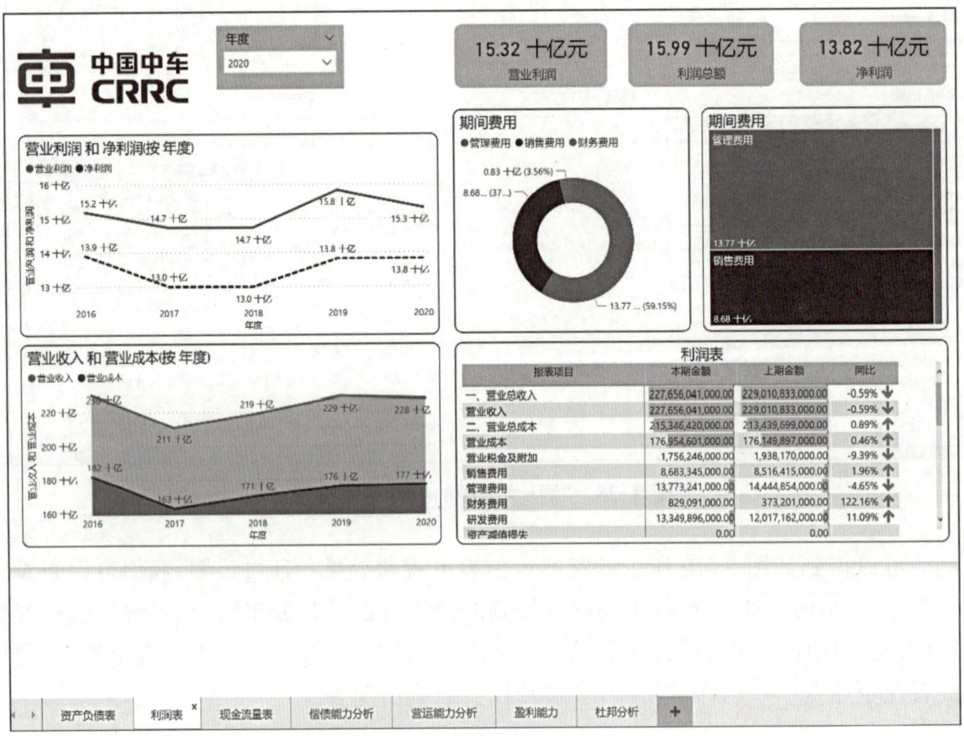

图 8-30 利润表的可视化效果总览

子任务一 插入卡片图

本报表页面中，我们通过卡片图来显示中国中车不同年度的营业利润、利润总额和净利润 3 个关键指标。涉及的度量值设置如下：

营业利润=CALCULATE(SUM('利润表'[金额]),'利润表'[报表项目]="三、营业利润")

利润总额=CALCULATE(SUM('利润表'[金额]),'利润表'[报表项目]="四、利润总额")

净利润=CALCULATE(SUM('利润表'[金额]),'利润表'[报表项目]="五、净利润")

插入卡片图的操作与前面类似，此处不再重复。

子任务二 插入环形图与树状图

本报表页面中，我们通过环形图和树状图来反映中国中车不同年度的管理费用、销售费用、财务费用这三大期间费用的占比关系。涉及的度量值设置如下：

销售费用= CALCULATE(SUM('利润表'[金额]),'利润表'[报表项目]="销售费用")

管理费用= CALCULATE(SUM('利润表'[金额]),'利润表'[报表项目]="管理费用")

财务费用= CALCULATE(SUM('利润表'[金额]),'利润表'[报表项目]="财务费用")

插入环形图与树状图的操作与前面类似，此处不再重复。

子任务三 插入折线图和分区图

本报表页面中，我们通过折线图来反映中国中车不同年度营业利润和净利润的变化趋势，通过分区图来反映营业收入和营业成本的变化趋势。涉及的度量值设置如下：

营业收入= CALCULATE(SUM('利润表'[金额]),'利润表'[报表项目]="营业收入")

营业成本= CALCULATE(SUM('利润表'[金额]),'利润表'[报表项目]="营业成本")

插入折线图和分区图的操作与前面类似，此处不再重复。

子任务四 插入矩阵

本报表页面中，我们通过矩阵来反映利润表各报表项目的本期金额、上期金额及变动率(同比)，涉及的度量值设置如下：

IS 本期金额=SUM('利润表'[金额])

IS 上期金额=

VAR REPORTYEAR=SELECTEDVALUE('年度'[年度])

RETURN

CALCULATE([IS 本期金额],FILTER(ALL('年度'),'年度'[年度]=reportyear-1))

IS 同比=DIVIDE([IS 本期金额]-[IS 上期金额],[IS 上期金额])

【任务实施】

【步骤一】 双击“案例数据\项目八\中国中车-财务报表-初始. pbix”文件，点击窗口左侧的报表“”按钮，选择“利润表分析”报表页，设置上述度量值。

【步骤二】 点击右侧“可视化”窗口中的矩阵“”按钮，按图 8-31 设置矩阵的属性，参照资产负债表设置利润表的格式,生成的矩阵如图 8-32 所示。

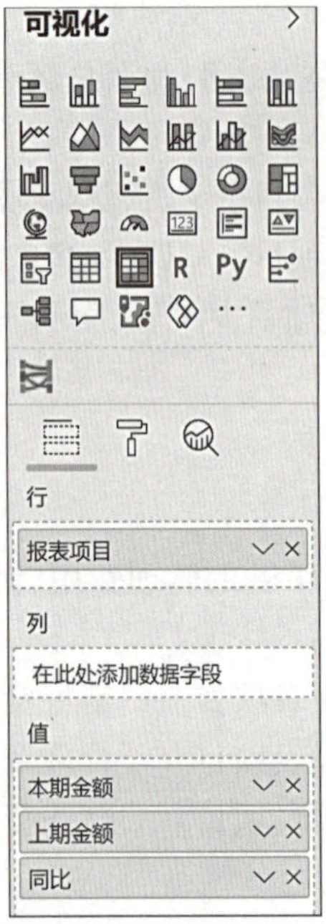

图 8-31　矩阵的属性设置

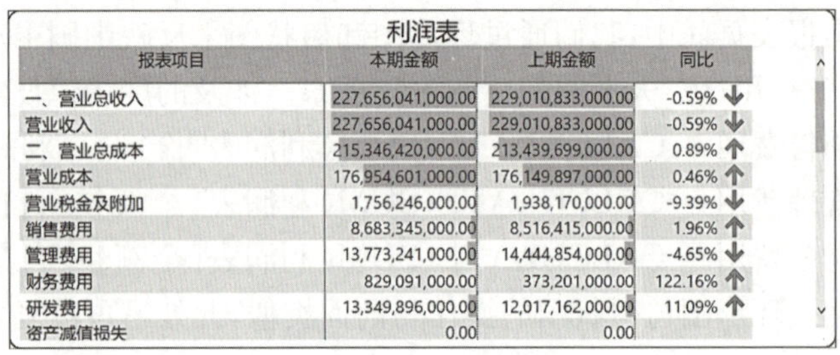

利润表

报表项目	本期金额	上期金额	同比
一、营业总收入	227,656,041,000.00	229,010,833,000.00	-0.59% ↓
营业收入	227,656,041,000.00	229,010,833,000.00	-0.59% ↓
二、营业总成本	215,346,420,000.00	213,439,699,000.00	0.89% ↑
营业成本	176,954,601,000.00	176,149,897,000.00	0.46% ↑
营业税金及附加	1,756,246,000.00	1,938,170,000.00	-9.39% ↓
销售费用	8,683,345,000.00	8,516,415,000.00	1.96% ↑
管理费用	13,773,241,000.00	14,444,854,000.00	-4.65% ↓
财务费用	829,091,000.00	373,201,000.00	122.16% ↑
研发费用	13,349,896,000.00	12,017,162,000.00	11.09% ↑
资产减值损失	0.00	0.00	

图 8-32　生成的矩阵

任务三　现金流量表分析与可视化

现金流量表分析

现金流量表,是企业财务报表的一部分,用于展示在特定时间范围内企业的现金流入和流出情况。现金流量表分为三个主要部分,分别是经营活动、投资活动和筹资活动。这三部分反映了企业现金的来源和运用,提供了企业现金管理和偿付能力的重要信息。

本任务中中国中车在 2016—2020 年度的现金流量表可视化效果如图 8-33 所示。

子任务一　插入卡片图

本报表页面中,我们通过卡片图来显示中国中车不同年度的经营活动现金净流量、筹资活动现金净流量和投资活动现金净流量 3 个关键数据。涉及的度量值设置如下:

经营活动现金净流量=CALCULATE(sum('现金流量表'[金额]),'现金流量表'[报表项目]="经营活动产生的现金流量净额")

投资活动现金净流=CALCULATE(sum('现金流量表'[金额]),'现金流量表'[报表项目]="投资活动产生的现金流量净额")

筹资活动现金净流量= CALCULATE(sum('现金流量表'[金额]),'现金流量表'[报表项目]="筹资活动产生的现金流量净额")

插入卡片图的操作与前面类似,此处不再重复介绍。

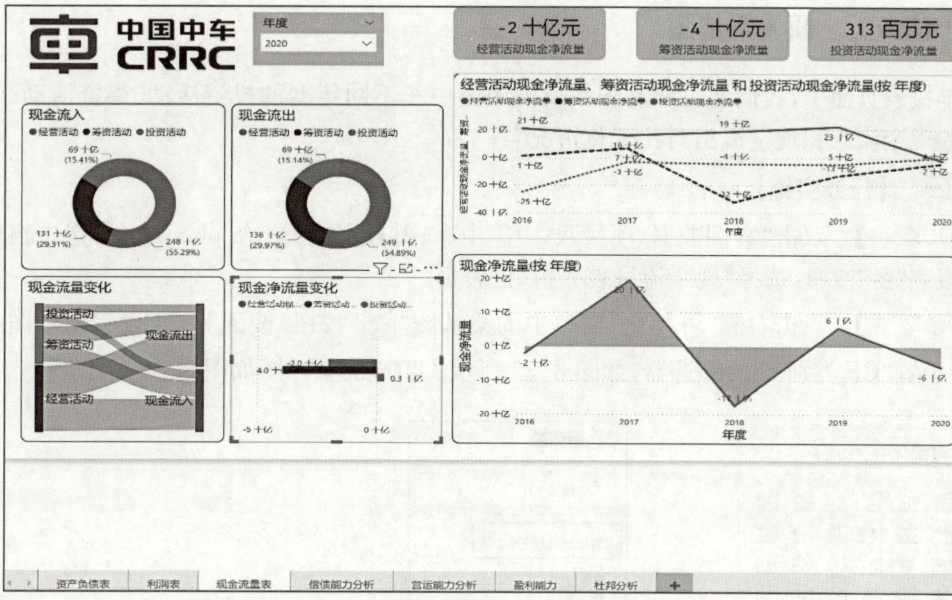

图 8-33　现金流量表的可视化效果总览

子任务二　插入环形图

本报表页面中，我们通过环形图来显示中国中车在 2016—2020 年度不同活动的现金流入和现金流出状况。涉及的度量值设置如下：

现金流入＝CALCULATE(sum('现金流量表'[金额]),'现金流量表分类'[CF 类别 2]＝"现金流入")

现金流出＝CALCULATE(sum('现金流量表'[金额]),'现金流量表分类'[CF 类别 2]＝"现金流出")

插入环形图的操作与前面类似，此处不再重复。

子任务三　插入分区图

本报表页面中，我们通过分区图来反映中国中车不同年度现金净流量的变化趋势。涉及的度量值设置如下：

现金净流量＝CALCULATE(sum('现金流量表'[金额]),'现金流量表'[报表项目]＝"五、现金及现金等价物净增加额")

插入分区图的操作与前面类似，此处不再重复。

子任务四　插入折线图

本报表页面中，我们通过折线图来反映中国中车不同年度的经营活动、投资活动、筹资活动现金净流量的增减变动趋势。

插入折线图的操作与前面类似，此处不再重复介绍。

子任务五　插入桑基图

本报表页面中，我们通过桑基图来反映中国中车不同年度的投资活动、筹资活动、经营活动的现金流入和现金流出对比变化情况。

【任务实施】

【步骤一】　双击“案例数据\项目八\中国中车-财务报表-初始. pbix”文件，点击窗口左侧的报表“”按钮，选择“现金流量表分析”报表页。

【步骤二】　点击右侧“可视化”窗口中的桑基图“”按钮，按图 8-34 设置桑基图的属性，并设置“CF 类别 2”的筛选器，如图 8-35 所示。生成的桑基图如图 8-36 所示。

图 8-34　桑基图的属性设置

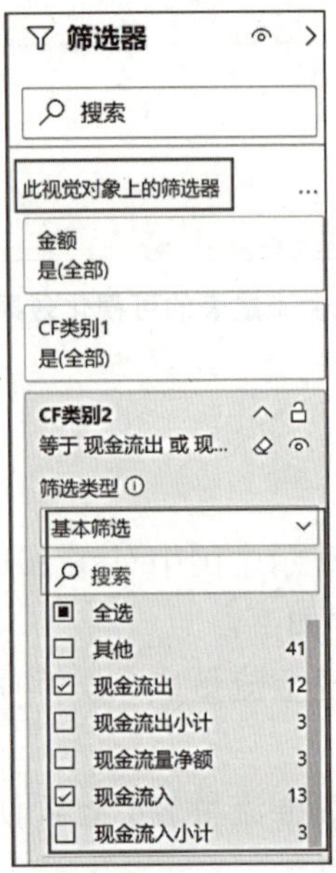

图 8-35　筛选器的属性设置

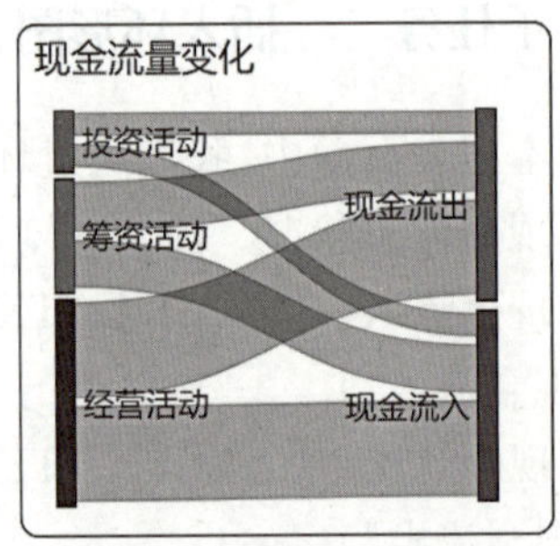

图 8-36　生成的桑基图

子任务六　插入簇状条形图

本报表页中，我们将通过簇状条形图来反映中国中车在 2016—2020 年度的经营活动、投资活动、筹资活动的净现金流量变化情况。

【任务实施】

【步骤一】　双击“案例数据\项目八\中国中车-财务报表-初始. pbix”文件，点击窗口左侧的报表“”按钮，选择“现金流量表分析”报表页。

【步骤二】　点击右侧“可视化”窗口中的“簇状条形图”按钮，按图 8-37 设置簇状条形图的属性，生成的簇状条形图如图 8-38 所示。

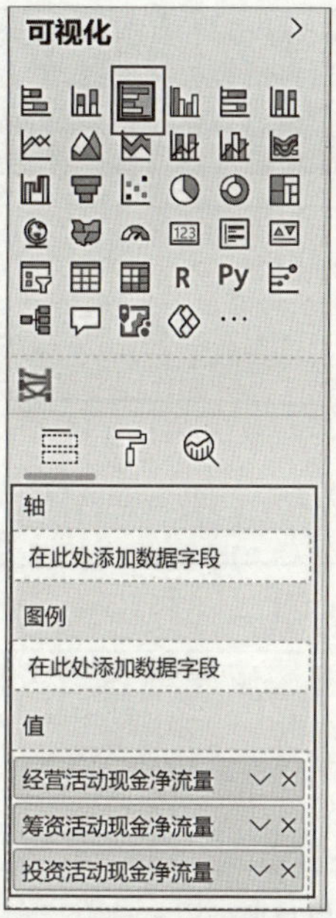

图 8-37　簇状条形图的属性设置

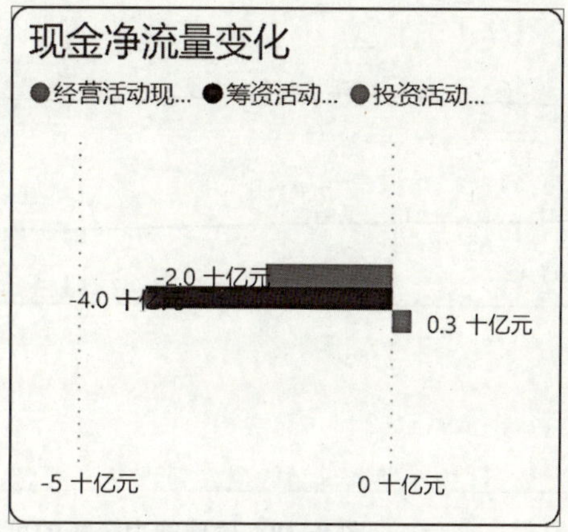

图 8-38　生成的簇状条形图

任务四　偿债能力分析与可视化

偿债能力分析

企业的偿债能力是指企业在到期债务需要偿还时，能够从其现有的资产中获得足够的现金或现金等价物，以完成债务的清偿。这是企业财务稳健性的一个重要方面，对企业的经营和发展至关重要。

本任务我们将对中国中车在 2016—2020 年度的偿债能力进行分析，并得到如图 8-39 所示的可视化效果。

子任务一　插入卡片图

本任务页面中，我们通过卡片图来反映中国中车在 2016—2020 年年度的流动比率、速动比率、现金比率等短期偿债能力指标，以及资产负债率、产权比率、权益乘数等长期偿债能力指标。涉及的度量值设置如下：

流动比率= DIVIDE([流动资产合计],[流动负债合计])

速动资产= CALCULATE(sum('资产负债表'[金额]),'资产负债表'[报表项目]="货币资金"||'资产负债表'[报表项目]="应收票据"||'资产负债表'[报表项目]="应收账款"||'资产负债表'[报表项目]="预收账款"||'资产负债表'[报表项目]="其他应收款")

速动比率= DIVIDE([速动资产],[流动负债合计])

货币资金= CALCULATE(sum('资产负债表'[金额]),'资产负债表'[报表项目]="货币资金")

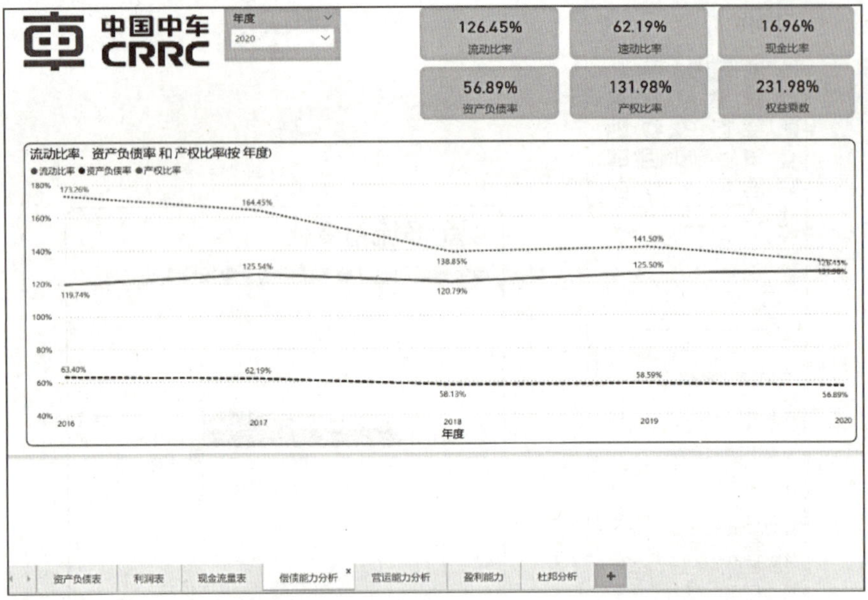

图 8-39 偿债能力分析的可视化效果总览

现金比率= DIVIDE([货币资金],[流动负债合计])
资产负债率= DIVIDE([负债合计],[资产合计])
产权比率= DIVIDE([负债合计],[所有者权益合计])
权益乘数= DIVIDE([资产合计],[所有者权益合计])
插入卡片图的操作与前面类似,此处不再重复介绍。

子任务二 插入折线图

本报表页面中,我们将通过折线图来反映中国中车在 2016—2020 年年度流动比率、资产负债率和产权比率的变化趋势。

插入折线图的操作与前面类似,此处不再重复。

任务五 营运能力分析与可视化

营运能力分析

营运能力是指企业在正常经营活动中,有效利用资产、加工原材料、生产产品,并将产品销售、收回账款所需的时间和能力。营运能力的高低直接关系到企业的盈利能力和现金流状况。

本任务我们将通过对中国中车在 2016—2020 年年度的营运能力进行分析,并得到如图 8-40 所示的可视化效果。

子任务一 插入卡片图

本报表页面中,我们将通过卡片图来反映中国中车在 2016—2020 年年度应收账款周转率、存货周转率、流动资产周转率等短期资产周转能力指标,以及固定资产周转率、非流动资

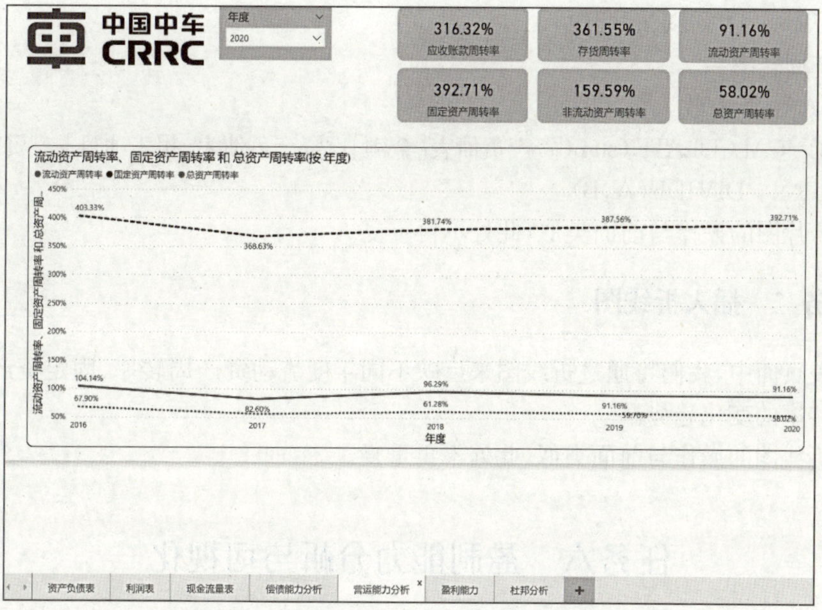

图 8-40 营运能力分析的可视化效果总览

产周转率、总资产周转率等长期资产周转能力指标。涉及的度量值设置如下：

应收账款周转率＝

VAR A＝[营业收入]

VAR B＝CALCULATE(SUM('资产负债表'[金额]),'资产负债表'[报表项目]＝"应收账款")

RETURN DIVIDE(A,B)

存货周转率＝

VAR A＝[营业收入]

VAR B＝CALCULATE(sum('资产负债表'[金额]),'资产负债表'[报表项目]＝"存货")

RETURN DIVIDE(A,B)

流动资产周转率＝

VAR A＝[营业收入]

VAR B＝CALCULATE(sum('资产负债表'[金额]),'资产负债表'[报表项目]＝"流动资产合计")

RETURN DIVIDE(A,B)

固定资产周转率＝

VAR A＝[营业收入]

VAR B＝CALCULATE(sum('资产负债表'[金额]),'资产负债表'[报表项目]＝"固定资产及清理(合计)")

RETURN DIVIDE(A,B)

非流动资产周转率＝

VAR A＝[营业收入]

VAR B＝CALCULATE(sum('资产负债表'[金额]),'资产负债表'[报表项目]＝"非流动资产合计")

RETURN　DIVIDE(A,B)

总资产周转率=

VAR A=[营业收入]

VAR B=CALCULATE(sum('资产负债表'[金额]),'资产负债表'[报表项目]="资产总计")

RETURN　DIVIDE(A,B)

插入卡片图的操作与前面类似,此处不再重复。

子任务二　插入折线图

本报表页面中,我们将通过折线图来反映不同年度流动资产周转率、固定资产周转率和总资产周转率的变化趋势。

插入折线图的操作与前面类似,此处不再重复。

任务六　盈利能力分析与可视化

盈利能力分析

营运能力是指企业在正常经营活动中,有效利用资产、加工原材料、生产产品,并将产品销售、收回账款所需的时间和能力。营运能力的高低直接关系到企业的盈利能力和现金流状况。

本任务我们将对中国中车在 2016—2020 年年度的盈利能力进行分析,并得到如图 8-41 所示的可视化效果。

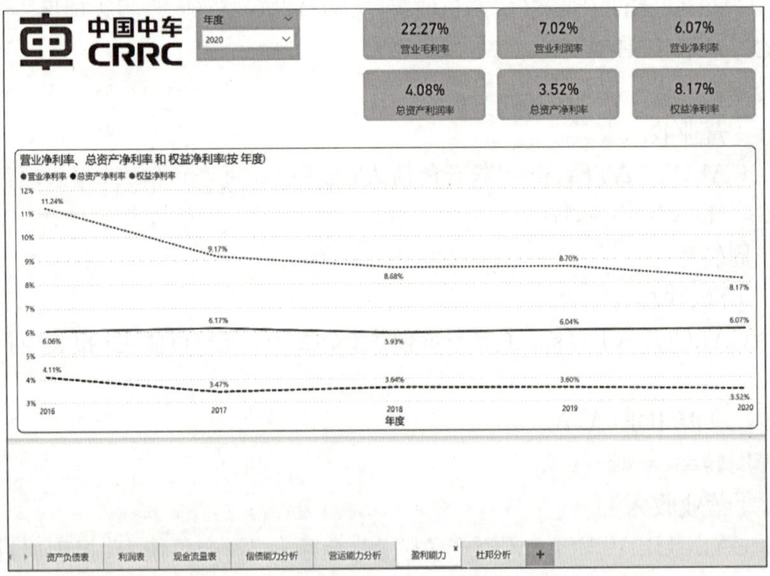

图 8-41　盈利能力分析的可视化效果总览

子任务一　插入卡片图

本报表页面中,我们通过卡片图来反映营业毛利率、营业利润率、营运净利率等企业日常经营活动赚取利润的能力分析，以及总资产利润率、总资产净利率、权益净利率等资产和权益赚取利润的能力指标。涉及的度量值设置如下：

```
营业毛利率=
VAR A=[营业收入]
VAR B=[营业收入]-[营业成本]
RETURN  DIVIDE(B,A)
营业净利率=
VAR A=[营业收入]
VAR B=[净利润]
RETURN  DIVIDE(B,A)
总资产净利率=
VAR A=[资产合计]
VAR B=[净利润]
RETURN  DIVIDE(B,A)
营业利润率=
VAR A=[营业收入]
VAR B=[利润总额]
RETURN  DIVIDE(B,A)
总资产利润率=
VAR A=[资产合计]
VAR B=[利润总额]
RETURN  DIVIDE(B,A)
权益净利率=
VAR A=[所有者权益合计]
VAR B=[净利润]
RETURN  DIVIDE(B,A)
```

插入卡片图的操作与前面类似，此处不再重复。

子任务二　插入折线图

本报表页面中，我们通过折线图来反映中国中车在 2016—2020 年年度的营业净利率、总资产净利率和权益净利率等指标的变化趋势。插入折线图的操作与前面类似，此处不再重复。

任务七　杜邦分析法与可视化

杜邦分析

杜邦分析法是一种财务分析方法，旨在深入了解企业的盈利能力、偿债能力和资产利用效率。其基本思想在于将企业净资产收益率逐级分解为多项财务比率的乘积，这样有助于深入分析、比较企业的经营业绩。这种分析方法最早是由美国杜邦公司提出的，所以称为杜邦分析法。

权益净利率也叫净资产收益率，是综合性最强的一个财务分析指标，是杜邦分析法的核心。权益净利率的计算公式如下：

权益净利率＝营业净利率×总资产周转率×权益乘数

杜邦分析法通过分解企业净利润的来源，细致解构营业净利率、总资产周转率和权益乘数这三个关键指标，从而深入理解企业盈利能力的本质。它帮助管理者和投资者更全面地了解业绩的关键驱动因素，指导业绩改进策略，提供了一个系统而深入的财务分析工具，使得管理者和投资者对企业盈利能力的评估更为准确和有针对性。

本任务，我们将用杜邦分析法对中国中车在 2016—2020 年度的经营情况进行分析，并得到如图 8-42 所示的可视化效果。

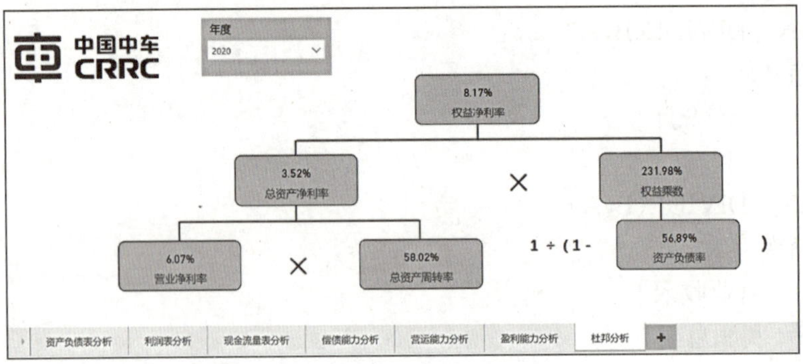

图 8-42　杜邦分析法的可视化效果总览

子任务一　插入卡片图

本报表页中，我们通过卡片图来反映中国中车在 2016—2020 年年度权益净利率、总资产净利率、营业净利率、总资产周转率、权益乘数、资产负债率等指标的层层分解情况，进一步反映企业的盈利能力、营运能力、偿债能力等指标的综合作用对权益净利率的影响。

插入卡片图的操作与前面类似，此处不再重复。

子任务二　插入形状和图像

本报表页面中，我们通过插入线条、乘号、括号等，建立指标之间的逻辑关系。如果在 Power Bi Desktop 里默认插入的是竖线，则需要通过格式设置将其旋转 90°变为横线；乘号、括号等运算符号可以像图像形式插入。各个元素插入完成，将其拖动到各自合适的位置即可。

☆ 拓展阅读

AI 大模型赋能数据科学将呈五大发展趋势

项目八评价表